═══ LA ═══
MEJOR
INVERSIÓN
DE UN LÍDER

TAMBIÉN DE JOHN C. MAXWELL

JOHN C. MAXWELL

LA MEJOR INVERSIÓN DE UN LÍDER

La atracción, el desarrollo
y la multiplicación de líderes

GRUPO NELSON
Desde 1798

NASHVILLE   MÉXICO DF.   RÍO DE JANEIRO

© 2020 por Grupo Nelson®

Publicado en Nashville, Tennessee, Estados Unidos de América.
Grupo Nelson es una marca registrada de Thomas Nelson.
www.gruponelson.com

Título en inglés: *The Leader's Greatest Return*
© 2020 por John Maxwell
Publicado por HarperCollins Leadership. HarperCollins Leadership es una marca
registrada de HarperCollins Focus LLC.

Editora en Jefe: *Graciela Lelli*
Traducción: *Enrique Chi*
Adaptación del diseño al español: *Mauricio Diaz*

ISBN: 978-0-71809-671-7

Impreso en Estados Unidos de América

HB 09.14.2022

Dedico este libro a Jim y Sis Blanchard...
Sus vidas han conmovido a miles de personas, ¡incluido yo!
El ejemplo de ellos me inspira a ser alguien mejor.
Su amistad me insta a valorarme.
Su amor me muestra cómo atender a los demás.
Su liderazgo me eleva a ver el potencial en otros.
Sus valores me ilustran la manera en la que quiero vivir.
Sus vidas nos dicen a otros y a mí: «¡Síganme!».
Su legado serán miles de personas que viven mejor
porque han sido conmovidas por estos dos seres.
Son una pareja hermosa; ¡me gustaría que usted los conociera!

Presentación de John Maxwell Publishing

En 1976, después de haberse dirigido a un grupo de líderes en un evento conmemorativo por el Cuatro de Julio, el doctor John C. Maxwell bajó de la plataforma con un sentido y determinado llamado en su corazón: agregar valor a los líderes para que estos, a su vez, multiplicaran este acto añadiendo valor a otros. Ese propósito impulsó al doctor Maxwell a iniciar su dedicación —ya de décadas— al estudio y la capacitación del liderazgo, lo que ha derivado en el movimiento transformacional global que dirige en la actualidad.

El resultado de ese legado está muy bien representado por los escritos del doctor Maxwell. Con más de cien libros en su haber, la producción del doctor Maxwell ha cambiado miles de vidas en todo el planeta. En casi todas las salas donde dicta conferencias, le precede al menos un libro que ha impactado y moldeado la vida de algún líder, lo cual confirma su creencia de que escribir le permite alcanzar a líderes que probablemente nunca conocería.

De conformidad con su llamado y su creencia en el poder que tienen las palabras para impactar a los líderes, HarperCollins Publishers y John Maxwell Company han fundado la firma John Maxwell Publishing, una nueva división de HarperCollins Publishers que se enfoca en el liderazgo y que busca extender y difundir el legado del doctor Maxwell.

La misión de John Maxwell Publishing es descubrir y publicar libros que se identifiquen con los valores personales y la filosofía de liderazgo de John Maxwell. Los expositores serán hombres y mujeres cuya comprobada integridad en lo personal, lo empresarial y lo espiritual avalen el deseo de añadir valor a los líderes para que estos lo multipliquen en otros, ya sea a través de la enseñanza, la escritura o la visión para los negocios.

Como lo dice el propio Dr. Maxwell: «Uno es muy pequeño para alcanzar la grandeza». A través de esta empresa, el llamado del doctor Maxwell a añadir valor a los líderes para que lo multipliquen en otros no solo continuará, sino que se fortalecerá. Estos autores aportarán y ampliarán su visión transformacional en todo el mundo.

CONTENIDO

Reconocimientos

Quiero darles las gracias a Charlie Wetzel y al resto del equipo que me ayudó con la formación y la publicación de este libro. Además, a los miembros de mis organizaciones que me apoyaron. Todos ustedes agregan un valor extraordinario a mi vida, lo cual me permite hacer lo mismo con otros. Juntos, ¡estamos marcando una diferencia!

INTRODUCCIÓN

Cuando se desarrollan líderes, todos ganan

¿Por qué desarrollar líderes? ¿Por qué invertir tiempo, esfuerzo, energías y recursos para ayudar a otros a levantarse y dirigir? ¿Vale la pena hacerlo? ¿Acaso marca alguna diferencia? ¿Justifica la ganancia todo el esfuerzo que se requiere?

¡Absolutamente! Dondequiera que veamos, hay un déficit de líderes. En países de todo el mundo hay escasez de buenos líderes. Ese, ciertamente, es el caso en Estados Unidos. Pienso que los estadounidenses de cualquier afiliación política estarían de acuerdo con que no hay suficientes líderes buenos. Lo mismo ocurre al nivel estatal y local: necesitamos más y mejores líderes. Y en los negocios, las organizaciones sin fines de lucro y las familias, ¡no hay suficientes líderes buenos!

La buena noticia es que es posible crear líderes y, cuando uno de estos desarrolla a otros buenos líderes, todos ganan. Si usted es líder, en cualquier nivel y en cualquier función, su organización se beneficiará cuando empiece a desarrollar a otros líderes. Y puede empezar a hacerlo desde hoy mismo.

Quiero ayudarle a desarrollar líderes. Quiero mostrarle el camino para que el líder obtenga su mayor ganancia. No hay nada en este mundo que rinda una mayor ganancia sobre la inversión de un líder que atraer, desarrollar y multiplicar a otros líderes. Esa es la clave del éxito para cualquier país, familia, organización o institución.

LO QUE USTED DEBE SABER ACERCA DE DESARROLLAR LÍDERES

Me ha llevado décadas aprender lo que sé acerca del desarrollo de líderes. He experimentado fracasos y también éxitos. He vertido mi vida en otras personas solo para verlas darse media vuelta y desaparecer, o descalificarse ellas mismas. He visto potencial en individuos que no eran capaces de verlo en sí mismos y, como resultado de ello, nunca llegaron al nivel que podían haber alcanzado. Me he sentido desencantado y desanimado en el proceso. Pero nunca me daré por vencido. No existe mejor inversión que desarrollar líderes.

Al emprender esta jornada de liderazgo, hay ciertas cosas para las cuales debe estar preparado:

1. Desarrollar líderes va a ser difícil, pero vale la pena

Si ha dirigido personas en alguna forma, creo que estará de acuerdo conmigo en que el liderazgo es una labor difícil. No hay dos días fáciles consecutivos en la vida de los líderes. Si hoy es fácil, es probable que sepa cómo va a ser mañana. Pero todo lo que vale la pena es dificultoso. Si el propósito de la vida fuera hacerla fácil y cómoda, ninguna persona sensata accedería a las demandas del liderazgo.

Desarrollar líderes es más difícil aún. Es como arrear gatos. Por eso es que muchos líderes llegan a sentirse cómodos con atraer y dirigir seguidores en vez de buscar y desarrollar líderes. Los seguidores usualmente siguen. Los líderes, no tanto.

Sin embargo, la tarea de invertir la vida en el desarrollo de otros líderes ofrece grandes ganancias. Como lo diría mi amigo Art Williams: «No le aseguro que será fácil. Le aseguro que valdrá la pena».[1]

Cuando pienso en desarrollar a otros, no puedo dejar de sonreír. Por cuarenta y siete años he dedicado mi pasión y mi voluntad a ayudar a que otros aprendan a ser líderes. Mi jornada se inició con el deseo de capacitar a unos cuantos líderes, lo que me ha hecho ir más allá de mis sueños más descabellados. Hoy, he visto a millones de hombres y mujeres capacitados como líderes. Cuando empecé, no podía imaginar que escribiera un libro sobre liderazgo. Una vez que obtuve suficiente experiencia para escribir algo, creí que haría unos dos libros sobre el tema. Sin embargo, he escrito docenas. En el principio, empecé desarrollando a unos cuantos líderes en mi comunidad. Actualmente, mis organizaciones están desarrollando líderes en todos los países del mundo.

> «NO LE ASEGURO QUE SERÁ FÁCIL. LE ASEGURO QUE VALDRÁ LA PENA».
>
> —ART WILLIAMS

Me sonrío, no por la magnitud de los números, sino porque cada uno de estos representa a una persona. Tal vez no sepa sus nombres, pero cada una de ellas —capacitada por miembros de mi organización— tiene una vida mejor porque hubo un líder que la levantó. Esos líderes desarrollados están en una excelente posición para mejorar las vidas de las personas que les rodean y hacer que sobresalgan.

A los veinticinco años de edad descubrí que todo se eleva o se derrumba con el liderazgo. Creí esa verdad con mucha certeza y me impulsó a desarrollarme como líder. Hoy me siento aun más convencido de ella y me impele a desarrollar más líderes. Esa tarea es digna de mis mejores esfuerzos, agrega mayor valor a otros y me llena de mucha alegría. Desarrollar líderes es la única actividad que ejerce un efecto compuesto sobre el tiempo, la influencia, la energía, la visión, la cultura, las finanzas y la misión de un líder.

2. Desarrollar líderes es una tarea que nunca llega a su fin

Cuando comprendí la importancia del liderazgo a los veintiún años de edad, empecé a desarrollarme intencionadamente como líder. Al empezar, pensé que llegaría el momento en el que me convertiría en experto en liderazgo. Me preguntaba cuánto tardaría, cuándo llegaría a la meta. ¿En cinco años? ¿En diez? Seguramente en quince años ya sabría todo lo que necesitaba saber, ¿le parece? Hoy, principiando mi séptima década, al fin he hallado la respuesta. ¡Esa meta no existe! Cuánto más aprendo de liderazgo, más sé que sé muy poco. Ahora tengo más ansias de aprender al respecto que nunca.

Gayle Beebe, presidente de Westmont College, ha estudiado extensamente sobre el desarrollo de líderes. En su obra *The Shaping of an Effective Leader* [La formación de un líder eficaz], escribió:

> Lo que sabemos del liderazgo no lo aprendemos de una sola vez. Eso consume tiempo. En nuestra cultura orientada a lo inmediato, nos gusta mucho dificultar el pensamiento, la reflexión y la actuación, cosas que marcan nuestro desarrollo gradual como líderes. Comprender el desarrollo de los líderes y por qué son importantes requiere discernimiento, sabiduría y perspicacia.[2]

También se requiere de tiempo. Si desarrollarnos a nosotros mismos como líderes es un proceso de toda la vida, igualmente deberíamos esperar que hacerlo con otros sea algo continuo, interminable. Así como los individuos no tienen nunca un punto de llegada, las organizaciones tampoco. En todos mis años ayudando a las organizaciones a descubrir, formar y desarrollar líderes (cosa que he hecho más de lo que puedo contar), nunca he oído a un representante empresarial que diga: «No, no nos ayude. Ya tenemos muchos líderes buenos». Siempre hay escasez de líderes.

Esto es cierto en todas las organizaciones. Mis empresas y organizaciones sin fines de lucro se enfocan en el desarrollo de líderes, y por varios años me han llamado experto en liderazgo.[3] Pero ¿qué es lo que necesitan todas mis organizaciones? Más y mejores líderes. Las organizaciones tienen su cultura de liderazgo, su visión para dirigir y sus métodos de capacitación de líderes, pero seguimos necesitando más y mejores líderes. ¿Por qué? Porque todo se eleva o se derrumba con el liderazgo. Cuando una organización deja de desarrollar líderes, deja de crecer.

Hace poco, unos amigos y yo visitamos un viñedo —que existe hace tres generaciones— en Napa Valley. El propietario señaló un muro de piedra y nos explicó que su abuelo, el fundador, fue el que empezó a hacerlo. Luego, el hijo de este le agregó una parte y, al igual que ellos, el nieto —que era el actual propietario— hizo lo mismo. Al oírle hablar mientras nos enseñaba las secciones del muro, pude captar el orgullo y respeto que sentía por su padre y por su abuelo. Había una sensación de tradición y visión compartida que trascendió las generaciones. Era una fuerte sensación de legado, lo cual es algo que no puede obtenerse apresuradamente.

> SI DESEA CONCRETAR UNA VISIÓN AUDAZ O LOGRAR ALGO EXTRAORDINARIO, DEBE ABANDONAR EL CONCEPTO DE LIDERAZGO INSTANTÁNEO.

Si desea concretar una visión audaz o lograr algo extraordinario, debe abandonar el concepto de liderazgo instantáneo. Este proceso no puede lograrse de un momento a otro. Es gradual, como una olla de cocimiento lento. Todo lo que vale la pena requiere tiempo. Tendrá que renunciar a cruzar una línea de meta y, en vez de ello, buscar su propia meta de satisfacción. Eso es algo que puede hacer todos los días cuando asimile el proceso de desarrollar líderes.

3. Desarrollar líderes es la mejor manera de hacer que una organización crezca

Cuando dirijo conferencias de liderazgo, a menudo me preguntan acerca de cómo mejorar una organización y hacer que crezca. La respuesta es sencilla: haga crecer a un líder y la organización crecerá. Una empresa no puede crecer hacia afuera si sus líderes no crecen por dentro.

Me asombra la cantidad de dinero y energías que las organizaciones gastan en actividades que no producen crecimiento. Invierten dinero en mercadeo, pero no capacitan a sus empleados en la atención al cliente cuando estos entran en escena. Usted podrá decir que los clientes son su prioridad, pero ellos pueden distinguir entre una buena atención y promesas huecas. La publicidad ingeniosa y los lemas pegajosos no superarán nunca al liderazgo incompetente.

O se reorganizan, con la esperanza de que si desplazan a las personas de un puesto a otro o le cambian el nombre a un departamento, producirán crecimiento. Eso no funciona. La fortaleza de cualquier organización es resultado directo de la fuerza de sus líderes. Los líderes débiles dan por resultado organizaciones débiles. Los líderes fuertes equivalen a organizaciones fuertes. El liderazgo es lo que lo determina.

Si desea que su organización o departamento crezca o se fortalezca, empiece por desarrollar a los que estén más cerca de usted, porque ellos determinarán el nivel del éxito que su equipo logrará. La primera ley del liderazgo que escribí en *Las 21 cualidades indispensables de un líder* se llama la ley del tope, que dice que la capacidad de liderazgo determina el nivel de eficacia de un individuo.[4] En otras palabras, su pericia en el liderazgo determina su nivel de éxito. Eso es cierto no solo para un individuo, sino también para un grupo. Su capacidad de liderazgo determina el nivel de éxito de la organización. Un grupo de líderes mediocres no puede edificar una empresa que supere la mediocridad. Los líderes potenciales de su equipo son o un recurso o una carga. En las palabras del experto en administración Peter Drucker: «Ningún ejecutivo ha sufrido por tener subordinados que sean fuertes y eficaces».[5]

> CON DEMASIADA FRECUENCIA, LAS PERSONAS SOBREVALORAN SU SUEÑO Y SUBVALORAN A SU EQUIPO... UN SUEÑO GRANDE CON UN EQUIPO DEFICIENTE ES UNA PESADILLA.

Con demasiada frecuencia, las personas sobrevaloran su sueño y subvaloran a su equipo. Piensan: *Si lo creo, podré lograrlo.* Pero eso, sencillamente, no es cierto. El mero acto de creer no basta para lograr nada. Se requiere más que eso. Su equipo determinará la realidad de su sueño. Un sueño grande con un equipo deficiente es una pesadilla.

4. Desarrollar líderes es la única manera de crear una cultura de liderazgo

En la última década, las personas han empezado a reconocer la importancia de la cultura en sus organizaciones. La cultura impacta cada aspecto del desempeño de una organización. Una cultura negativa crea un entorno terrible. Es como un fuego que se propaga, causando destrucción.

Cuando me convertí en líder de una organización que había cesado de crecer y no poseía una cultura de liderazgo, una de las primeras cosas que les enseñé a mis líderes fue la lección de las dos cubetas. Cuando hay problemas en la organización, son como chispas y llamas. Los líderes frecuentemente son los primeros que llegan a la escena y, cuando lo hacen, siempre llevan dos cubetas en las manos: una con agua y la otra con gasolina. La chispa que encuentren o se convertirá en un incendio intenso porque le vertieron gasolina, o se extinguirá porque le echaron agua. Me propuse enseñarles a usar agua, no gasolina.

Como líder, usted obtiene la cultura que crea, y la naturaleza de la cultura afecta lo que puede y lo que no puede lograrse en la organización. Si desea desarrollar líderes, ciertamente es más fácil lograrlo cuando se tiene una cultura de liderazgo. Y ese tipo de cultura solo puede ser creada por los líderes dentro de la organización.

Mark Miller, vicepresidente de líderes de alto desempeño de Chick-fil-A, ha capacitado a los líderes de esa empresa por años, y ha escrito extensamente sobre el tema. En su libro *Leaders Made Here* [Se hacen líderes aquí], escribió:

> ¿Cómo puede estar seguro de que tendrá los líderes que necesita para impulsar su éxito futuro?
>
> La respuesta, en pocas palabras: establezca una cultura de liderazgo.
>
> Aclaremos la terminología desde un principio. La cultura de liderazgo existe cuando los líderes se desarrollan de manera rutinaria y sistemática, y se tiene un excedente de líderes para la siguiente oportunidad o desafío.[6]

Miller afirma que los líderes existentes son los que casi siempre impiden que las organizaciones desarrollen una cultura de liderazgo. Esto lo justifican diciendo que ya las cosas van bastante bien, o piensan que están demasiado ocupados para desarrollar líderes. Pero eso crea un ciclo de mediocridad.

Si usted es líder en una organización, solo usted puede crear una cultura positiva de liderazgo, lo cual solo puede hacerse desarrollando líderes. En su libro, Miller describe las mejores maneras para hacerlo:

1. *Defínalo*: Forje un consenso en cuanto a la definición funcional de liderazgo de nuestra organización.
2. *Enséñelo*: Asegúrese de que todos sepan nuestra perspectiva sobre el liderazgo y que los líderes tengan las aptitudes necesarias para lograr el éxito.
3. *Practíquelo*: Cree oportunidades para que los líderes y los líderes emergentes dirijan; las tareas desafiantes prueban y mejoran a los líderes.
4. *Evalúelo*: Dé seguimiento al avance de nuestros esfuerzos por desarrollar líderes con el fin de ajustar las estrategias y tácticas pertinentes.
5. *Modélelo*: Actúe conforme a sus palabras y dirija con el ejemplo. Las personas siempre observan al líder.[7]

Si la organización no posee una cultura de liderazgo, crearla es un proceso lento. Pero vale la pena hacerlo. ¿Por qué? Porque desarrollar líderes es la única manera de crecer, mejorar, crear impulso y lograr éxitos mayores.

Una de mis citas favoritas fue pronunciada por el magnate del acero y filántropo del siglo diecinueve, Andrew Carnegie. Él dijo: «Pienso que un epitafio adecuado para mi tumba sería: "Aquí yace un hombre que supo sacarle ventaja a otros mucho más ingeniosos que él"».[8] La única manera garantizada de lograr algo así es desarrollar a más líderes que alcancen su potencial, y eso no es algo que ningún líder puede darse el lujo de delegar o relegar. Se requiere de un líder para enseñar a otro líder y desarrollarlo.

En este libro me propongo guiarle por todo ese proceso, paso por paso. Si usted desea mejorar a su equipo y lograr su sueño, le será necesario aprender cómo dar cada uno de los pasos siguientes:

1. **IDENTIFIQUE A LOS LÍDERES**: Descúbralos para que pueda desarrollarlos
2. **ATRAIGA A LOS LÍDERES**: Invítelos a la mesa del liderazgo
3. **COMPRENDA A LOS LÍDERES**: Conéctese con ellos antes de dirigirlos
4. **MOTIVE A LOS LÍDERES**: Anímelos a dar lo mejor de sí
5. **EQUIPE A LOS LÍDERES**: Capacítelos para que sean excelentes en su trabajo
6. **EMPODERE A LOS LÍDERES**: Libérelos para que alcancen su potencial
7. **POSICIONE A LOS LÍDERES**: Forme equipos para multiplicar su impacto
8. **ENSEÑE A LOS LÍDERES**: Diríjalos hacia el siguiente nivel
9. **REPRODUZCA LÍDERES**: Muéstreles cómo se desarrollan líderes
10. **HAGA LÍDERES**: Reciba la ganancia más alta por desarrollar líderes

Mi amigo Zig Ziglar solía decir: «El éxito es el aprovechamiento máximo de la capacidad que uno tiene».[9] Me encanta esa definición, y creo que se aplica a un individuo. Pero para el líder, el éxito requiere de algo más. El éxito para los líderes puede definirse como el aprovechamiento máximo de las capacidades de aquellos que trabajan a su alrededor. Solo hay una manera en la que un líder puede ayudar a las personas a maximizar sus capacidades y alcanzar su potencial, y es ayudándolas a desarrollarse como líderes. Es mi deseo que las páginas siguientes le ayuden a hacer precisamente eso.

CAPÍTULO 1

IDENTIFIQUE A LOS LÍDERES

Descúbralos para que pueda desarrollarlos

Una de mis actividades favoritas cuando dicto conferencias es responder preguntas específicas de los líderes que se encuentran en la audiencia. Hace poco, en una conferencia organizada por Chick-fil-A, alguien me preguntó cómo desarrollo buenos líderes. «Primero», respondí, «hay que saber cómo se ve un buen líder».

Sé que eso luce algo simple, pero es así. He descubierto que para la mayoría de las personas es difícil describir a un buen líder o a uno bueno en potencia. Los autores y expertos en liderazgo James M. Kouzes y Barry Z. Posner han dicho: «Las imágenes que tenemos de quién es líder y quién no lo es son confusas debido a nuestras nociones preconcebidas de lo que es y no es el liderazgo».[1] ¿Cómo puede alguien hallar algo que no logra identificar?

Como conferencista que soy, viajo mucho; por lo que mi anfitrión casi siempre envía a un chofer que me recoja en el aeropuerto. A través de los años, he descubierto que hay dos clases de personas que van a buscarme. La primera se ubica cerca de la zona de reclamo de equipaje con un letrero o un iPad que muestra mi nombre. Así que tengo que acercarme para hallar a esa persona e identificarme. La segunda clase de persona viene a

1

buscarme apenas salgo de las escaleras y me dice: «Hola, señor Maxwell. Estoy aquí para llevarlo a su hotel».

No conozco a ninguna de esas personas, sin embargo las de la segunda clase logran encontrarme. ¿Cómo lo hacen? Me reconocen por una fotografía que han hallado en uno de mis libros o en un sitio web. Se han tomado el tiempo para ser proactivos y saber a quién buscan.

Cuando usted se prepara para desarrollar líderes, ¿cuál de esa clase de personas quiere ser? ¿Desea saber qué es lo que busca en los líderes potenciales y poder hallarlos? ¿O desea levantar un letrero con la esperanza de que alguien venga y lo encuentre a usted? Es su decisión.

Por muchos años he sido amigo de Bob Taylor, cofundador de Taylor Guitars. Bob fabrica algunas de las mejores guitarras del mundo. ¿Cuál es su secreto? Él dice que es el diseño y el proceso de fabricación. Puede fabricar una guitarra de cualquier cosa y, para demostrarlo, una vez hizo una con madera desechada. Pero esa no es la norma. Él utiliza las maderas más finas que pueda hallar, aunque cada vez se hace más y más difícil adquirirlas, puesto que muchas de las mejores maderas exóticas se encuentran en las listas de especies en peligro de extinción o han desaparecido. Bob dijo: «Estoy viviendo en un tiempo en el que cruzaremos el umbral de "tenemos toda la madera del mundo" a "ya no hay más"».[2]

En una entrevista que concedió al *New York Times* hace más de diez años, Bob dijo: «En los años setenta, solía comprar palo de rosa brasileño al aserradero por dos dólares el pie cuadrado. Ahora nos resulta imposible fabricar una guitarra con esa madera y enviarla fuera de Estados Unidos. Si conseguimos un poquito, es sumamente cara. La cosecha prácticamente ha cesado. Ya no hay abeto adirondack. La caoba era tan abundante que era un producto normal. Ahora solo los ebanistas especializados la consiguen y sus precios se han ido a las nubes. Todo esto ha ocurrido en el transcurso de mi vida».[3]

Ha sido tal su preocupación que decidió dedicar los próximos veinte años de su vida a iniciativas que aseguren la cosecha responsable de la madera y a cultivar árboles para el futuro; no el suyo, sino el de otros, sesenta, ochenta y hasta cien años a partir de ahora. Bob dijo: «Ya no vivimos en un mundo de nuevas fronteras y del uso irracional de nuestros recursos naturales».[4]

Bob sabe lo que está buscando cuando de madera potencial para fabricar guitarras se trata. Si desea tener éxito en el desarrollo de líderes, necesitará saber cómo se ven los líderes potenciales, y deberá ser tan tenaz como Bob Taylor cuando busca madera para sus guitarras. Cada individuo que usted incorpore a su equipo lo mejorará o lo empeorará. Y cada líder que desarrolle hará lo mismo. Tal vez esa es la razón por la cual el fundador de Amazon, Jeff Bezos, dijo: «Prefiero entrevistar a cincuenta candidatos y no contratar a ninguno que contratar a la persona no indicada».[5]

SEIS PRINCIPIOS PARA LA IDENTIFICACIÓN

Para un líder que desarrolla líderes, hay algo mucho más escaso y más importante que la habilidad: la destreza para reconocer la habilidad. Una de las responsabilidades principales de un líder exitoso es identificar a los líderes potenciales. Peter Drucker observó:

> Tomar las decisiones correctas en cuanto a personal es el medio definitivo para controlar una organización bien. Esas decisiones revelan cuán competente es la administración, cuáles son sus valores y si toma la tarea con seriedad. No importa cuánto se esfuercen los administradores por tratar de mantener sus decisiones en secreto —lo que algunos hacen al extremo—, las pertinentes al personal no pueden ocultarse. Son predominantemente visibles...
>
> Los ejecutivos que no se esfuerzan por tomar decisiones correctas en cuanto a personal, no hacen más que arriesgarse a tener un desempeño pobre. Corren el riesgo de perder el respeto de la organización.[6]

Por tanto, ¿cómo hacer eso? ¿Cómo identificar a los buenos líderes en potencia, esas personas que desea desarrollar? Como dije anteriormente,

PARA UN LÍDER
QUE DESARROLLA
LÍDERES, HAY ALGO
MUCHO MÁS ESCASO
Y MÁS IMPORTANTE
QUE LA HABILIDAD:
LA DESTREZA PARA
RECONOCER LA
HABILIDAD.

hay que tener una imagen de ese tipo de individuos; eso es lo que quiero darle. Considere estas seis áreas de identificación y responda a cada una de las preguntas correspondientes, para que sepa lo que está buscando.

1. Evaluación de necesidades: «¿Qué se necesita?»

¿Qué es lo que busca? Si la misión de su organización fuera trepar árboles, ¿qué preferiría hacer: contratar a una ardilla o a un caballo para el trabajo? Esa respuesta es evidente. ¿Qué procura lograr su organización? ¿Tiene un objetivo claro? ¿Sabe qué es lo que está buscando? Eso le dirá el tipo de líderes que necesitará hallar para mejorarla. Nunca le dará a un blanco que no haya identificado.

Mark Miller, de Chick-fil-A, a quien cité en la introducción, tiene experiencia en la identificación y capacitación de líderes. Él dijo:

> Me pregunto con qué frecuencia fracasamos los líderes al definir el objetivo con claridad. Pienso en todas las veces que mis esfuerzos de liderazgo se han quedado cortos... ¿cuántos de esos fracasos pueden atribuirse, directa o indirectamente, a un objetivo o meta que no se definió con claridad?
>
> Hay muchas cosas que los líderes NO PUEDEN hacer por su gente. Sin embargo, la claridad en cuanto a la intención nunca debe ser escasa. Las personas siempre deben saber lo que están procurando lograr.[7]

Si usted nunca ha definido su objetivo, o si no lo ha repasado recientemente, le animo a que lo haga ahora, antes que empiece a identificar líderes en potencia. Responda las siguientes preguntas:

- ¿Cuál es su visión?
- ¿Cuál es su misión?
- ¿A quién necesita incorporar a su equipo para cumplir su visión y su misión?
- ¿Qué recursos necesitará para cumplir su visión y su misión?

Saber lo que necesita y a quién busca son aspectos esenciales para el éxito. No se puede ser negligente en la selección del personal y esperar que logrará el éxito.

2. Recursos a la mano: «¿Quién tiene potencial de líder en la organización?»

¿Dónde es el mejor lugar para empezar a buscar líderes potenciales a quienes desarrollar? En su propia organización o en su equipo. Esta es la respuesta sensata por muchas razones:

Son una cantidad conocida

A diferencia de cuando se entrevista a alguien de fuera, no tendrá que imaginarse cómo se desempeñará dentro de su organización. No tendrá que confiar en lo que ellos digan de sí mismos. No estará limitado a escuchar las opiniones de las referencias que ellos mismos hayan escogido. Como conoce su desempeño real puede ver de lo que son capaces. Puede observar sus fortalezas. Puede hablar personalmente con todos los que trabajan con ellos para saber más de sus vidas.

Ya encajan en la cultura

Cada vez que se trae a alguien de fuera, hay que adivinar si esa persona encajará en su cultura y será capaz de trabajar bien con los miembros de su organización. Cuando alguien ya ha estado trabajando en su organización por cierto tiempo, se sabe si encaja. Y ese individuo ya forma parte de la comunidad.

Ya tienen influencia establecida

Los buenos líderes, aun aquellos con poca capacitación o experiencia, influyen sobre los demás. Cuando intente identificar líderes potenciales para desarrollarlos, busque influencia. Es un calificativo que deberá existir en alguien a quien desee desarrollar como líder, porque el liderazgo es influencia, nada más y nada menos. Si las personas no pueden influir en otras, no pueden dirigirlas. Y si poseen algo de influencia en su organización, ya tienen un recurso que podrán utilizar en el futuro para cumplir su trabajo. Es como tener una ventaja en una carrera. Cuando uno les asigna una tarea, son capaces de movilizar a las personas bajo su esfera de influencia con mayor rapidez.

¿Cómo se mide esa influencia? Le recomiendo que use los cinco niveles del liderazgo. Aquí se los presento en orden, desde el nivel más bajo de influencia hasta el más alto:

1. **POSICIÓN**: Las personas le siguen por el título.
2. **PERMISO**: Las personas le siguen por la relación que existe.
3. **PRODUCCIÓN**: Las personas le siguen debido a los resultados.
4. **DESARROLLO PERSONAL**: Las personas le siguen debido a un cambio en su vida personal.
5. **PINÁCULO**: Las personas le siguen debido al respeto que causa la reputación que se ha ganado.

Andrew Carnegie era un maestro identificando líderes potenciales. Una vez, un reportero le preguntó cómo había logrado contratar a cuarenta y tres millonarios, a lo que Carnegie respondió que no eran millonarios cuando empezaron a trabajar para él. Llegaron a serlo como resultado de ello. El reportero quería saber cómo había desarrollado a esos hombres para que llegaran a ser líderes tan valiosos. Carnegie respondió: «Los hombres se desarrollan de la misma manera que se extrae el oro... Hay que mover varias toneladas de tierra para sacar una onza de oro; pero uno no entra a la mina buscando tierra. Uno entra buscando oro», añadió.[8]

Yo no diría que los que no saben dirigir sean *tierra*, pero definitivamente llamaría *oro* a los que sí saben. ¿En qué pone su enfoque? ¿En los que no pueden dirigir o en los que sí pueden hacerlo, el *oro* de su organización?

Uno de los mejores líderes que conozco es mi amigo Chris Hodges, que fundó la congregación Church of the Highlands en Birmingham, Alabama, en el 2001. Cuenta con una asistencia semanal de cincuenta y cinco mil personas en veintidós recintos, más de doscientos sesenta millones en bienes sin deudas y más de veintidós mil voluntarios activos que forman parte de lo que él llama su equipo ideal. Si usted no conoce el mundo de las iglesias, permítame decirle: ¡Es extraordinario!

Me encanta reunirme con Chris periódicamente para hablar sobre liderazgo. En una de las ocasiones más recientes, le pregunté cómo había identificado y desarrollado a miles de líderes. Él me confesó sus dos principios, los que quiero contarle a usted.[9]

Primero, reúna a muchos para que encuentre uno

Chris empieza con un enfoque amplio. Me dijo: «Nunca sé quién será el próximo líder ni de qué parte de mi organización saldrá». Así que formó un equipo para desarrollar líderes parecido al que se emplea en el béisbol de Grandes Ligas. Los equipos profesionales de béisbol tienen equipos de ligas menores en diferentes niveles. Los jugadores que contratan son ubicados en esos equipos según su nivel de desempeño y tienen la oportunidad de ir ascendiendo de nivel. Su sueño es pasar de las ligas menores a las mayores.

Chris sigue un modelo similar, excepto que en lugar de tener equipos de nivel A, doble A y triple A, tiene veintidós recintos. Cada uno de ellos es un equipo de desarrollo en el que se reclutan voluntarios, se les capacita y se les da la oportunidad de servir. Los líderes potenciales naturalmente ascienden, y así tienen lugar donde practicar y perfeccionar sus aptitudes como dirigentes.

Segundo, vea y hable conforme al potencial de liderazgo de los individuos

Los veintidós recintos de Chris son equipos para desarrollar líderes, pero no todos se desempeñan de igual forma en ese proceso. Algunas de esas instalaciones identifican y desarrollan líderes en una proporción más elevada que otras. Le pregunté a Chris por qué sucedía eso y me respondió que cuando lo descubrió, también se preguntó por qué. Se requirió algo de investigación para descubrir la causa, pero Chris halló que los recintos exitosos eran dirigidos por líderes que no solo veían el potencial en otros pares sino que, como lo describió Chris, «hablaban de potencial de liderazgo con ellos».

> «LOS LÍDERES GRANDES AYUDAN A OTROS A DESARROLLAR UNA VISIÓN MAYOR DE SÍ MISMOS».
>
> —MARK SANBORN

Mi amigo, el conferencista y escritor Mark Sanborn, dijo: «Los líderes grandes ayudan a otros a desarrollar una visión mayor de sí mismos».[10] Eso es lo que hacen los mejores líderes de los recintos de la iglesia de Chris. Eso es lo que hacen todos los que saben desarrollar líderes, porque las personas frecuentemente se convierten en lo que dicen quienes más influyen en ellas. Si alguien importante para usted le dice que usted es terrible, tendrá dificultades para subir a un mejor nivel de vida. Si todos los días le dicen que usted no puede dirigir, probablemente ni intentará hacerlo. Pero cuando otros creen en usted y se lo comunican reiteradas veces, desarrolla confianza y se esfuerza más. Nada borra las dudas más rápidamente que cuando una persona influyente dice que cree en usted. Con razón Abraham Lincoln dijo: «Soy un éxito hoy porque tuve un amigo que creyó en mí y no tuve el valor de desilusionarlo».[11]

Detenga la lectura un momento y piense en alguien que admire y que crea en usted, que piense que tiene potencial. ¿Conoce a alguien así? Ahora medite en el modo en que usted se comporta cuando está alrededor de esa persona. ¿No es cierto que la confianza que esta otra persona le tiene saca a flote lo mejor de usted?

Lo que sé es esto: haremos todo lo que esté a nuestro alcance para llegar a la medida de la expresión de fe que se nos ha hablado. Por eso, como líder que desarrolla a otras personas, reconozco la importancia de mis palabras. Busco oportunidades para hablarles a otros sobre el potencial de las personas, especialmente a los líderes. ¿Por qué? Porque cuando reflexiono en los puntos sobresalientes de mi vida, reconozco que la mayoría de ellos surgieron cuando alguien que era importante para mí me dio palabras de ánimo. El ánimo es oxígeno para el alma del líder y, si usted es un líder que busca desarrollar a otros líderes, deberá animarles y ayudarles a respirar.

¿Tiene algún mecanismo para «desarrollar» el talento en su organización, en su departamento o en su equipo? Las personas necesitan un lugar donde puedan ascender y poner su liderazgo en práctica. ¿Está hablando positivamente a las vidas de otras personas, especialmente a los líderes en potencia? Si no es así, empiece a hacerlo hoy.

3. Recursos que no están a la mano: «¿Quién tiene potencial de liderazgo fuera de la organización?»

A pesar de lo mucho que propongo que identifique líderes dentro de su propia organización, algunas veces no le será posible hallar al que está buscando. Pero traer a alguien de fuera puede crear desafíos debido a muchas incógnitas. Creo que el desafío más grande es la compatibilidad cultural.

Leí un artículo en la revista *Inc.*, escrito por David Walker, presidente y cofundador de la agencia de corredores de bienes raíces Triplemint, en la ciudad de Nueva York.[12] Walker dijo: «Si hay algo que le hace perder el sueño a un fundador es contratar personal. Contratar el mejor talento es un desafío enorme e interminable... Aunque cada empresa tiene una cultura diferente, hay cuatro preguntas que le ayudarán a identificar si un candidato se ajustará bien a ella, no importa dónde se encuentre su empresa en el espectro cultural».

Estas son sus cuatro preguntas:

1. ¿Qué hizo la cultura de su última empresa que le empoderó o le quitó poder?
2. ¿Cuáles son las características del mejor jefe que ha tenido?
3. Describa cómo trató un conflicto con uno de sus compañeros de trabajo.
4. ¿Qué clase de retroalimentación espera recibir al desempeñar este papel y con qué frecuencia espera recibirla?

Esto es lo que me agrada del enfoque de Walker. La primera pregunta ayuda a comprender la cultura de la cual provienen los candidatos. La segunda ayuda a entender la perspectiva que tienen sobre el liderazgo. La tercera pregunta ayuda a comprender sus habilidades con las relaciones. Y la cuarta ayuda a vislumbrar sus expectativas en cuanto a la retroalimentación que reciban.

Walker dijo: «He logrado contrataciones magníficas que encajaron de forma casi perfecta con la cultura y he hecho otras menos estelares que a final de cuentas no resultaron. No hay tal cosa como batear solamente jonrones con eso de las contrataciones. Uno comete errores no importa qué tan bueno sea contratando».

Cuando uno trae a alguien ajeno a su organización, creo que es importante fijar las expectativas con ese individuo al momento de contratarlo. En mi libro *Los cambios en liderazgo*, escribí acerca de las expectativas que fijamos a los que se unen a nuestro equipo. Les decimos lo siguiente:

- «No se trata de mí, no se trata de usted, se trata del cuadro general».
- «Se espera que siga creciendo».
- «Debe valorar a otros».
- «Asuma la responsabilidad siempre».
- «No evitaremos las conversaciones difíciles».[13]

Cuanto más concordemos, mejores serán las probabilidades de lograr el éxito.

4. Actitud de los líderes potenciales: «¿Están dispuestos?»

Hace poco sostuve una conversación acerca de las contrataciones con mi amigo Ed Bastian, presidente de la junta directiva de Delta Airlines. Ed me dijo: «En Delta, contratamos por la actitud, pero capacitamos según la aptitud. Siempre empezamos con la actitud». Y añadió: «Incorpore personas al equipo que los demás miembros disfruten como compañero».[14]

La actitud es una decisión y en el corazón de una buena actitud hay disposición: disposición para aprender, mejorar, servir, pensar en los demás, agregar valor, hacer lo correcto y hacer sacrificios por el equipo. Es probable que la aptitud de liderazgo venga de la cabeza, pero la actitud proviene del corazón.

Los buenos líderes se enfocan en buscar más *para* las personas que dirigen que lo que quieren *de* ellas. Por años he enseñado a los líderes potenciales que a las personas no les interesa cuánto sabe uno hasta que saben que uno se interesa por ellas. Para eso es necesario que los líderes conozcan a sus dirigidos y sientan empatía por ellos. Como lo dijeron Jeffrey Cohn y Jay Morgan: «La empatía es crítica para el liderazgo por muchas razones. Si se combina con la integridad, impulsa la confianza. Da a los seguidores una sensación de que sus intereses están siendo cuidados, lo que genera energía positiva. Los seguidores que perciben que un líder los aprecia, se sienten motivados a desempeñar sus labores de manera más comprometida».[15]

> «EN DELTA, CONTRATAMOS POR LA ACTITUD, PERO CAPACITAMOS SEGÚN LA APTITUD. SIEMPRE EMPEZAMOS CON LA ACTITUD. INCORPORE PERSONAS AL EQUIPO QUE LOS DEMÁS MIEMBROS DISFRUTEN COMO COMPAÑERO».
>
> —ED BASTIAN

Cuando los líderes potenciales tienen la actitud correcta, uno puede percibirlo. Cuando los corazones están en lo correcto, esa pasión se desborda. Tienen energía. Se sienten positivos. Son como el presidente y director de Berkshire Hathaway, Warren Buffett, que ama tanto lo que hace que dijo: «[Todos los días] voy bailando claqué al trabajo».[16] O como el eterno mánager de los Dodgers de Los Ángeles, Tommy Lasorda, que ganó dos títulos de la Serie Mundial. Una noche, tras una derrota aplastante sufrida ante Houston en los partidos finales de la temporada de 1981, Lasorda estaba imperturbable y entusiasmado. Cuando le preguntaron acerca de su actitud optimista, dijo: «El mejor día de mi vida es cuando dirijo un juego en el que ganamos. El segundo mejor día de mi vida es cuando dirijo un juego que perdemos».[17] Ese es el tipo de actitud que uno quiere ver en los líderes potenciales que escoge. Que crean que pueden lograr el éxito. Que están dispuestos a invertir el tiempo y el esfuerzo. Que aun al enfrentar la derrota, perseveran alegremente en el trabajo y procuran avanzar.

Admiro ese tipo de actitud positiva y también la enseño. Pero algunas veces hasta el tipo con buena actitud necesita de un poco de ayuda. En noviembre del 2018 participé en la Maratón y la Media Maratón Rock 'n' Roll Las Vegas junto con Mark Cole, ejecutivo de la junta directiva de mi organización. Mark es un corredor que ha finalizado varias maratones, pero yo no. No he corrido mucho desde que dejé de jugar baloncesto a mis treinta y tantos años, y me han tenido que remplazar las dos rodillas quirúrgicamente. Sin embargo decidí ingresar a esa carrera con Mark, pero como caminante.

Esa fue mi primera experiencia en una maratón. Me sentí entusiasmado al empezar. Si alguna vez ha participado en una carrera grande como esa, sabe lo estimulantes que pueden ser. Decenas de miles de personas en la largada, listos para partir. Música estridente. Algunos vestidos con disfraces. ¡Y la carrera fue por la noche!

A pesar del entusiasmo que sentía, debo reconocer que luego de haber recorrido diez millas, mi actitud era menos que excelente. Me sentía físicamente agotado y quería detenerme. Pero no lo hice. ¿Por qué? Porque Mark iba conmigo, animándome, ayudándome a mantener una actitud positiva aun cuando mi cuerpo se había dado por vencido y mi voluntad flaqueaba. Pero valió la pena. Cuando cruzamos la línea de meta, me sentí orgulloso de mi logro. Supongo que no había muchos corredores de setenta y un años participando en esa carrera. No lo habría logrado sin la ayuda de Mark.

Permítame decir una cosa más con respecto a la actitud. El buen carácter es lo que mantiene todos los aspectos de una actitud positiva que he mencionado: la disposición a servir, la abnegación, la empatía, el crecimiento y el sacrificio. El carácter mantiene todo asegurado. Sin carácter, las cosas pueden derrumbarse rápidamente. El carácter tiene que ver con administrar nuestra vida bien para que podamos dirigir a otros bien. En las palabras de Gayle Beebe: «La formación de nuestro carácter le confiere predictibilidad a nuestro liderazgo. La predictibilidad, la fiabilidad y la consistencia: estas tres cualidades aseguran que nuestro liderazgo sea fidedigno y motivan a los demás a depositar su confianza en nosotros. Nuestra eficacia como líderes se edifica sobre la confianza».[18]

> EL CARÁCTER TIENE QUE VER CON ADMINISTRAR NUESTRA VIDA BIEN PARA QUE PODAMOS DIRIGIR A OTROS BIEN.

Cuando los líderes potenciales tienen un corazón correcto con los demás, optan por ser positivos cada día y mantienen un buen carácter para ayudarles a tomar decisiones acertadas, poseen la disposición necesaria para convertirse en mejores líderes. Y vale la pena seleccionarlos para desarrollarlos.

5. Aptitud de los líderes en potencia: «¿Son capaces?»

Ya mencioné que Ed Bastian dice que en Delta creen en contratar personas con la actitud correcta. Pero eso no quiere decir que ignoren el talento. También me ha dicho: «Buscamos talento porque nos eleva». Yo diría que un liderazgo con talento es lo que más eleva a las organizaciones.[19]

Lograr la excelencia en cualquier empresa es imposible sin talento. Ninguna organización altamente exitosa ha llegado a donde está sin talento. No es posible lograrlo. Hallar buenos líderes es como encontrar un buen atleta de salto de altura. De nada sirve hallar a siete individuos capaces de saltar un metro de altura. Se necesita hallar a una persona capaz de sobrepasar los dos metros. El liderazgo es demasiado difícil y complejo como para dejarlo en manos de un comité de personas promedio. Cuanto más difícil sea la situación, más capaces deben ser los líderes de saltar «alto».

> «EL TALENTO SIEMPRE ES CONSCIENTE DE SU PROPIA ABUNDANCIA Y NO SE OPONE A COMPARTIR».
>
> —ALEKSANDR SOLZHENITSYN

Hay un refrán que dice que el don que posee una persona le abre su propio espacio. El poeta Ralph Waldo Emerson expresó una idea similar cuando escribió: «Cada hombre tiene su propia vocación. El talento es el llamado. Hay una dirección en la cual se le abre todo el espacio».[20] La dirección que conduce al espacio reservado para cada uno de nosotros se encuentra en el área de nuestros talentos y dones. No solo tenemos aptitud en esa área, sino que somos capaces de lograr más.

¿Cómo saber que los líderes potenciales tienen dones en un área en particular?

- Se desempeñan bien en esa área, lo que demuestra excelencia.
- Tienen oportunidades para usar sus dones; lo cual crea expansión.
- Los demás se les acercan, lo que muestra atracción.
- Disfrutan lo que hacen, lo cual genera satisfacción.

Los líderes en potencia con talento tienen la capacidad de elevar a toda la organización a través de la excelencia y de expandirla por medio de las oportunidades. Esa es una combinación poderosa, porque en palabras del premio Nobel Aleksandr Solzhenitsyn: «El talento siempre es consciente de su propia abundancia y no se opone a compartir».[21]

6. Logros de los líderes potenciales: «¿Han dado resultados?»

El último aspecto que hay que examinar cuando de líderes potenciales se trata tiene que ver con sus logros. Hay que ver si han producido resultados en el pasado. ¿Qué han logrado? Cuando se les encarga una tarea, ¿la cumplen con excelencia? ¿Alcanzan y exceden las metas? ¿Cumplen las expectativas? Si pueden producir resultados para sí mismos, tienen el potencial para ayudar a otros a lograr el éxito. No pueden guiar a otros al triunfo si nunca lo han hecho consigo mismos.

Los buenos líderes vienen en todos los tamaños, modalidades, edades y escenarios. Sus personalidades son diversas y no todos dirigen de la misma manera. No obstante, las personas con el mayor potencial de liderazgo sobresalen en comparación con los que son de capacidad promedio puesto que saben cómo ganar. Son capaces de construir algo de valor con la ayuda de otros.

Cuando hablo de edificadores, me refiero a personas que comparten cinco características.

A los edificadores les encantan los resultados

Se rumora que Thomas Edison dijo: «Aquí no tenemos reglas. Estamos tratando de lograr algo».[22] ¡Esa es la mentalidad de un edificador!

Paul Martinelli, presidente de John Maxwell Team, es un edificador. Captó la idea de capacitar individuos para que fueran instructores y conferencistas, y la convirtió en una organización que ha capacitado a más de veinte mil hombres y mujeres en más de ciento cuarenta países. Y continúa construyendo. Su temporada preferida es cuando dirige la reunión de final de año con los miembros de su personal para examinar el año que pasó, planificar el año próximo y mejorar todo lo que hacen. Los edificadores son productores.

Los edificadores raras veces están insatisfechos

Los edificadores nunca están cómodos. Practican la «ley de la banda elástica» que enseño en *Las 15 leyes indispensables del crecimiento*.[23] Esta dice que el crecimiento se detiene cuando se pierde la tensión entre el punto donde se encuentra y el punto donde podría estar. Los edificadores prefieren estar bajo tensión. O, como lo dice el otrora piloto de carreras Mario Andretti: «Si todo parece estar bajo control, no está avanzando suficientemente rápido».[24]

A los edificadores les gusta la incertidumbre

El cambio es un elemento constante y esencial del progreso y, por cierto, genera incertidumbre. Los edificadores aprenden a sentirse cómodos con esa realidad. Saben que habrá ocasiones en las cuales tendrán que dar pasos al frente sin saber todas las respuestas o con información limitada. Pero igual avanzan, creyendo que la respuesta existe, que podrán determinarla y que el resultado será progreso. Después de todo, la incertidumbre es una oportunidad para mostrar liderazgo. Cuanto más incertidumbre haya, tanto más será necesario que los buenos líderes descubran el camino y guíen a otros por él. Los edificadores constantemente buscan maneras en las cuales abrir puertas y seguir creciendo. Reconocen que nada es cien por ciento seguro, todo es posible.

> LA BRECHA DE LA VISIÓN ES EL ESPACIO ENTRE LO QUE *ESTAMOS* HACIENDO Y LO QUE *PODRÍAMOS* HACER. LOS EDIFICADORES SE IMPACIENTAN POR REDUCIR ESA BRECHA.

Los edificadores son impacientes

Hay dos clases de progreso en el mundo. Están las cosas por las cuales hay que trabajar y las cosas por las cuales hay que esperar. Los edificadores sobresalen en el progreso que resulta del trabajo. Al igual que yo, consideran que la paciencia es una versión leve de la desesperación, disfrazada de virtud. ¿Sabe dónde podría matricularme en un curso breve para obtener paciencia?

Quizás la impaciencia sea natural para mí. Mi padre, Melvin Maxwell, que ya superó los noventa años, siempre ha sido un edificador y muestra pocos indicios de paciencia. Hace poco, mi hermana Trish llevó el auto de mi padre a que le cambiaran el aceite. El taller estaba muy ocupado, por lo que el proceso tardó más de lo esperado. Trish me contó que durante los primeros treinta minutos, papá estuvo bien. Pero entonces empezó a caminar de un lado a otro y poco después empezó a preguntar reiteradamente: «¿Cuánto más va a tardar esto?». Al final, cuando ya no pudo aguantar más, tomó a Trish del brazo y le dijo: «Ven, vayamos a *comprar* un auto. ¡Eso seguramente tomará menos tiempo!».

Mi amigo Chris Hodges dice que la brecha de la visión es el espacio entre lo que *estamos* haciendo y lo que *podríamos* hacer. Los edificadores se impacientan por reducir esa brecha.

Los edificadores son contagiosos

Hace poco, John Maxwell Team se comprometió a capacitar personas en Polonia, por lo que una de nuestras entrenadoras polacas, Iwona Polkowska, preparó una llamada para el lanzamiento de la iniciativa. Pocos minutos antes de la llamada, ella y yo conversamos y me dijo que habría más de mil participantes. Me sentí impresionado y la felicité por ello, pero Iwona no se sentía impresionada. «Es un inicio. Sabe que hay treinta y ocho millones de personas en Polonia». Eso me entusiasmó y pude ver que Iwona se disponía a correr la voz en su país sobre cómo esa capacitación podría agregar valor a los individuos.

Los edificadores sienten pasión por lo que hacen y por el camino en que van. Y esa pasión inspira a otros a unírseles. Su espíritu entusiasta se propaga. ¿No hay tiempo suficiente? Ellos lo encuentran. ¿No alcanza el dinero? Hallarán el dinero. ¿Falta personal? Hallarán el personal. ¿Cómo lo hacen? Inspiran a otros a que se les unan y les ayuden.

El resultado es que los edificadores siempre están *construyendo* algo. No solo hablan del asunto. Son expertos y sus antecedentes constituyen un gran indicador de su desempeño futuro, lo que los califica para guiar a otros con éxito.

Ningún equipo triunfa sin jugadores excepcionales

Red Auerbach, el perenne presidente de los Boston Celtics de la Liga Nacional de Baloncesto (NBA), decía: «La manera en que seleccione el personal es más importante que cómo los dirige una vez que están en la labor. Si empieza con las personas correctas, no tendrá problemas más tarde. Si contrata a las personas inadecuadas, por la razón que sea, estará en problemas graves, y ninguna técnica administrativa en el mundo por revolucionaria que sea le sacará a flote».[25] La única forma de tener un equipo excelente es identificar y hallar a los miembros apropiados.

Al principio de este capítulo, mencioné que mi amigo Bob Taylor tiene un talento particular de identificar las mejores maderas para sus guitarras. Es algo que desarrolló a medida que pasó de ser un fabricante de guitarras aficionado, durante la escuela secundaria, a fabricarlas a tiempo completo a sus veintitantos años y luego ser cofundador de la empresa que ahora produce el cuarenta por ciento de todas las guitarras acústicas en Estados Unidos. Pero, además, Bob es un líder excelente. No habría podido establecer la empresa si no lo fuera. Y hace unos cuantos años, cuando Bob incursionaba en su quinta década de vida, se dio cuenta de que le era necesario hallar a un sucesor. Su diseñador asistente de guitarras de larga data, Larry Breedlove, se había jubilado; por lo que Bob reconoció que si alguien no tomaba las riendas en lugar de él, Taylor Guitars no podría continuar creciendo, mejorando ni fabricando guitarras para las generaciones futuras.

Bob deseaba hallar a alguien que fuera mejor que él en la fabricación de guitarras, y eso que es el individuo que revolucionó la manera en la cual se fabrican y amplifican las guitarras acústicas. Eso significaba que no podía sencillamente darle un ascenso a alguien dentro de la fábrica. Necesitaba a alguien que fuera un innovador y que tuviera mejores ideas que las que él tenía. Bob cree que un individuo que ha hecho el esfuerzo por averiguar algo por su propia cuenta lo entiende de manera mucho más profunda que alguien a quien se lo han enseñado.[26]

Así que, un día, Bob se sentó a escribir la descripción de la persona a la que estaba buscando. Durante una entrevista con Tony Polecastro, esto fue lo que dijo Bob que escribió:

> «Amado Dios, necesito un fabricante de guitarras que las haga mejor que yo, que haya aprendido por sí mismo, que no aprendió trabajando en otra fábrica; uno que sea músico profesional, que sea capaz de tocar con cualquiera sin previo aviso, ya sabes; que pueda subir al escenario con los mejores, que sea una persona magnífica, que no se meta en esto por quince años y luego arruine su vida, obligándonos a empezar de nuevo, que sepa de historia de las guitarras, que sepa cómo fabricar-las»... escribí todas estas cosas... «Debe tener veinte años de experiencia y menos de treinta de edad... Ah, y también debe ser de San Diego».[27]

Bob reconoció que su pedido era algo imposible. Esa persona no exis-tía aún. No obstante, Bob halló a esa persona. Su nombre es Andy Powers. Bob lo conoció porque Andy estaba tocando la guitarra para el artista pro-fesional Jason Mraz en el puesto de exhibición que Taylor Guitars tenía en la exposición de la Asociación Nacional de Empresas Musicales (NAMM, por sus siglas en inglés), la feria comercial más grande de la industria de la música. Bob se relacionó con Andy y un día, tras pasar una tarde con él, recordó repentinamente la lista —que había estado guardada en una gave-ta por más de un año— mientras manejaba hacia su casa. Bob se percató de que Andy cumplía todos los criterios de su lista, hasta el punto de que vivía en la parte norte del Condado de San Diego. Y, algo notable es que a pesar de que Andy apenas tenía veintiocho años, había estado fabricando guitarras desde los ocho. Bob lo describe como un milagro del mundo moderno. Había hallado al líder del futuro para Taylor Guitars.

Andy refirió lo que Bob le dijo poco después. Bob dijo:

> «Este es el asunto. No estaré aquí para siempre y quiero que la empresa de guitarras Taylor continúe siendo impulsada por un artesano fabri-cante; quiero que sea una empresa de primera generación... Cuando

me haya ido, ¿quién hará las guitarras?». Así que me dijo algo como: «Mira, he buscado por todo el mundo y creo que tú eres mi fabricante de guitarras. Así que tómate todo el tiempo que quieras, toma dos semanas para decidir o dos años. No importa. Eres tú o nadie».[28]

Andy aceptó la oferta de Bob, cerró su taller de fabricación de guitarras de alto nivel y se unió a Taylor Guitars en el 2011. Y es el sucesor natural de Bob. «Tengo plena confianza para entregarle todo», dijo Bob. «Andy Powers es el mejor fabricante de guitarras que he conocido en mi vida».[29]

El ingreso de Andy a Taylor Guitars no solo ha preparado el futuro de la organización, sino que ya ha mejorado las guitarras que Taylor produce de manera monumental. «Para mí, lo que puedo ofrecerles a nuestros clientes existentes y a los nuevos es a un individuo que, no importa cuánto amen sus guitarras, Andy las ama más. Siento que la próxima generación verá algunas de las mejores guitarras de la industria y de la historia de las guitarras».[30] Encima de todo lo demás, tener a Andy como líder en Taylor le ha dado libertad a Bob para que viaje por todo el mundo con el fin de promover la conservación y reforestación de los bosques.

«No soy partidario de la filosofía tipo "nómbralo y confírmalo"», dijo Bob, «pero sí lo soy de la que dice que "si escribes las cosas que deseas, algunas veces las verás cuando las tengas delante de ti". De lo contrario, uno ni se daría cuenta».[31]

¿Cómo lo hizo Bob? Primero, empezó sabiendo *exactamente* a quién estaba buscando. Y siguió el mismo patrón que he descrito en este capítulo:

1. **EVALUACIÓN DE NECESIDADES**: «¿Qué es lo que se necesita?».
2. **RECURSOS A LA MANO**: «¿Quién tiene potencial de liderazgo dentro de la organización?».
3. **RECURSOS QUE NO ESTÁN A LA MANO**: «¿Quién tiene potencial de liderazgo fuera de la organización?».
4. **ACTITUD DE LOS LÍDERES POTENCIALES**: «¿Están dispuestos?».

5. **APTITUD DE LOS LÍDERES EN POTENCIA**: «¿Son capaces?».

6. **LOGROS DE LOS LÍDERES POTENCIALES**: «¿Han producido resultados?».

No es posible hallar algo o a alguien si uno no sabe lo que está buscando. Las personas frecuentemente dicen: «Lo sabré cuando lo vea». Esa no es una buena estrategia. Yo digo: *¡Sépalo y lo verá!* Bob sabía precisamente lo que necesitaba, al punto que lo escribió en detalle. Y cuando halló a la persona, lo hizo parte de Taylor Guitars.

No importa el tipo de equipo, departamento u organización que dirija, usted puede seguir este proceso. Le es *necesario* seguirlo porque todo se eleva o se cae por el liderazgo. Si no está identificando a los líderes del mañana, a los cuales capacitará, su potencial y su futuro siempre estarán limitados.

> LAS PERSONAS FRECUENTEMENTE DICEN: «LO SABRÉ CUANDO LO VEA». ESA NO ES UNA BUENA ESTRATEGIA. YO DIGO: *¡SÉPALO Y LO VERÁ!*

CAPÍTULO 2

CAUTIVE A LOS LÍDERES

Invítelos a la mesa de liderazgo

Siempre me han encantado las palabras y los juegos de palabras. Tal vez eso se deba a que he sido comunicador y escritor por más de cuarenta años. Una de mis palabras favoritas es *mesa*. Es un término sencillo, pero tiene muchas connotaciones positivas para mí. ¿Por qué? Porque muchas de las experiencias más ricas que he disfrutado en mi vida sucedieron alrededor de una mesa. Eso empezó cuando era un muchacho y mis padres, mi hermano, mi hermana y yo cenábamos alrededor de la mesa en casa. En toda mi vida, siempre fue un gozoso punto de reunión. Al entrar en años, las mesas han sido escenarios de transformación para mí y para otros.

Por ejemplo, pensemos en la *mesa de comer*. Puede usarse como una magnífica *comunidad de aprendizaje*. No hay nada que me guste más que la buena comida y la buena conversación, y créame que busco las dos cosas. Me encanta escoger un buen restaurante, invitar a otros a que me acompañen a la mesa y hacerles preguntas seleccionadas para crear conversaciones profundas. Puede ser algo mágico. Cuando así es, descubro mucho acerca de las personas que están a la mesa y aprendo cosas que mejoran mi vida.

Otro ejemplo es una *mesa redonda*. Esta puede crear una *comunidad de ayuda*. Las dos organizaciones sin fines de lucro que he establecido,

EQUIP y John Maxwell Foundation, se enfocan en ser catalizadores de transformación para comunidades y países. Nuestros esfuerzos se logran enseñando valores y liderazgo a otros a través de mesas redondas, en las que grupos pequeños de hombres y mujeres se reúnen y discuten sus experiencias, aplican lecciones basadas en valores a sus vidas y se rinden cuentas entre sí para lograr cambios positivos. A medida que los miembros de la mesa redonda empiezan a conocerse, se crea confianza y empiezan a sincerarse en cuanto a sus vidas. No pasa mucho tiempo para que se interesen, genuinamente, los unos por los otros y abracen un cambio genuino.

Mi favorita es la *mesa de liderazgo* porque puede ser una *comunidad de crecimiento* para líderes futuros. Obviamente, en este caso, la mesa de liderazgo no tiene que ser una mesa literal. Tener una mesa de liderazgo significa crear un espacio en su organización o en su equipo en el que sus integrantes tengan un lugar donde aprender, una oportunidad para practicar el liderazgo con sus éxitos y fracasos, y una oportunidad para brillar.

Tener una mesa de liderazgo con asientos desocupados es probablemente la mejor manera de atraer líderes, no solo del interior de una organización, sino también de fuera. ¿Por qué? Porque nada es más atractivo para un líder potencial que ser invitado a la mesa de liderazgo. La ley del magnetismo que describo en mi libro *Las 21 leyes irrefutables del liderazgo* afirma que «usted es lo que atrae».[1] Los individuos con potencial de liderazgo quieren pasar tiempo con líderes. Quieren observar un buen liderazgo. Quieren hablar de ello. Quieren experimentarlo. Eso los estimula. Una verdadera mesa de liderazgo es un lugar en donde cualquiera que sienta el deseo de dirigir a otros y tenga la disponibilidad para sentarse a aprender, puede formar parte de su equipo de liderazgo.

UNA INVITACIÓN A LA MESA

Recuerdo una de las primeras experiencias que tuve cuando me invitaron a una mesa de liderazgo. Fue en 1981, poco después de que me mudé a San Diego. Estaba entrando en mi tercera década y había sido líder en organizaciones por aproximadamente una década, pero mi experiencia era un tanto limitada. Recibí una invitación a asistir a una conferencia de líderes en Los Ángeles. Me sentí como si me hubieran llamado a jugar en las ligas mayores, porque muchos de los líderes que respetaba estarían presentes en esa reunión.

Todavía recuerdo la sensación de estar fuera de mi elemento porque los demás líderes que habían sido invitados tenían mucho más experiencia y éxito que yo. Todas las dudas que tenía sobre mí mismo se intensificaron. ¿Encajaría? ¿Me aceptarían? ¿Podría aportar algo?

El día de la reunión, entré a la sala y mis temores se disiparon de inmediato. ¿Qué sucedió? Chuck Swindoll, el líder más influyente del grupo y alguien a quien había admirado por años, me vio y vino directamente hacia mí.

«John, me alegra mucho que hayas venido. Ven y siéntate a mi lado», me dijo, mientras me dirigió hacia su mesa. «Ven, siéntate a mi lado para que pueda presentarte a los demás líderes».

Ser invitado a esa mesa de liderazgo fue algo enorme para mí, porque fue la primera vez que me invitaban a unirme a un grupo de líderes que desarrollaban a otros líderes. Eso realmente me abrió los ojos a posibilidades mayores para mi liderazgo.

No importa el nivel al cual se encuentre en el liderazgo, usted puede crear una mesa de liderazgo, un lugar en donde personas que todavía no son líderes de su nivel pueden acudir, sentirse bienvenidos y *probar* el liderazgo. Una mesa de liderazgo no debería ser una invitación elitista a la exclusividad; debe ser una invitación abierta a la oportunidad. Cualquiera con potencial puede tener una oportunidad. Frecuentemente podemos ser sorprendidos por los que son capaces de levantarse y dirigir con eficacia.

En su libro *Too Many Bosses, Too Few Leaders* [Demasiados jefes, muy pocos líderes], el consultor de liderazgo y estrategia empresarial —que además es presidente de la junta directiva del Iclif Leadership and Governance Centre—, Rajeev Peshawaria, dijo:

En el rápidamente cambiante mundo de hoy, la pregunta es: ¿tiene sentido identificar a unos çuantos para ungirlos como individuos con alto potencial e invertir de manera desproporcionada en su desarrollo?

¿Y qué pasaría si el mundo cambiara de maneras que requieran un tipo totalmente diferente de potencial en cinco años, en comparación con los referentes que se usan en la actualidad para identificar los potenciales altos? ¿Qué hay con los de florecimiento tardío, los que no deslumbran al principio, pero podrían tornarse sumamente valiosos posteriormente? ¿Y qué del impacto negativo que tendría sobre la moral de aquellos no escogidos como individuos de alto potencial?

Por todas estas razones, podría ser momento de recapacitar sobre la «práctica recomendada» de identificar y desarrollar a un grupo de alto potencial. Dada la incertidumbre de los negocios en la actualidad y las potentes fuerzas que dan forma a nuestras vidas... es imposible determinar quiénes serán los líderes intelectuales de mañana. En vez de poner todos los huevos en una sola cesta de individuos tempranamente ungidos como de alto potencial, las empresas debieran ampliar sus probabilidades de producir líderes futuros dándoles a todos una dieta similar de desarrollo y permitir que la crema flote por sí misma.[2]

> **LA MESA ESTÁ DESTINADA A ATRAER A LÍDERES POTENCIALES Y DETERMINAR SI SE CONVERTIRÁN EN LÍDERES.**

No todos los invitados a la mesa se convertirán en líderes eficaces. Además, invitar a alguien a la mesa de liderazgo no significa que esa persona siempre permanecerá allí. La mesa está destinada a atraer a líderes potenciales y determinar si se convertirán en líderes. Por ese motivo, siempre debe hacer que la mesa sea tan grande como sea posible a fin de que acomode a muchos jugadores en potencia. Y no se preocupe, los mejores líderes siempre se distinguen de los demás.

LO QUE SUCEDE EN LA MESA DE LIDERAZGO

Para que su liderazgo y su organización resulten atractivos a los líderes potenciales, lo que debe asegurar que ocurra en esta mesa es lo siguiente:

1. Los que están a la mesa pueden experimentar una cultura de liderazgo

Bryan Walker y Sarah A. Soule, en un artículo del *Harvard Business Review*, dijeron: «La cultura es como el viento. Es invisible; sin embargo, su efecto puede verse y sentirse. Cuando sopla en dirección a usted, hace que la navegación sea tranquila. Cuando sopla en contra, todo se hace más difícil».[3] Si desea atraer y desarrollar líderes, debe tener el viento a su favor, no en contra. Eso significa que debe crear y mantener una cultura de liderazgo.

Mi amigo Tim Elmore, fundador y presidente de Growing Leaders, una organización que capacita líderes, escribió acerca de la cultura en el ambiente laboral y dijo:

Observe que cuanto mejor sea la cultura de la organización, menos serán las políticas y procesos corporativos que se necesiten para obtener el comportamiento deseado. Cuando la cultura es fuerte, es como una marea que eleva a todas las embarcaciones en el agua. Piense en las organizaciones que comprenden este concepto:

- Zappos
- Starbucks
- Chick-fil-A
- Netflix

Lo contrario también funciona. Si la cultura es débil, más deben depender los líderes de las políticas y los procedimientos para hacer que las personas se comporten de una manera determinada. *Lo que le hace falta en cultura, debe compensarlo con legislación.* Colin Angle, cofundador de iRobot, lo dijo de esta manera: «La cultura es el ingrediente mágico para empezar».[4]

Lo que Tim describe, en particular, es una cultura de *liderazgo*. Las organizaciones que gozan de una fuerte cultura de liderazgo dependen de las personas para recibir guía y dirección, no de los reglamentos ni las políticas.

Lo primero que buscamos en la mesa de liderazgo de mis organizaciones es que nuestros valores coincidan. Queremos que los individuos que desarrollamos tengan nuestros valores. La mesa de liderazgo más grande en mi entorno es John Maxwell Team, una organización que capacita entrenadores, líderes y conferencistas. Toda la organización es como una mesa gigante porque está abierta a la sección más amplia de personas que se pueda imaginar. Dos veces al año celebramos una conferencia de capacitación para nuevos entrenadores, al igual que para los ya establecidos; ahí vertemos lo que tenemos y les damos una oportunidad para crecer, levantarse y dirigir. Una de las cosas que hago en cada conferencia es enseñarles los valores que son importantes para mí y que deben ser importantes para ellos si buscan alcanzar el éxito. Quiero que sean personas con valores que valúen a los demás. ¿Qué significa esto? Esto es lo que les digo:

- «Lo valoro. ¿Se valora usted?».
- «Valoro a los demás. ¿Valora a los demás?».
- «Agrego valor a los demás. ¿Quiere añadirle valor a otros?».
- «Me hago más valioso. ¿Quiere hacerse una persona más valiosa?».

Si no pueden responder o no quieren responder que sí a esas preguntas, entonces no compaginamos. Lo cual está bien. Solo significa que no debemos trabajar juntos. En nuestras conferencias les digo que, si no pueden asimilar nuestros valores, gustosamente les devolveremos el costo de inscripción y les bendecimos para que sigan su camino. La mayoría de las personas a las que atraemos ya concuerdan conmigo y se quedan. Hasta la fecha, hemos certificado a más de veintiocho mil miembros de John Maxwell Team. Todos reciben la misma capacitación y la oportunidad para brillar. Como es de esperarse, los mejores ascienden. Es un lugar magnífico para descubrir líderes.

Una de las organizaciones a las cuales admiro mucho es Chick-fil-A. Tiene una cultura sobresaliente y las personas hacen fila, no solo por la comida, sino para obtener empleo como operadores y empleados. Mack Story, miembro exitoso de John Maxwell Team, escribió lo siguiente sobre Chick-fil-A (CFA):

¿Le gustaría tener la habilidad de seleccionar a la persona «correcta» entre doscientas cincuenta solicitudes para llenar una vacante? ¿Sería más probable obtener a un equipo mejor y más fuerte cuando se selecciona de entre un puñado de solicitantes o entre doscientos cincuenta? Hay una razón por la cual CFA tiene tantos solicitantes. Se debe a que son lo que son.

Cualquiera que tenga dinero podría comprar los mismos equipos y construir el mismo tipo de edificio en la misma ubicación magnífica. Y muchos lo hacen. Pero no obtienen los mismos resultados. ¿Por qué? Porque para la mayoría de ellos su negocio no es el desarrollo de individuos. Su negocio es la comida rápida. CFA desarrolla individuos que sirven a otros individuos. Por lo tanto, atraen a personas que valoran el desarrollo y servicio a los demás. Por supuesto que tienen el privilegio de rechazar a muchos que no califican, pero tienen la oportunidad de elegir a los que comparten sus valores.

He observado que hay muchas organizaciones cuyo negocio son las «ganancias». Operan de modo muy diferente a las que se dedican al desarrollo de individuos. Irónicamente, las organizaciones que se dedican a desarrollar a los individuos tienden a obtener mayores ganancias porque a fin de cuentas, los individuos son los responsables de las ganancias. Típicamente, las organizaciones que valoran las ganancias más que a los individuos son las que pagan menos y demandan más. Eso ni siquiera tiene sentido, pero lo hacen día tras día. Su rotación de personal es alta a causa de lo que son. ¿Se imagina por qué? Porque todos están trabajando en otro lugar.[5]

> LA CULTURA DE UNA EMPRESA ES LA EXPRESIÓN DE LOS VALORES DE LOS INDIVIDUOS QUE LA CONFORMAN.

La cultura de una empresa es la expresión de los valores de los individuos que la conforman. Es la suma del comportamiento de los individuos, no un reflejo de lo que uno quisiera que fuera. Las personas hacen las cosas según lo que ven y continúan haciéndolo. Lo que las personas hacen de manera continua y habitual crea una cultura.

Si ya tiene una cultura de liderazgo, es fantástico. Continúe haciendo énfasis en la importancia del liderazgo. Sin embargo, si los miembros de su organización no valoran, practican ni recompensan el buen liderazgo, este no se volverá parte de su cultura. Y tendrá muchas dificultades para atraer líderes. Si esa es su situación, asuma la responsabilidad de promover el liderazgo en su esfera de influencia. Y forme una mesa de liderazgo, puesto que le ayudará a iniciar el cambio de la cultura que tiene.

2. Los que están a la mesa participan de la dinámica de ella

He tenido el placer de pasar varias vacaciones en Florencia, Italia, y cada vez que visito esa ciudad, me aseguro de ir a la Galería de la Academia para ver el *David* de Miguel Ángel. Cuando alguien inquirió acerca de su obra maestra, se dice que Miguel Ángel respondió que la escultura ya existía en la roca y que él sencillamente tenía que cincelar la piedra que la rodeaba.[6]

Eso es lo que hacen los líderes. Ven al líder futuro dentro de la persona y lo ayudan a que emerja. Tal vez por eso es que el profesor y cotizado escritor Brené Brown definió a un líder como «cualquiera que se haga responsable de descubrir el potencial en las personas... y que tenga el valor de desarrollar ese potencial».[7]

Crear una mesa de liderazgo le permite proporcionar un buen entorno para que los integrantes de su equipo crezcan, aprendan y empiecen a asimilar la dinámica del liderazgo. Puede ser una herramienta fantástica para formar líderes. En los últimos años mis organizaciones han descubierto el poder de las mesas redondas para promover el crecimiento y desarrollo del liderazgo en otras personas. La dinámica de las reuniones de grupos pequeños, en las cuales a todos se les permite participar, es poderosa. Las personas descubren ideas nuevas, su manera de pensar se ve desafiada, se les insta a aplicar lo que aprenden y se rinden cuentas unos a otros haciendo cambios positivos en sus vidas.

Mi organización sin fines de lucro, la John Maxwell Leadership Foundation, capacita a decenas de miles internacionalmente en cómo dirigir mesas redondas en grupos pequeños. Esos líderes han ayudado a cientos de miles de personas a crecer en su carácter, liderazgo, así como a vivir intencionadamente. Durante las semanas que los grupos se reúnen, los individuos asimilan la dinámica grupal y los líderes empiezan a emerger; y al final de la capacitación, se les ofrece la oportunidad de iniciar y dirigir sus propios grupos. El impacto positivo en la vida de muchos ha sido profundo.

En cada John Maxwell Team, los miembros reciben capacitación sobre liderazgo intencionado mediante el uso de mi libro *Desarrolle el líder que está en usted 2.0*. Participan en una mesa redonda de liderazgo en la que leen y discuten capítulos, se desafían unos a otros a crecer y se rinden cuentas mutuamente. Y debido a que se les anima a empezar o a mejorar sus actividades en cuanto a liderar o dictar conferencias al mismo tiempo, tienen oportunidades de aplicar lo que han aprendido en el contexto de la vida real.

Si aún no ha creado su propia mesa de liderazgo, o si ya ha empezado a desarrollar líderes, pero desea hallar una forma de elegir algunos líderes para desarrollarlos, ¿por qué no crear una mesa redonda de liderazgo? Esta es la forma de hacerlo.

Establezca las expectativas iniciales con los invitados

Lo primero que hay que hacer en la primera reunión con su grupo es establecer las expectativas. Lo siguiente es lo que debe decirles:

- El formato del grupo es discutir con sinceridad, no enseñar.
- El entorno es motivador.
- Todos los miembros del grupo deben participar.
- No hay preguntas mal intencionadas.
- La meta de todos debe ser añadir valor a lo que se comparte.
- El propósito de la mesa redonda es la aplicación, no la información.
- Nos rendimos cuentas mutuamente a fin de cumplir con nuestros compromisos.

Olvídese de todo y enfóquese en su gente

Como líder de una mesa redonda, su propósito no es enseñar. Su meta es hacer preguntas y promover la discusión. Sea franco y auténtico en cuanto a sí mismo y a su travesía, pero enfóquese en los demás, en darles cien por ciento de su atención. Asígnele un valor elevado a cada uno y, siempre que sea posible, apruebe lo que digan.

Espere que agreguen valor a la mesa

Agregar valor es lo que los líderes hacen por otras personas. Como líder de un grupo, usted debe ejemplificar esto haciendo su mejor esfuerzo por añadir valor a los que están a la mesa; además, debe animarlos a que hagan lo mismo. Siempre que sea posible, permita que los individuos formen equipos para que se cuenten entre sí lo que les ha servido más. Esto incrementa el aprendizaje y les da experiencia a las personas en cuanto a añadir valor a otros.

Anímelos a ACTuar

El conocimiento no es la clave del éxito; aplicar el conocimiento sí lo es. Así es como crecen las personas. Y por ese motivo, la acción siempre debe ser la meta de cada sesión de mesa redonda del liderazgo.

Por muchos años he enseñado algo que llamo **ACT**, que son las siglas en inglés de las palabras *aplicar, cambiar* y *enseñar.* Cada vez que me encuentro en una situación de crecimiento, ya sea en una mesa redonda, una conferencia o una reunión, escucho para captar las cosas en las cuales puedo usar mi herramienta ACT. Le animo a usarla con el fin de ayudar a los integrantes de su grupo. Al final de cada sesión, y basándose en lo discutido, pregúnteles lo siguiente:

- «¿Qué puede *aplicar* a su vida?».
- «¿Qué puede *cambiar* de sí mismo?».
- «¿Qué podría *enseñarle* a otra persona para ayudarla?».

De modo que, al inicio de la siguiente sesión, pregunte a cada individuo en qué se comprometieron a usar ACT en la sesión anterior y pídales que digan la manera en que lo implementaron. Se sorprenderá de lo rápido que los individuos empezarán a aplicar lo que han aprendido cuando saben que otros les preguntarán al respecto y les pedirán que rindan cuentas.

Observe las miradas en la mesa

Uno de los beneficios mayores de facilitar una mesa redonda de liderazgo es que se pueden ver a los líderes en potencia emerger ahí. Se aprende cómo piensan y resuelven problemas los individuos. Se observa cómo se comunican con otros. Se aprende sobre el carácter y la congruencia que tienen. Y se ve cómo les responden otros. Las personas que ven más y antes que los demás en el grupo, emergen como líderes. Otros, intuitivamente, lo perciben y los respetan. Cuando haga preguntas, empezará a ver su influencia porque los demás comenzarán a esperar que ellos aporten respuestas.

Esta última dinámica quizás sea la más valiosa para el líder que desarrolla líderes. Aquí es donde los mejores de ellos se distinguen. La mesa redonda del liderazgo ayuda a todos sus participantes, pero hallará a los mejores líderes si presta atención y no trata de dominar la discusión. Le será necesario dar espacio para que las personas asciendan; de modo que, cuando lo hagan, señálelos para darles un desarrollo más personalizado.

3. Los que están a la mesa se benefician del poder de la proximidad

Hubo una época de la historia cuando la mayor parte de las personas aprendían una labor o profesión trabajando como aprendices bajo la tutela de un maestro artesano. El aprendiz seguía al maestro a todas partes, observando su trabajo, ayudándole, haciéndole preguntas después de haber aprendido los fundamentos y, con el paso del tiempo, practicaba el oficio bajo el ojo observador del experto. Pero, ¿cómo se desarrolla usualmente el proceso de aprendizaje hoy? Las personas asisten a conferencias en un aula, ven videos o leen libros. Como alguien que escribe libros y enseña a audiencias, valoro estos procesos, pero no tienen que ver con la experiencia que se obtiene con los líderes «en la mesa».

Recientemente vi unas estadísticas interesantes, relativas a la manera en que las personas aprenden:

- Aprendices que incorporarán una nueva aptitud a su práctica como resultado de haber aprendido una teoría: 5%
- Aprendices que transferirán una aptitud nueva a su práctica como resultado de haber aprendido una teoría y ver una demostración: 10%
- Aprendices que aplicarán una nueva aptitud a su práctica como resultado de haber aprendido una teoría, demostración y puesta en práctica durante la capacitación: 20%
- Aprendices que ejercerán una nueva aptitud en su práctica como resultado de haber aprendido una teoría, ver su demostración e implementación y haber atendido a los comentarios correctivos durante la instrucción: 25%
- Aprendices que adoptarán una nueva aptitud en su práctica como resultado de haber aprendido una teoría, ver su demostración, ejercerla y atender a los comentarios correctivos en escenarios de capacitación, instrucción o mentoría: 90%[8]

34

En el caso del aprendiz, no hay nada que sustituya la participación y el acceso a las personas que saben lo que están haciendo, que puedan dirigirle y darle retroalimentación. Para ello se requiere la proximidad.

El liderazgo, más que captarse, se enseña. Es por eso que una de las mejores formas para que los líderes potenciales aprendan cómo piensan, resuelven problemas y actúan los líderes es pasar tiempo con ellos a la mesa. Tener la oportunidad de estar en una reunión de estrategia es algo que abre los ojos. Escuchar a los líderes lo concerniente a sus luchas con los problemas, verlos tomar decisiones y observar cómo interactúan unos con otros es uno de los mejores regalos que un líder potencial puede recibir de usted. Las salas de reuniones pueden tornarse en aulas de clase para los aspirantes a líderes. Pero esto requiere de un esfuerzo intencionado. Antes de invitar líderes potenciales a una reunión, me planteo las siguientes preguntas:

> EL LIDERAZGO, MÁS QUE CAPTARSE, SE ENSEÑA.

- «¿Tengo preguntas que hacerle? ¿Tiene él o ella preguntas que hacer?».
- «¿Tengo experiencias que compartir? ¿Tiene él o ella experiencias que compartir?».
- «¿Tengo lecciones que enseñar? ¿Tiene él o ella lecciones que enseñar?».
- «¿Hay alguna aplicación que pueda darle? ¿Tiene él o ella una aplicación que pueda darme?».

Cuando me he hecho estas preguntas y he pensado sobre el proceso, es más probable que los líderes potenciales se beneficien de estar a la mesa.

Por supuesto que existen otras maneras intencionadas de reunir líderes establecidos y potenciales para que aprendan unos de otros. Por ejemplo, cada año celebro una actividad con John Maxwell Company, en la cual llevamos a ciento veinte líderes a una ciudad diferente para practicar el liderazgo. Este programa, denominado «Intercambio», es sumamente deseado, por lo que siempre se agotan las entradas. ¿Por qué? Por la cercanía que hay entre los líderes. Durante tres días, líderes de una variedad de negocios y escenarios se reúnen a discutir temas de liderazgo con el fin de crecer. Es como una exposición sobre esteroides. Muchos de los asistentes forjan amistades duraderas en «Intercambio» y son impactados por lecciones que cambian el rumbo de sus vidas.

Quisiera poder organizar más eventos como «Intercambio» todos los años, pero sencillamente no es posible debido a mi abultado itinerario. Lo que puedo hacer es participar por vía telefónica con diferentes grupos de líderes, todos los meses, para enseñar, responder preguntas y promover las discusiones. La tecnología me ha permitido desarrollar una especie de cercanía con personas en todas partes del mundo y transmitirles el espíritu del liderazgo a todos los que participan en la llamada.

Mientras estoy sentado en mi escritorio, redactando estas líneas, estoy observando una pintura colgada en la pared de mi oficina por años. Es una imagen de dos chicos sentados a la mesa. El mayor de ellos le está enseñando al más joven a dibujar. La cara del chico mayor está enfocada en su tarea, mientras que el menor observa detenidamente lo que está dibujando. Esa pintura me inspira cada vez que la veo. Me recuerda que todos los días debo estar sentado a la mesa, desempeñando el papel de uno de esos chicos. Siempre debo estar añadiéndole valor a alguien o aprendiendo de alguien.

Cuando un buen líder que desarrolla a otros reúne a otros individuos, el entorno algunas veces puede producir resultados extraordinarios. Por ejemplo, en la década de 1990, Matthew Syed era clasificado como el jugador de tenis de mesa número uno de Gran Bretaña. Fue campeón de la Mancomunidad en tres ocasiones y participó dos veces en las Olimpíadas. La forma en la que llegó a ser un jugador de *ping pong* tan extraordinario es una lección de proximidad. En 1978, sus padres compraron una mesa de *ping pong* de lujo y la pusieron en su garaje. A Matthew y a su hermano les encantaba jugar uno contra el otro y contra cualquiera de sus amigos dispuestos a echar un partido. Invirtieron horas de juego para aprender, experimentar y mejorar. Pero lo que llevó a Syed al siguiente nivel fue cruzarse en el camino con Peter Charters.

Charters era maestro en la Escuela Primaria Aldryngton y también era el entrenador de todos los deportes de la institución. Pero la pasión de Charters era el *ping pong*. En su libro *Bounce*, Syed dijo:

A Charters solo le importaba una cosa por encima de las demás: el tenis de mesa. Era el entrenador más destacado de la nación y un veterano de la Asociación Inglesa de Tenis de Mesa. Los demás deportes eran como una fachada, una oportunidad para descubrir talentos deportivos dondequiera que emergieran para enfocarlos, de manera inexorable y exclusiva, en el tenis de mesa. Ningún chico que pasara por la Escuela Aldryngton, en Reading, se libraba de una prueba de Charters. Y tal era su celo, energía y dedicación al tenis de mesa que cualquiera que mostrara algo de potencial era persuadido a manifestar sus aptitudes en Omega, el club local.[9]

El club Omega era donde practicaban los mejores jugadores del área. Abría las veinticuatro horas del día. En los 1980, este club por sí solo produjo más jugadores de tenis de mesa de alta categoría que el resto de Gran Bretaña. ¿Por qué? Syed dijo: «Todo el talento deportivo se enfocaba inexorablemente en el tenis de mesa y todos los jugadores en ciernes recibían el apoyo de un entrenador sobresaliente».[10]

¿Qué hacía Charters? Atraía a los jugadores potenciales continuamente, reuniéndolos e invitándolos a la mesa, en donde podrían pasar tiempo con él y unos con otros. Los invitaba a la mesa de *ping pong* para que se desarrollaran hasta ser grandes jugadores. Imagínese lo que usted podría hacer si tuviera un enfoque similar en cuanto a atraer personas con talento de líder, invitándolos a la mesa del liderazgo y desarrollándolos en su papel de líderes.

Antes de que avancemos, quiero decir algo más acerca del poder de la proximidad. La proximidad genera «suerte influyente». Seguramente se preguntará qué es la «suerte influyente». Es una frase que inventó el escritor Jim Collins. Me habló de ella una vez que cenamos juntos. Me dijo que hay muchas clases de suerte en este mundo, pero la mejor es la suerte influyente. En pocas palabras, es a quién usted conoce. Es valiosa para usted y puede convertirse en una ventaja extraordinaria para los líderes que invite a la mesa.

Muéstreles el valor de la suerte influyente

Mi amigo Harvey MacKay es el rey de las redes de contactos. Él me contó lo siguiente: «Si tu casa se incendia, olvídate de la vajilla, la plata y el álbum de matrimonio. Agarra tu fichero de contactos». Harvey es viejo como yo, así que permítame traducirlo: agarre su teléfono inteligente con todos sus contactos.

¿Por qué diría Harvey cosa semejante? Porque reconoce el valor de conocer personas y establecer conexión con ellas. Cuando uno tiene suerte influyente, ante cualquier desafío, en vez de preguntarse: «¿Qué hago?», lo que se pregunta es: «¿A quién conozco que pueda ayudarme?». Uno no tiene que saberlo todo. Solo hay que conocer suficientes personas que, entre ellas, lo sepan todo. No soy ingeniero aeroespacial, pero ¿sabe? Si necesito saber algo que solo lo sepan los ingenieros aeroespaciales, llamo a mi amigo Patrick Eggers. Él era ingeniero aeroespacial, por lo que puede ayudarme.

> SI ALGUIEN SIEMPRE ESTÁ EN LOS PRIMEROS LUGARES DE SU CLASE, ES PORQUE ESTÁ EN LA CLASE EQUIVOCADA.

Colóquelos en la posición de los que tienen «suerte influyente»

Mi madre solía decirme que Dios los cría y ellos se juntan. Si quiere mejorarse a sí mismo, busque un rebaño que sea mejor que usted en cuestiones de liderazgo y únase a él.

Cuando atraiga líderes, póngalos en grupos que tengan personas más sagaces, más experimentadas y mejores que ellos. Si tienen potencial alto, se mostrarán a la altura de la situación.

Es bueno recordar que si alguien siempre está en los primeros lugares de su clase, es porque está en la clase equivocada.

Enséñeles a pedir ayuda a los que tengan «suerte influyente»

La «suerte influyente» tiene que ver con ampliar constantemente el grupo de personas con las cuales uno está conectado. Una de las mejores maneras de ampliar ese grupo es pedirles a personas que ya conoce que les presenten a otros que ellos conozcan. Esto lo he hecho por muchos años preguntando: «¿A quién conoces que yo deba conocer?». Para ayudar a que sus líderes incrementen su «suerte influyente», enséñeles a hacer la misma pregunta. Pero debo hacerles una advertencia. Esto solo funciona cuando a la persona que uno le pide eso ya nos conoce y confía en nosotros. Nunca hago esta pregunta sin antes haber desarrollado credibilidad, porque no quiero que la respuesta sea: «No sé, porque no lo conozco». Es necesario edificar la relación primero.

Ayúdeles a merecerse la «suerte influyente»

Cuando uno mejora en su profesión u oficio, mejores son las probabilidades de conocer a personas de alto nivel. Probablemente haya oído decir que uno forja su propia suerte. Con eso se quiere decir que si uno se esfuerza y continúa mejorando, tendrá nuevas oportunidades y estará listo para aprovecharlas. Uno puede ganarse el derecho a avanzar por medio de la excelencia.

Cada vez que ayude a sus líderes a mejorar, los convierte en candidatos más fuertes a la «suerte influyente». Si un individuo tiene un nivel de aptitud 2 (en una escala de 10 puntos, en la que 10 es el nivel más alto), los que tienen un nivel 8 probablemente no establecerán conexión con esa persona. Las personas tienden a acercarse a otros del mismo calibre. Por tanto, ¿qué pueden hacer? No permita que se den por vencidos, ayúdelos a mejorar.

Diríjalos para que mejoren su «suerte influyente»

Cuando me conecto con alguien a quien verdaderamente admiro y de quien deseo aprender, me fijo una meta: tener una segunda reunión con ese individuo. Pero eso no es algo que uno pueda pedir sencillamente y esperar que lo recibirá. Uno debe aprender eso. Procuro lograrlo preparándome muy bien para la reunión inicial. Dedico horas y hasta días pensando acerca de la reunión que se avecina. Hago mi tarea e investigo sobre la persona. Si ha escrito libros, los leo todos. Pienso detenidamente sobre las preguntas que quiero hacerle y las escribo. De hecho, escribo más preguntas que las que intuyo que habrá tiempo para formular.

Cuando nos reunimos, permito que mi entusiasmo por la reunión se evidencie, al igual que mi pasión por los intereses que tenemos en común. Y al final del encuentro expreso mi gratitud. Quiero que todo lo que haga me distinga para tener una oportunidad de aprender más de esa persona.

Hace poco recibí una invitación a participar con una charla en una conferencia, en Toronto, a cargo del escritor y experto en liderazgo Robin Sharma. Por años he admirado su labor, pero nunca lo había conocido. Sabía que iba a pasar algo de tiempo con él, así que me preparé, esperando que eso condujera a una amistad duradera con él. Ya estaba familiarizado con sus enseñanzas porque había leído sus libros. Así que lo cité durante mi intervención. Hice saber a la audiencia cuánto valor me había añadido su trabajo. Luego permanecí allí después de mi conferencia firmando libros para cualquier miembro de la audiencia que me lo pidiera. Cuando nos conocimos, pude percibir que Robin estaba agradecido. Y me alegra decir que esa no fue la última de nuestras reuniones.

Si enseña a los líderes establecidos y a los potenciales que están a su mesa a ir más allá de lo esperado cuando quieran establecer conexiones y aprender de otros individuos, esto les ayudará significativamente. Se beneficiarán de la proximidad con otros buenos líderes y aprenderán por sí mismos a aumentar su propia cercanía con otros.

4. Los que están a la mesa ejercen el liderazgo

A final de cuentas, la única manera en la cual una persona aprende lo que es el liderazgo es dirigiendo. El liderazgo no es un ejercicio teórico. *Dirigir* es un verbo y, para mejorar su liderazgo, cada individuo debe dirigir; ya sea a un negociante, voluntario, empleado, padre de familia o entrenador. Todos empiezan en algún punto. ¿Por qué no permitir que sus líderes en potencia empiecen a practicar su liderazgo en la mesa con usted y con otros líderes que pudieran ayudarles?

En su libro *Bounce* [Rebotar], Matthew Syed también escribió acerca del poder de la práctica por encima del talento. Syed citó un estudio llevado a cabo en 1991 por el psicólogo Anders Ericsson junto con dos colegas. Estudiaron a algunos violinistas en la Academia de Música de Berlín Occidental. Dividieron a los niños y las niñas en tres grupos, según su nivel de habilidad:

> LA ÚNICA MANERA EN LA CUAL UNA PERSONA APRENDE LO QUE ES EL LIDERAZGO ES DIRIGIENDO. EL LIDERAZGO NO ES UN EJERCICIO TEÓRICO.

- Estudiantes capaces de desarrollar su carrera como estrellas solistas internacionales.
- Estudiantes capaces de desarrollar su carrera en las mejores orquestas del mundo.
- Estudiantes capaces de desarrollar su carrera enseñando música.

Estas categorías se basaban en las opiniones de los profesores y en el desempeño de los estudiantes en una competencia abierta.

Lo que Ericsson descubrió es que las biografías de los estudiantes en las tres categorías eran sorprendentemente similares. Ellos, en su mayoría, habían iniciado la práctica a los ocho años, decidieron hacerse músicos justo antes de cumplir los quince, habían estudiado bajo cuatro maestros y en promedio habían estudiado 1,8 instrumentos adicionales, aparte del violín. No había diferencia notable en el nivel de talento entre ellos cuando empezaron. Por tanto, ¿cuál era la diferencia? ¡El tiempo de práctica! Ya a los veinte años, el grupo inferior había practicado cuatro mil horas menos que el grupo de en medio, y este había practicado dos mil horas menos que el grupo superior, el cual había practicado diez mil horas. «No había excepciones en el patrón», dijo Syed acerca de los hallazgos de Ericsson. «La práctica intencionada fue el único factor que distinguía a los mejores del resto».[11]

Si desea desarrollar líderes, es necesario que los motive a que practiquen su liderazgo y les proporcione un lugar donde hacerlo. Y hay pocos lugares mejores que la mesa del liderazgo.

Un líder en la mesa que prepara mesa para otros líderes

Mi mayor gozo como líder ha sido contribuir al desarrollo de otros líderes. Hoy, a mis setenta y tres años, sigo tan entusiasmado con esto como siempre. Uno de los líderes que acudió a una de mis mesas hace veinte años, ahora está creando mesas de liderazgo que han atraído a cientos de miles de individuos y los han transformado en mejores líderes. Se llama John Vereecken y supervisa los proyectos de transformación de líderes de mis organizaciones sin fines de lucro en América Latina.

Conocí a John en el año 2000, cuando él tenía treinta y cinco años. Es originario de Michigan, pero él y su esposa Karla han vivido y laborado en México desde 1985. John empezó ayudando a otro hombre a servir a las poblaciones indígenas que viven en las montañas rurales de México. Juntos viajaban a pie, de una villa a otra, para ayudar a que las personas sembraran sus campos. Mientras les servían también difundían su fe. Posteriormente, John fundó varias escuelas bíblicas y ayudó a plantar iglesias.

Cuanto más se ocupaba John, más se percataba de que la cultura de liderazgo de América Latina era muy diferente de la que él conocía por haber crecido en Estados Unidos. Mientras que los estadounidenses tienen una actitud que proclama que «sí se puede» y creen que pueden lograr cualquier cosa, los latinoamericanos tienden a ser más cautelosos. Por eso, los que quieren dirigir, lo hacen esforzándose por obtener posiciones de poder desde las que puedan —en palabras de John— «controlar a las masas». Su modelo de liderazgo consiste en decirles a los demás qué deben hacer. John se propuso tratar de cambiar esa mentalidad.

En aquella época, yo realizaba muchas conferencias para la organización Promise Keepers, y tuve la oportunidad de conocer a Marcos Witt, el artista musical cristiano más popular de América Latina. Marcos me presentó a John. Allí fue que me enteré de que los dos tenían el sueño de ayudar a las personas de México y del resto de Latinoamérica a que asimilaran un modelo de liderazgo en el cual los líderes añaden valor a las personas, las animan y empoderan, y las ayudan tanto a crecer como a lograr el éxito.

John me dijo que había leído *Las 21 leyes irrefutables del liderazgo* y *Las 17 leyes incuestionables del trabajo en equipo*, y que esos libros le habían hecho comprender que podía ser un mejor líder y que cualquiera puede aprender a dirigir. Con solo hablarle, pude ver que John tenía mucho potencial. Ya estaba haciendo bastante, por lo que quise ayudarle; así que le dije: «Tienes mi permiso para tomar esos dos libros, traducirlos al español y enseñarlos en cualquier parte de Latinoamérica». También les dije a John y a Marcos que si ellos reunían a sus mejores líderes una vez al año, yo vendría personalmente a enseñarles liderazgo.

John posteriormente me confesó que cuando le dije que podía usar mis materiales para enseñar sobre liderazgo, él pensó: «*¿Cree él que podemos hacer esto?*». No sabía de qué era capaz, pero estaba dispuesto a intentarlo. Poco después, él estaba enseñando las 21 leyes en San Pedro Sula, Honduras, y empezó a ver cómo se les iluminaban los rostros a las personas de negocios, del gobierno, de la educación y de las iglesias. Ellos descubrieron que el liderazgo no consistía en posición y poder, sino en influencia, y que podía usarse para ayudar a las personas.

Observé cómo capacitó John con tanto éxito a los líderes en toda América Latina. De modo que, cuando mi organización sin fines de lucro EQUIP estaba lista para empezar a capacitar líderes en Centro y Suramérica, ya saben a quién llamé para que me ayudara: a John. Su organización, Lidere, facilitó la capacitación de medio millón de personas en liderazgo, a través de EQUIP. Y continúo trabajando con él. Ha sido un contribuyente vital en las iniciativas de John Maxwell Foundation en Guatemala, Paraguay y Costa Rica.

Le pedí a John que me contara su perspectiva en cuanto a nuestra interacción, y esto fue lo que me dijo:

Creíste en mí cuando yo ni sabía lo que era el liderazgo. Así que pensé: *Él sabe lo que está haciendo y, si cree que yo puedo, supongo que es porque puedo. No quiero decepcionarlo.* Entonces, al conocerte mejor, vi que ejemplificabas el modo en que se agrega valor a personas, lo cual es el fundamento del verdadero liderazgo.

Me desarrollaste en muchas maneras. Me prestaste tu plataforma, lo cual me abrió puertas que —de otro modo— nunca habría abierto. Invertiste en mí crecimiento al participar en hechos como una llamada telefónica de asesoría, en una cena, en un vuelo o tras bambalinas en un evento. Respondiste preguntas, trasmitiste sabiduría y prácticas de liderazgo. Me diste oportunidades para dirigir. Tener la oportunidad de regentar varias iniciativas grandes en América Latina me obligó a elevar mi nivel de liderazgo. Tener la oportunidad de ser tu intérprete cuando hablas con el presidente de algún país o en el podio ante una audiencia ha sido la oportunidad más grande de desarrollo acelerado que he tenido. Es más, el solo hecho de interactuar con personas y de laborar en la cultura de liderazgo de tus empresas me ha brindado la oportunidad de crecer en cuanto a las aptitudes para tratar con la gente y en las áreas de mi liderazgo.

Lo que John Vereecken describe resume lo que es ser invitado a la mesa de liderazgo. No quiero que deje de ver esto. John vino a la mesa con sus habilidades y sus aspiraciones. Quería y necesitaba ayuda. Experimentó la dinámica de la mesa. Asimiló la cultura de liderazgo. Se benefició de la proximidad, a pesar de que vivía en México y nos veíamos en persona apenas ocasionalmente. Y recibió oportunidades para dirigir, con las cuales corrió. Era excelente. Pero todo empezó porque se sintió atraído por la perspectiva de recibir ayuda en su liderazgo.

Es probable que piense: *Para usted es fácil decir todo eso. Es famoso. Ha escrito libros que John leyó. Yo no puedo hacerlo.* Mi respuesta es que sí, sí puede hacerlo. Puede empezar donde empecé yo. Comencé desarrollando a las personas que tenía a mi alrededor donde yo estaba. La primera vez que intenté desarrollar a alguien, tenía veintitantos años y, aunque hice mi mejor esfuerzo, no hice muy buen trabajo. Pero no me di por vencido. Continué desarrollando a varias personas. Empecé con poco y fui mejorando. Empecé a desarrollar más gente. Seguí invitando personas a la mesa de liderazgo y trabajando con ellos. Después de un tiempo, otras personas empezaron a buscarme, pidiéndome que les permitiera ir a la mesa. Eso no ocurrió de la noche a la mañana. Pero nada que valga la pena es instantáneo.

¿Qué significará crear una *mesa de liderazgo* para usted en su organización o en su equipo? La respuesta será tan notable como lo son usted y su situación. Tal como no existen los líderes de talla universal, no hay mesas de talla universal. Lo importante es empezar. Busque líderes ya establecidos y líderes en potencia, invítelos a la mesa e inicie el proceso.

CAPÍTULO 3

COMPRENDA A LOS LÍDERES

Conéctese con ellos antes de dirigirlos

En el 2004, Coca-Cola Company estaba en problemas. Según el asesor Gregory Kesler, la empresa enfrentaba asuntos como los siguientes: «los consumidores preocupados por la salud que estaban negándose a ingerir bebidas carbonatadas; la creación de productos nuevos estancada; años de recortes en el mercadeo directo; el precio de sus acciones golpeado por más de cuatro años; y la prensa declarando que "la efervescencia" de la fórmula de la Coca-Cola "se había disipado"».[1]

Siete años antes, el presidente y director de la junta ejecutiva Roberto Goizueta falleció, dándole fin a los dieciséis años durante los cuales administró la organización. Bajo su liderazgo, la empresa había aumentado su valor en el mercado de $4.000 millones a más de $150.000 millones. Goizueta apenas había sido el noveno presidente desde la fundación de la compañía, pero después de su muerte, a la Coca-Cola no le había ido igual de bien. En los siete años que precedieron al 2004, dos ejecutivos habían fracasado en el intento por dirigir a la empresa con éxito: Douglas Ivester, que estuvo dos años, y Douglas Daft que duró cuatro.

El 4 de mayo del 2004, la Coca-Cola anunció que Neville Isdell sería su nuevo presidente y director de la junta ejecutiva. Hasta ese entonces,

Isdell había vivido en Barbados, disfrutando de su jubilación. Nacido en Irlanda del Norte y criado en Zambia, había dedicado más de treinta años de su vida a la Coca-Cola. Su relación con la empresa empezó en 1966, cuando laboró para la embotelladora de Coca-Cola en Zambia. Seis años después, fue gerente general de la Coca-Cola Bottling of Johannesburg, la embotelladora más grande de la empresa en África. A través de los años había logrado viajar por todo el mundo y había ascendido en la organización, llegando a ser el presidente y director ejecutivo de Coca-Cola Beverages en Bretaña, donde supervisó la formación de la Coca-Cola Hellenic Bottling, la segunda empresa embotelladora de Coca-Cola más grande del mundo.[2]

Isdell no esperaba que lo reclutaran para tal cargo. En todos los años que pasó en la empresa, y a pesar de sus éxitos, nunca se le consideró como candidato para director de la junta ejecutiva. Pero lo aceptó como «el desafío definitivo».[3] Los expertos, los inversionistas y el *Wall Street Journal* mostraron escepticismo. No creían que Isdell podría llevar a la empresa de vuelta a una posición de crecimiento consistente.[4]

Sin embargo, los que lo conocían sentían confianza. «Neville conoce el negocio como la palma de su mano, por dentro y por fuera, y es la mejor persona para dirigir la empresa Coca-Cola, sin excepción», dijo Emanuel Goldman, un consultor de la industria de las bebidas de Hillsborough, California. «Y sus aptitudes interpersonales son fantásticas, él hace que todos los que le conocen se sientan bien».[5]

En su primer día de regreso a la casa matriz de Coca-Cola en Atlanta, Isdell les dijo a los empleados: «Aquí, todo tiene que ver con ustedes. Con la gente».[6] Se sintieron felices al escuchar eso, aunque no estaba seguro de que le creyeran. En una entrevista concedida varios años después, Isdell dijo: «No habíamos cumplido con nuestras metas por varios años. Teníamos que hacerlo, pero también tenía que invertir. Necesitaba recuperar el compromiso de nuestra gente. Dejé en claro que había llegado para actuar a largo plazo; por lo que deseaba salir, escuchar y comunicarme con la gente antes de poner en marcha muchos cambios».[7]

Isdell decidió hacer una gira para escuchar a la gente. En su autobiografía escribió:

Es normal que los primeros cien días marquen una clara manifestación de la estrategia y aun cuando hice un número de movidas internas mediante algunos nombramientos importantes, declaré que no hablaría con los medios ni con analistas durante ese período. No quería dar declaraciones basadas en nociones preconcebidas que hubiera desarrollado en Barbados mientras observaba el desarrollo de los acontecimientos; al contrario, quería informarme más viajando por el mundo visitando nuestras operaciones y reuniéndome con empleados, clientes y otros individuos clave con quienes la empresa tenía relación».[8]

Isdell había salido de la Coca-Cola por solo tres años, pero no podía considerar que todo andaba bien. Quería conectarse con líderes clave con el fin de entenderlos, a ellos y a sus problemas, directamente. Así que dijo: «Ironizábamos con eso de que la empresa se había convertido en un "lugar en el que todos podían opinar", pero sabíamos que eso tenía que cambiar».[9]

Lo primero que hizo fue viajar a Chicago para restaurar la relación con McDonald's, que había sido dañada por otro ejecutivo. Luego voló a la Costa Occidental a fin de reunirse con Peter Ueberroth, miembro de la junta directiva de Coca-Cola, para obtener su consejo. Posteriormente fue a India y a China. Después a la Ciudad de México y a Río de Janeiro. Luego a España. La mayoría de las cosas que escuchó no fueron buenas. Las relaciones con los embotelladores y asociados no eran buenas. Había demandas legales. La reputación de Coca-Cola ante el público estaba manchada.

En agosto de ese año, Isdell reunió a sus subalternos directos y a los ciento cincuenta ejecutivos principales de Coca-Cola en Londres, con el propósito determinado de obtener sus aportes para la elaboración de un plan que llevara a la empresa adelante. Isdell dijo:

Íbamos a desarrollar un plan de crecimiento total para la empresa, no solo estrategias nuevas y una declaración de misión... Sería un mapa de ruta para hacer que la empresa volviera a crecer y sostenerse a largo plazo. No sería impuesto desde los altos mandos, sino desarrollado de manera orgánica por los líderes principales de la empresa que se habían sentido descorazonados por los despidos, las demandas legales, la incertidumbre y los cambios de posiciones en la oficina ejecutiva y una caída prolongada en las ganancias... A medida que avanzaban las reuniones, los ejecutivos se percataron de que verdaderamente eran capaces de darle forma al futuro de la empresa; el entusiasmo aumentó de manera exponencial.[10]

Isdell continuó diciendo: «Una empresa no puede lograr el éxito sin el apoyo de sus empleados. Estos tienen que sentirse convencidos de que el liderazgo verdaderamente tiene sus intereses presentes y que puede lograr el éxito para ellos». Después de la reunión en Londres, Isdell dijo: «Ahora teníamos eso en Coca-Cola... Por primera vez, nuestros aliados eran los empleados que más necesitábamos para lograr nuestras metas. Eso se convirtió en el plan *de ellos*; se adueñaron de él y creían en él».[11]

Isdell logró hacer que la Coca-Cola volviera a tomar el rumbo correcto y trabajó de manera activa para preparar a su propio sucesor, Muhtar Kent, con el objeto de que tomara su lugar. Gregory Kesler reportó: «El liderazgo de Isdell, junto con el de Muhtar Kent, el sucesor al que él ayudó a identificar y desarrollar, ha permitido que la empresa cumpla con sus metas de crecimiento por once trimestres consecutivos. La empresa rindió una utilidad total del treinta por ciento a sus accionistas en el 2007... CNBC recientemente lo describió como un ejecutivo transformacional».[12] Isdell tenía sesenta años en el 2004, cuando la Coca-Cola le pidió que dirigiera la empresa. En el 2008, Kent tomó las riendas como director de la junta ejecutiva. En el 2009, Isdell se jubiló por segunda vez, permitiéndole a Kent desempeñar el papel de presidente de la empresa, el cual desempeñó con éxito hasta abril del 2019.

El liderazgo siempre es asunto de personas

En *Las 21 leyes irrefutables del liderazgo* escribí sobre la ley de la conexión: los líderes tocan el corazón antes de pedir una mano.[13] Neville Isdell hizo precisamente eso. Antes de hacer cambios, hizo conexiones. Antes de tomar decisiones grandes de liderazgo, facilitó muchas discusiones sobre el tema. Aun con todos sus años de experiencia con Coca-Cola en tantos países y en tan diversos niveles, no asumió que sabía lo suficiente como para actuar ni que los empleados de Coca-Cola confiarían en él. Se dio a la tarea de conectarse con las personas y comprenderlas antes de establecer cambios significativos y antes de ganarse el favor de Wall Street o el de la prensa. Y después de esos primeros cien días, cuando estaba listo para hacer su movida, incluyó a su gente en el proceso.

Los líderes deberíamos aprender una lección de Isdell. Antes de dirigir y desarrollar a las personas, hay que establecer una conexión con ellas. Hay que hallar un terreno en común con los líderes potenciales, lo cual tiene menos que ver con la habilidad y más con la actitud. Hay que tener un espíritu similar al de la cantautora Carole King, que dijo: «Quiero conectarme con la gente. Quiero que piensen: "Sí, así es como me siento"».[14] Si puede hacer eso, tendrá una probabilidad mucho mayor de desarrollarlos.

Las habilidades blandas, como hacer preguntas y escuchar, sentir empatía por las travesías de la gente y comprender sus perspectivas, son cruciales en el entorno actual del liderazgo. Karima Mariama-Arthur, fundadora y directora de la junta ejecutiva de WordSmithRapport, dijo:

La experiencia y la perspicacia comercial solo pueden llevar a un líder hasta cierto punto. Las experiencias de alto contacto con los grupos de interés y los empleados, así como también la capacidad de maniobrar con pericia en entornos sociales se ha convertido en la regla, más que la excepción. Debido a que como sociedad nos estamos tornando más arraigados globalmente, comprender, apreciar y aprovechar las diferencias puede convertirse en un aspecto crítico del liderazgo eficaz.[15]

¿Por qué es tan importante tocar un corazón antes de pedir una mano? Porque los individuos no se comprometen automáticamente con sus ideas ni le siguen una vez que usted se hace comprender. Se comprometen con usted cuando sienten que ellos han sido comprendidos. Creo que eso le sucederá como líder si usted ejecuta las acciones siguientes:

- Valore a las personas.
- Hágales saber que las necesita.
- Inclúyales en su recorrido.
- Adopte un espíritu enseñable.
- Haga preguntas.
- Escuche bien y frecuentemente.
- Intente conocer la perspectiva de ellos.
- Dé crédito a aquellos que le ayudan.
- Exprese gratitud hacia los que le han ayudado.
- Remplace el *yo* con *nosotros*.

SI SUDAS CON TU GENTE, ELLOS PODRÁN SOPORTAR EL CALOR.

Hace años, un mentor me dijo: «Si sudas con tu gente, ellos podrán soportar el calor». He hallado que eso es cierto. Cuando las personas comprenden que uno está enfrascado en la faena con ellas, es más probable que permanezcan con uno. La mejor manera de hacer esto es tratar de ver el mundo desde la perspectiva de ellos, siempre hacer preguntas y convertirse en un mejor oidor. Examinemos cada uno de estos aspectos.

INTENTE VER EL MUNDO DESDE LA PERSPECTIVA DE ELLOS

El buen liderazgo exige un cambio de perspectiva, *dejar de enfocarme en mí para centrarme en los demás*. Eso significa que es necesario tratar de ver las cosas desde el punto de vista de los demás. Steffan Surdek, consultor principal, instructor y entrenador en Pyxis Technologies, dijo: «La perspectiva es la forma en la cual los individuos ven al mundo. Procede del punto de vista de la persona y es forjada por las vivencias, los valores y el estado mental actual, las suposiciones que llevan a una situación y muchas otras cosas... Podemos decir, con cierta facilidad, que nuestra perspectiva es nuestra realidad. Hay algo de verdad en esa afirmación. Sin embargo, cuando vemos la realidad compartida de un acontecimiento, mientras más perspectivas tengamos, más nos acercaremos a la realidad».[16]

¿Cómo se obtienen esas perspectivas?

1. Aprenda a pensar con perspectiva

Quisiera haber intentado pensar como otros lo hacen en un punto anterior de mi carrera en el liderazgo. Por mucho tiempo, sencillamente, quería que otros pensaran como yo, y no comprendía por qué no lo hacían. Así que dediqué mucho tiempo y energía intentando persuadirles de que adoptaran mi perspectiva. Pero esa no es una buena manera de hacer que las personas sigan nuestro liderazgo.

Poco a poco empecé a aprender cómo piensan los demás y a dirigirles desde el punto en el que ellos se encontraban, no donde yo estaba. Aunque los sueños y las esperanzas de cada individuo pueden ser únicos, tienen muchas características en común y, como líder, es posible establecer conexión con ellos cuando uno sabe cuáles son esas cosas. Esto es lo que descubrí:

- La mayoría de las personas sienten inseguridad. Bríndeles confianza.

- La mayoría de las personas quieren sentirse especiales. Elógielas.
- La mayoría de las personas buscan un futuro brillante. Deles esperanza.
- La mayoría de las personas necesitan ser comprendidas. Escúchelas.
- La mayoría de las personas quieren instrucción. Camine con ellas.
- La mayoría de las personas son egoístas. Hable primero sobre las necesidades de ellas.
- La mayoría de las personas se sienten emocionalmente desalentadas. Anímelas.
- La mayoría de las personas quieren sentirse incluidas. Pídales la opinión.
- La mayoría de las personas quieren el éxito. Ayúdeles a triunfar.
- La mayoría de las personas quieren sentirse apreciadas. Deles crédito.

Cuando uno comprende cómo piensan las personas y sabe el punto en que están, en vez de juzgarles, uno está en mejor posición para trabajar con ellos y dirigirles.

2. Practique la búsqueda de perspectivas

A menudo, después de una reunión, les pido a los líderes de mi equipo presentes que me den su perspectiva y hablen sobre las cosas que asimilaron de lo acontecido. Sus comentarios me ayudan a captar cosas que pudiera haber pasado por alto. También me dan luz en cuanto a lo que ellos captaron de la dinámica de liderazgo que se desarrolló en la sala. Frecuentemente, cuando estoy desarrollando a alguien, obtengo su perspectiva y después le cuento la mía. A veces logro enseñarles algo y les ayudo a avanzar más en su carrera de liderazgo.

3. Participe en la coordinación de perspectivas

Cuando me reúno con mi equipo, ya sea una tertulia para lograr un objetivo, un reporte después de haber celebrado un evento, o una reunión después de habernos reunido con otra organización, como ya lo he mencionado, busco conocer las perspectivas de los miembros de mi equipo. Pero no me detengo ahí. El valor real de la conversación proviene de coordinar esas perspectivas mutuamente. Esto lo hago señalando cómo se relacionan las ideas de cada miembro del equipo con las de los demás. También les digo cómo esas ideas se relacionan con mi manera de pensar. Y procuro atar todos los cabos con la visión de nuestra organización.

Lo que procuro hacer es ampliar la visión y la perspectiva de todos. Trato de ayudarles a aguzar su forma de pensar como líderes. Y juntos ideamos una nueva perspectiva compartida. Pregunto en qué modo puede hacer esa perspectiva que seamos mejores. Cómo puede beneficiarnos de manera individual. Cómo puede mejorar al equipo. Eso mueve a todos a procesar ideas y a pensar de manera más amplia, no tan solo desde su propia perspectiva. Cuando los líderes que está desarrollando llegan a ser capaces de ver las cosas a través de los ojos de los demás, sabrá que están empezando a desarrollar madurez en su liderazgo.

HAGA PREGUNTAS SIEMPRE

Si realmente desea comprender a los demás, es necesario que haga preguntas. Soy de los que les gusta hablar, así que me tomó algo de tiempo aprender esto, pero desde que lo aprendí, me he esforzado por ampliar mis habilidades en el área de hacer preguntas. Cuando empecé a hacer más preguntas, hice un descubrimiento importante. Hacer preguntas tiene el efecto opuesto que dar instrucción. Cuando uno instruye al equipo, frecuentemente los confina. Cuando uno hace preguntas, se da espacio para que hagan un descubrimiento: espacio para articular, comunicar, innovar y resolver problemas. Esto es lo que hacen las preguntas:

- Crean espacio para conversaciones francas.
- Asignan valor a los demás y sus opiniones.
- Ayudan a que las personas se conozcan mejor mutuamente.
- Invitan a todos a participar.
- Despejan las suposiciones.
- Hacen que las personas piensen.
- Guían la conversación.

Cuando enfrentamos el hecho de que ninguno de nosotros sabe todas las respuestas y que todos cometemos equivocaciones, creamos una cultura en la cual la creatividad puede florecer, en la que las equivocaciones son aceptables y las personas aprenden de sus reveses.

Hace poco, un líder me expresó su frustración cuando le estaba animando a que hiciera más preguntas, en vez de darle más instrucción a su equipo. «Si hago preguntas», me dijo, «no podré controlar las respuestas que me den». Pero el liderazgo no es control, es influencia. Procuré ayudarle a comprender que uno no busca controlar las respuestas de la gente; uno busca influir su manera de pensar y sus acciones. Esto se hace formulando las preguntas correctas. Las preguntas que haga guiarán el rumbo y el paso. Cuanto más profundas sean las preguntas, más profundo será su entendimiento; y frecuentemente también, más profunda la conexión. Esto en realidad puede realzar su liderazgo, no socavarlo.

Hacer preguntas ayuda a los líderes a establecer mejores relaciones con los demás. Pero en el proceso, aprendí que cuando hacía preguntas, lograba conocer mejor a las personas. Y debido a que las entendía mejor, podía dirigirlos mejor. Ese descubrimiento hizo que fuera más intencionado en cuanto a las preguntas que hacía y cómo las hacía.

Las suposiciones son la fuente más grande de tropiezos para los líderes. En su libro, *Start with Why* [Empieza con por qué], Simon Sinek dijo:

Tomamos decisiones basadas en lo que *creemos* saber. No hace tanto tiempo que la mayoría de las personas creía que la tierra era plana. Esta verdad percibida afectaba al comportamiento. Durante ese período, hubo muy pocas exploraciones. Las personas temían que si viajaban demasiado lejos, se caerían por el borde de la tierra. Así que, en su mayoría, permanecían quietos. No fue sino hasta que ese detallito —que la tierra es redonda— salió a la luz, que el comportamiento cambió en escala masiva. Luego de ese descubrimiento, las sociedades empezaron a recorrer el planeta. Se establecieron rutas comerciales y se comerciaron las especias. Ideas nuevas, como la matemática, empezaron a compartirse entre sociedades, lo cual desencadenó toda clase de innovaciones y avances. La corrección de una sencilla suposición falsa impulsó a toda la raza humana hacia delante.[17]

Con mucha frecuencia, los líderes examinamos algo de lo cual sabemos muy poco y lo tratamos como si supiéramos todo al respecto. Esa es una receta para un liderazgo desastroso. Cuando al fin empecé a hacer preguntas en lugar de suposiciones, descubrí rápidamente que mucha de mi labor como líder carecía de eficacia porque las decisiones que estaba tomando no se basaban en la realidad, sino en suposiciones falsas. Así que empecé a cuestionar esas suposiciones, por lo que mi liderazgo mejoró.

Cuando se prepare para desarrollar a un líder en potencia, le sugiero que empiece a concebir las preguntas como límites que enmarquen su reunión.

Preguntas iniciales

Como líder que desarrolla líderes, es necesario que mire hacia el frente. Tiene que ver más que los demás. Entonces podrá formular preguntas que harán del tiempo que pase con los líderes potenciales lo más productivo posible. Hacer eso le ayudará a lograr varios objetivos clave:

- Fijar el rumbo de la conversación
- Sacar a relucir lo que ellos ven y compararlo con su perspectiva
- Descubrir su potencial de intuición
- Aprender cuánto dependen de las suposiciones
- Descubrir si están en la misma onda

Las preguntas que haga dependerán de la situación y del líder en potencia, pero aquí hay algunos ejemplos de preguntas que hago antes de describir una visión, trabajar en un proyecto, participar de una experiencia o sostener una conversación de mentoría.

- «¿Qué observa en la visión que estamos proponiendo?».
- «¿Cómo piensa que debiéramos abordar este proyecto?».
- «¿Qué espera recibir de esta experiencia?».
- «¿Cómo cree que se desarrollará esta conversación?».

Como ya he mencionado, hacer preguntas es más poderoso que dar instrucciones. Si desea ser eficaz en el desarrollo de líderes, fije el rumbo con preguntas. Siempre se puede cambiar de dirección después. Cuanto más amplias sean las preguntas, más podrá aprender acerca de cómo piensa ese líder en potencia. Y cuanto más difícil, intuitivo o abstracto sea el tema, más necesitará de talento natural para responderlas. De hecho, he hallado que si hago preguntas que se relacionan con la ley de la intuición o la ley del tiempo (ambas tomadas de *Las 21 leyes irrefutables del liderazgo*), se necesitarán más habilidades para responderlas. La ley de la intuición afirma que los líderes lo evalúan todo con la influencia del liderazgo. La ley del tiempo indica que dirigir es tan importante como lo que se hace y hacia dónde se dirige.[18] De modo que si le pide a los líderes en potencia que evalúen la dinámica del liderazgo de una situación, o si les pregunta cómo saben cuándo deben actuar, descubrirá mucho acerca de ellos. Y tendrá mejor capacidad para evaluar el nivel de sofisticación de su manera de pensar cuando de liderazgo se trata. Los líderes de alto nivel sobresalen por encima de los demás.

Preguntas finales

Me encanta hacer preguntas que impulsan a los líderes a hacer una evaluación y reflexionar sobre sus experiencias. Quiero medir su nivel de perspicacia. Quiero saber lo que han observado. Quiero saber cómo se sentían. Quiero saber lo que aprendieron. Quiero saber cómo lo aplicarán.

Quiero descubrir las acciones que tienen planeadas a continuación. Las buenas preguntas presentadas al final casi siempre motivan a las personas a hacer descubrimientos y aprender por sí mismas. Y si pasan por alto una lección, siempre puede dedicar un momento a enseñárselas.

Si desea aprender más acerca de cómo hacer preguntas, le recomiendo mi libro *Buenos líderes hacen grandes preguntas*. Pero antes de continuar, quiero decirle algo: las preguntas iniciales determinan la agenda, mientras que las preguntas finales la maximizan. Las preguntas iniciales estimulan la preparación, mientras que las preguntas finales instan a la reflexión. Ambos tipos de preguntas aumentan el entendimiento, y abren el camino para un liderazgo más eficaz y para el desarrollo del liderazgo en otros.

> LAS PREGUNTAS INICIALES DETERMINAN LA AGENDA, MIENTRAS QUE LAS PREGUNTAS FINALES LA MAXIMIZAN. LAS PREGUNTAS INICIALES ESTIMULAN LA PREPARACIÓN, MIENTRAS QUE LAS PREGUNTAS FINALES INSTAN A LA REFLEXIÓN.

CONVIÉRTASE EN UN MEJOR OIDOR

En *The Contrarian's Guide to Leadership* [La guía del liderazgo para el opositor], Steven B. Sample escribió: «La persona común sufre de tres delirios: (1) que es un buen conductor, (2) que tiene un buen sentido del humor, y (3) que es un buen oidor. Sin embargo, la mayoría de las personas, incluso muchos líderes, son terribles oidores; en realidad, piensan que hablar es más importante que escuchar».[19]

Una vez escuché una broma que decía que oímos la mitad de lo que se dice, escuchamos la mitad de lo que oímos, comprendemos la mitad de eso y recordamos apenas la mitad de eso. Si trasladamos esas suposiciones a la jornada laboral de ocho horas, esto es lo que significaría:

Usted pasa unas cuatro horas oyendo.

Escucha unas dos horas de lo que se dijo.

En realidad escucha una hora de eso.

Comprende tan solo treinta minutos de ello.

Cree solo quince minutos de eso.

Y apenas recuerda siete minutos y medio de ello.

Con razón son pocos los que logran algo.

El psiquiatra y escritor David D. Burns observó: «El error más grande que podemos cometer al tratar de hablar de modo convincente es poner nuestra prioridad más alta en expresar nuestras ideas y sentimientos. Lo que la mayoría de las personas verdaderamente desean es ser oídos, respetados y comprendidos. En el momento que las personas ven que están siendo comprendidas, se sienten más motivadas a comprender nuestro punto de vista».[20]

¿Cuántas veces ha escuchado a personas quejándose de que sus jefes no les escuchan? ¿Cuántas veces ha oído a jóvenes decir que sus padres no les escuchan? Las personas que tienen autoridad usualmente prefieren hablar. Sin embargo, probablemente no hay mejor manera para establecer conexiones con la gente que convertirse en un mejor oidor.

1. Escuchar a las personas conlleva a comprenderlas

El obstáculo más grande de las comunicaciones es que la mayoría de las veces no escuchamos para comprender; escuchamos para preparar nuestra respuesta. Herb Cohen, escritor y negociador experto, dijo: «La eficacia al escuchar requiere más que oír las palabras transmitidas. Exige que hallemos significado y que comprendamos lo que se dice. Después de todo, los significados no están en las palabras, sino en las personas».[21]

Comprender a las personas es un valor que mantenemos en alto en todas mis organizaciones. Las personas que se comprenden mutuamente colaboran mejor entre sí. Y los líderes siempre son más eficaces cuando dirigen a personas que comprenden y que les importan. Ese proceso se inicia con escuchar.

Eric Corona, uno de los líderes jóvenes de John Maxwell Company, fue sorprendido por cómo desarrolló ese valor cuando lo contratamos. Eric dijo:

Como profesional de ventas altamente motivado, me resultó un tanto chocante en mi primer día en John Maxwell Company cuando me informaron que como parte de mi proceso de ingreso, no estaría efectuando ninguna actividad de ventas en la oficina por las primeras dos semanas. Eso me causó mucha ansiedad, puesto que estaba listo para entrar corriendo al trabajo y empezar a cerrar ventas y a producir para la empresa. En vez de ello, mi itinerario se llenó de reuniones uno a uno con todas las personas de diversos departamentos con quienes estaría desempeñando mi función. Las llamaban «reuniones para conocernos» y el objetivo era conocernos unos a otros. Aunque una porción pequeña de esas reuniones estaba diseñada para que yo aprendiera acerca de los papeles que ellos desempeñaban en la compañía, la mayor parte del tiempo se dedicaba a conocer sus historias: quiénes eran, de dónde habían venido, su familia, fe, pasatiempos, sueños, metas, etc. Era algo que nunca había experimentado. Continuaba con la sensación molesta de que me estaba atrasando en mis ventas, pero realmente estaba disfrutando conocer a las personas con las cuales colaboraría, conociendo todo de ellas, no solo quiénes eran en horario de oficina. (Eso no quiere decir que no ingresé al sistema del grupo de ventas durante esas primeras dos semanas para desarrollar listas de prospectos y una estrategia de ventas. ¿Qué puedo decir? ¡Es parte de mí!)

Lo que llegué a comprender después acerca de esas dos semanas es que, aunque no estaba completamente involucrado en mis responsabilidades de ventas, las relaciones que forjé con mis colegas en otros departamentos aceleraron de modo dramático mi capacidad de lograr el éxito en mi función. Aprendí mucho acerca de la cultura y la esencia de la organización, lo que no solo me dio la capacidad de saber con quién debía colaborar en tareas específicas, sino que también me dio la confianza de pedir ayuda, sabiendo que me valoraban y que harían su mejor esfuerzo por ayudarme a alcanzar el éxito.

He escuchado que durante esta etapa de «cemento fresco», uno tiene aproximadamente treinta días para ponerle la «huella» de la empresa a los nuevos miembros del equipo antes de que el cemento fragüe y su manera de pensar, actitud y hábitos se fijen y sean difíciles de cambiar. Agradezco que John Maxwell Company crea en edificar relaciones en estas etapas iniciales.

Eric se ha convertido en un miembro muy valioso de nuestro equipo. Como compañía, sabemos que no es justo pedirle a alguien que nos ayude sin antes haber establecido una conexión. Eso también resulta ineficaz. Como me lo dijo mi mentor John Wooden: «¿Por qué es tan difícil reconocer que es mucho más probable que los demás nos escuchen si primero les escuchamos a ellos?».

2. Escuchar es la mejor manera de aprender

El presentador de televisión Larry King dijo: «Me recuerdo a mí mismo todas las mañanas que nada de lo que yo diga hoy me enseñará algo. Así que si quiero aprender, debo hacerlo escuchando».[22] Cuando no escuchamos, cortamos una gran parte de nuestro potencial de aprendizaje.

Cuando se asciende en el liderazgo, frecuentemente uno queda más aislado. El día antes de que Dwight Eisenhower llegara a ser presidente de Estados Unidos, se cuenta que el presidente saliente Harry Truman le dijo: «Este es el último día en que los demás serán sinceros contigo». Sabía que con el poder y el éxito, las personas por lo general le dicen lo que uno quiere oír, en lugar de lo que necesita oír. Peor aún, los líderes empiezan a pensar que ya no necesitan escuchar. Piensan que todos debieran escucharles a ellos. Esto lo he oído descrito como la «burbuja» en la que viven los presidentes una vez que ingresan a la Casa Blanca.

Si desea ser un líder eficaz, debe hacer que aprender al escuchar sea una prioridad principal cada día. No puede impacientarse tan solo porque le guste ver resultados. Lo que los demás tienen que decirle a usted deberá continuar siendo más importante que lo que usted tenga que decirles a ellos. ¿Por qué? Porque cuanto más ascienden los líderes, más se alejan de las trincheras, y más tienen que depender de lo que otros les digan para saber lo que realmente está ocurriendo. Escuchar continua siendo la mejor manera de recopilar información, de aprender, de comprender a las personas y de establecer conexión con ellas.

3. Escuchar genera confianza y conexión

Billy Graham dijo una vez: «La persona que sufre no necesita un sermón; necesita que la escuchen».[23] Después que conocí a Billy y de haber pasado tiempo con él en muchas ocasiones, sé que era un gran oidor. Se podría decir que escuchaba tan bien que era casi tangible. Creo que por eso es que su equipo permaneció con él por tanto tiempo. George Beverly Shea empezó a colaborar con Graham en 1947 y permaneció con él hasta el día que Shea falleció. Cantó en la cruzada del 2005 en Nueva York cuando tenía noventa y seis años de edad. Y Cliff Barrow fue el director de música de Graham por más de sesenta años. Art Bailey, que fungió como director de cruzadas y director de consejería, se describía a sí mismo como «uno de los tipos con carrera más corta». Colaboró con Graham por solo veinte años.[24]

Los líderes que genuinamente escuchan y guardan la confidencialidad se ganan la confianza de los que colaboran con ellos. Cuando era joven, no tenía muchas dificultades para guardar la confidencialidad, pero sí las tenía para escuchar. Me interesaba más que mis planes avanzaran que escuchar a los miembros de mi equipo. Solo cuando una colaboradora del equipo me confrontó por mis deficiencias para escuchar fue que comprendí que tenía un problema. Irónicamente, es posible que lo hubiera comprendido antes si hubiera estado *escuchando* a la gente. Probablemente hubo otros que intentaron decírmelo por mucho tiempo, pero yo —sencillamente— no los oía. Cuando aquella colaboradora finalmente me hizo entender, me di cuenta de que lo que en verdad me estaba diciendo era que yo no era digno de confianza. Ella creía que sus ideas, opiniones y sentimientos no estaban a salvo conmigo. Me era necesario ganarme su confianza. Ahí empecé a convertirme en un mejor oidor.

El escritor y profesor David Augsburger dijo: «Para una persona promedio, ser escuchado se acerca mucho a ser amado, casi no es posible distinguir una cosa de la otra».[25] Escuchar atrae a otros a usted, lo cual resulta mucho mejor que tratar de imponerle su liderazgo a ellos. La empatía edifica la confianza.

Escuchar también cimienta la conexión. En el 2018 me invitaron a Kenia para hablar con algunos de los líderes allí acerca de formar una sociedad para ayudar a traer la transformación a su país. Mi equipo de liderazgo y yo viajamos allí y pasamos varios días tratando el tema con líderes importantes.

Mi última sesión, antes de partir, resultó ser el punto sobresaliente del viaje. Una de mis organizaciones sin fines de lucro se había asociado con mi amigo Rob Hoskins y su organización, One Hope, para proporcionar un plan de estudios de liderazgo basado en mis enseñanzas a miles de jóvenes de preparatoria en toda África. Quinientos de esos jóvenes se reunieron y cuatro de ellos hablaron sobre las lecciones de liderazgo que habían aprendido y aplicado a sus vidas.

> «PARA UNA PERSONA PROMEDIO, SER ESCUCHADO SE ACERCA MUCHO A SER AMADO, CASI NO ES POSIBLE DISTINGUIR UNA COSA DE LA OTRA».
>
> —DAVID AUGSBURGER

No me es posible expresar la emoción que sentí cuando me reuní con esos jóvenes y los escuché. Me senté en la primera fila y los escuché mientras hablaban acerca de las lecciones que habían aprendido. Estaba oyéndoles enseñarme mis propios conceptos. Mientras hablaban, tomé apuntes. Me llenó de entusiasmo.

Cuando terminaron, me pidieron que les dirigiera la palabra. Ahora podía percibir que estaban entusiasmados, porque querían oír al tipo cuyos materiales habían estudiado. Pienso que esperaban recibir una conferencia sobre liderazgo. Pero eso no fue lo que les hablé. Al contrario, hablé de lo que acababa de escuchar de ellos. Quería que supieran que realmente les había escuchado y lo maravilloso que era oír cómo estaban dirigiendo a otros. Hablé sobre lo que había oído de cada uno de ellos, añadí algunas de mis ideas y los animé.

Al final del evento, pedí tomarme una foto con ellos, lo cual les encantó, y a mí también. Conservo esa foto en mi teléfono. Me inspira. También les dije: «Cuando uno de ustedes llegue a ser el presidente de Kenia, por favor, invítenme a regresar a su país». Eso llevó a los estudiantes a ponerse de pie con una gran ovación. Les había manifestado que los apreciaba al escucharles, respetarles y valorarles. Sintieron que alguien les comprendía. Me sentí agradecido. Y todos nos sentimos conectados.

James Brook, cofundador de Strengths Partnership, dijo:

> Las investigaciones demuestran que la mayoría de los líderes continúa usando mucho más la defensa, ofreciendo argumentos como medio para convencer, cuando interactúan con sus subalternos directos y otros colaboradores. Este comportamiento frecuentemente se ve reforzado por el liderazgo superior y la cultura organizacional que da preferencia al enfoque de «hablar» para lograr objetivos, en lugar de escuchar y preguntar activamente.[26]

Nunca podrá obtener lo mejor de las personas si no sabe quiénes son, dónde quieren ir, qué es lo que les interesa, cómo piensan y cómo desean contribuir. Estas cosas solo pueden aprenderse si uno escucha. Cuando eso sucede, las personas sienten que son el foco de las cosas. Se sienten como socios y no tan solo como empleados. Confían más en usted porque usted se interesa por ellos.

Como líder, una de las cosas más importantes que puede hacer con cualquier persona que desee desarrollar es comprender y conectarse con ella. Y es importante recordar que esta es una calle de dos vías. Sí, usted quiere comprender a ese o esa líder en potencia. Pero siempre quiere ofrecerle a esa persona oportunidades para comprenderle mejor.

Uno de mis primeros éxitos en el desarrollo de líderes fue Barbara Brumagin. La contraté como mi asistente en 1981 y rápidamente surgió como líder por sus propios méritos. En aquel entonces los dos éramos jóvenes y cometí muchos errores al intentar desarrollarla, pero ella floreció de igual manera. Su deseo de crecer como líder joven era mayor que mis habilidades para desarrollarla.

Mientras estaba redactando este libro, le pedí que me contara algunas de sus observaciones de aquellos primeros días. Sé que incluir lo que me dijo podría parecer una acción interesada de mi parte, pero esa no es mi intención. Mi deseo es estimularle a conectarse con líderes y desarrollarles, aunque carezca de experiencia, como era mi caso en aquella época. No hay que ser experto ni sumamente hábil para lograr el éxito. Solo hay que comprender a los demás y brindarles acceso para que puedan comprenderle a usted. Esto fue lo que Barbara dijo acerca de aquellas experiencias:

En mi primer día de trabajo, mi escritorio estaba dispuesto en la oficina de tal manera que podía verte y escucharte en la oficina contigua. Tenías una política que era más que de puertas abiertas. Pude observar cómo trabajabas en tu escritorio, haciendo tareas tanto rutinarias como cruciales, desarrollando planes diarios y a largo plazo, e interactuando con otras personas. Cada vez que tenías un encuentro importante, te tomabas el tiempo para enseñarme tu proceso de pensamiento, darme información de fondo y decirme por qué y cómo habías formado una decisión; eso me ayudó a comprender y me preparó para todas las tareas relacionadas que me asignaras.

Al escucharte interactuar con tu familia, aprendí a amar, afirmar y estimular a otros con palabras y acciones. No importa lo abultado que estuviera tu itinerario, una llamada de Margaret o de los niños siempre ocupaba el primer lugar en tus prioridades.

En una época en la cual a las asistentes no se les invitaba a las reuniones semanales de planificación de la organización, me llevaste a una de ellas. Eso me ayudó a prepararme para nuevas tareas, comprender proyectos y saber lo que los miembros del equipo necesitaban de ti o de mí. Y después de esas reuniones, siempre me preguntabas si tenía alguna inquietud o comentario, o si necesitaba alguna aclaración. Me preguntabas qué había observado y aprendido. Valorabas mis ideas, lo que me brindó una oportunidad para comprender tu proceso de evaluación. Cada vez que nos reuníamos, sabía que tendría la oportunidad de hacer preguntas.

Y siempre me dabas las gracias. Casi todas nuestras conversaciones finalizaban contigo diciendo:

«Gracias por ayudarme». Hasta el día de hoy, cuando hablamos por teléfono, tus últimas palabras son: «¿Hay algo más que pueda hacer por ti?».

Bárbara fue una gran colaboradora. No me es posible describir lo mucho que me ayudó durante los once años que trabajó para mí. Empezó como mi asistente, pero se convirtió en mucho más. Su corazón latía por servirme y por hacer avanzar la visión de la organización. Debido a que la comprendía, era receptivo con ella y me propuse ayudarla a comprenderme, ella llevó más y más carga sobre sus hombros. Podía comunicarse en mi lugar y tomar decisiones por mí. En el principio, me consultaba para asegurarse de que estaba haciendo lo correcto. Pero no pasó mucho tiempo antes de que ella actuara primero y luego me lo informaba para mantenerme al tanto. Eso fue posible únicamente porque nos conocíamos muy bien.

Si va a desarrollar líderes y espera, tras algún tiempo, obtener la mayor ganancia de ellos, le será necesario conectarse con sus líderes ya establecidos y con los potenciales. Deberá aprender quiénes son y hacer todo lo que pueda por entenderles. Y debe ser suficientemente receptivo con ellos para permitirles que le comprendan y que aprendan de usted. Esa es la única manera en la cual podrá alcanzar el nivel más alto del líder que desarrolla líderes.

CAPÍTULO 4

MOTIVE A LOS LÍDERES

Anímelos a dar lo mejor de sí

Una de las preguntas que los líderes hacen con más frecuencia es: «¿Cómo puedo motivar a mi gente?». Hay una buena razón para ello. Toda organización o equipo tiene miembros que parecen carecer de motivación. Es difícil hacer que empiecen a moverse y, si logra hacerlo, solo es cuestión de tiempo hasta que vuelvan a perder el impulso. Como si lograr que se muevan no fuera un desafío enorme, mantenerlos en movimiento lo es mucho más. Puede ser agotador. Mi amigo Zig Ziglar tenía la razón cuando dijo: «Las personas frecuentemente dicen que la motivación no perdura. Bueno, el baño tampoco, por eso lo recomendamos a diario».

¿ES INTERNO O EXTERNO?

Daniel Pink ha escrito un libro excelente sobre motivación, titulado *Drive*. El libro empieza narrando un experimento realizado con macacos Rhesus en 1949 por el profesor de psicología Harry F. Harlow y dos de sus colegas de la Universidad de Wisconsin. Harlow, su esposa Margaret y Donald Meyer querían obtener algo de perspectiva sobre la manera en la que aprenden los primates, así que efectuaron un experimento en el cual a los monos se les daba un rompecabezas para que lo armaran. Pero los tres científicos conductuales aprendieron algo inesperado acerca de la motivación.

En aquella época, la comunidad científica atribuía la motivación a necesidades biológicas o a incentivos externos. Creían que la motivación biológica interna se reducía al deseo de alimento, agua o sexo. Las motivaciones externas provenían de recompensas y castigos. Pero lo que descubrieron fue que los monos de su experimento armaron el rompecabezas que les habían dado sencillamente por la satisfacción de llevar a cabo el proceso.

Pink dijo que la conclusión de Harlow, que fue un concepto radical en su momento, era que los primates, e incluso los seres humanos, poseían un tercer factor que impulsaba la motivación. Llevar a cabo una tarea podía proporcionar su propia recompensa intrínseca: «Los monos armaban los rompecabezas sencillamente porque les gratificaba hacerlo».[1]

Creo que todos los que han disfrutado llevar a cabo una tarea por el sencillo hecho de hacerla —como jugar golf, aprender a tocar una canción, construir un barco dentro de una botella— reconocerían que eso tiene sentido. Sin embargo, Pink indicó que ese hallazgo «debió haber cambiado al mundo, pero no lo hizo».[2] Lo que podría resultar más sorprendente es lo que otro investigador, Edward Deci, descubrió al realizar experimentos para medir la motivación veinte años más tarde. En sus experimentos, Deci les pidió a sus estudiantes universitarios que armaran unos rompecabezas. A algunos los incentivó con recompensas monetarias, pero a otros no. Pink escribió:

La motivación en los humanos parece obedecer a leyes opuestas a lo que creía la mayoría de los científicos y ciudadanos. Desde la oficina hasta el campo deportivo, sabíamos lo que impulsaba a la gente. Las recompensas, en particular el dinero contante y sonante, capitalizaban el interés y realzaban el desempeño. Lo que Deci descubrió, y luego lo confirmó con dos estudios adicionales que llevó a cabo poco tiempo después, fue casi lo contrario. «Cuando se usa el dinero como una recompensa externa para alguna actividad, los sujetos pierden interés intrínseco en dicha actividad», escribió. Las recompensas pueden proporcionar un impulso a corto plazo, tal como una descarga de cafeína puede ayudarle a seguir trabajando por unas cuantas horas. Pero el efecto se desvanece y, lo que es peor, puede reducir la motivación a largo plazo que siente el individuo por continuar con el proyecto... «El que esté interesado en desarrollar y realizar la motivación intrínseca en niños, empleados, estudiantes, etc., no debe concentrar sus esfuerzos en sistemas de control externos».[3]

Pink continuó refiriendo los hallazgos de otros estudios e investigaciones que apoyan la idea de que los intentos de motivar a otros externamente por lo general son contraproducentes. Describió «los siete errores mortales» de las motivaciones externas. Esto es lo que dijo que podían hacer los incentivos externos:

1. Pueden extinguir la motivación intrínseca.
2. Pueden disminuir el desempeño.
3. Pueden aplastar la creatividad.
4. Pueden desplazar el buen comportamiento.
5. Pueden estimular la trampa, los atajos y el comportamiento poco ético.
6. Pueden tornarse adictivos.
7. Pueden propiciar pensamientos a corto plazo solamente.[4]

Ahora, de regreso a la cuestión que mencioné al inicio de este capítulo. Cuando me preguntan cómo motivo a mi gente, mi respuesta es que no lo hago. No intento ni halar ni empujar a otros. En vez de eso, procuro inspirar a las personas y ayudarlas a hallar sus propias motivaciones. Eso significa que primero tengo que hallar las mías y modelar el comportamiento que deseo ver en mis dirigidos. Los buenos líderes inspiran a los demás solo en la medida en la que se inspiran a sí mismos. Una vez que descubren su propia motivación interna, les animo a atizar las chispas hasta que se conviertan en un fuego ardiente. Finalmente, procuro dirigirlos a un punto en el cual usar su propia motivación interna se convierta en un hábito.

Este proceso depende de conocer a los miembros de su equipo de manera individual. Es necesario que establezca conexión con ellos, los comprenda y que sepa qué es lo que los mueve. Hasta es posible que tenga que ayudarles a comprenderse mejor a sí mismos. Esto no puede hacerse de modo impersonal. Inspirar a otros viene como resultado de ganarse su atención, lo cual ocurre cuando uno presta atención de cerca a lo que los inspira. Como lo dijo la entrenadora de negocios Dominique Anders: «La necesidad de atención individual es crucial. Se han ido los días en los cuales los líderes podían hacer cumplir políticas genéricas y esperar resultados. Reconocer las diferencias en cada miembro del equipo logra mucho cuando los líderes buscan comunicarse, motivar e inspirar a otros».[5]

> LOS BUENOS LÍDERES INSPIRAN A LOS DEMÁS SOLO EN LA MEDIDA EN LA QUE SE INSPIRAN A SÍ MISMOS.

LAS SIETE MOTIVACIONES DE LOS LÍDERES

Daniel Pink identifica tres motivaciones internas que impulsan a la gente a avanzar. Mis décadas de trabajo con personas me han enseñado que hay siete. Tres son las mismas que identificó Pink. Cuando uno trabaja con líderes y llega a conocerlos, creo que uno observará una o más de estas «chispas» en cada persona con la que trabaje. Su labor es descubrir esas chispas y alimentarlas. Cuando lo haga, las personas no solo trabajarán duro, sino que lo harán con inteligencia, porque su trabajo y su motivación estarán alineados.

1. Propósito: Los líderes quieren hacer aquello para lo cual fueron creados

La motivación más fuerte que he visto en las personas es el propósito. El espíritu humano cobra vida cuando halla una causa digna de luchar.

Cuando hay *propósito*, la vida que muchos tienen que vivir se convierte en la que *anhelan*. Viven por una causa, no por los aplausos.

Por desdicha, muchos carecen de propósito. No viven para nada mayor que sí mismos. Cuando creen que nada es verdaderamente bueno, justo y digno de lucha y sacrificio, sus vidas pueden sentirse carentes de significado y estériles. Les falta persistencia y un concepto positivo de sí mismos. Y no importa las acciones que efectúen o el trabajo que desempeñen, no se sienten mejor consigo mismos ni incrementan su propia valoración. Pero cuando se percibe una sensación de propósito, todo cambia.

Hace unos diez años, leí una columna escrita por Peggy Noonan en la cual refería una conversación entre Clare Boothe Luce y John F. Kennedy ocurrida en la Casa Blanca en 1962. Según Noonan:

> [Luce] le dijo [...] que «un gran hombre se identifica con una sola frase». Su liderazgo puede resumirse tan bien en una sola oración que no es necesario oír su nombre para saber de quién se trata. «Preservó la unión y liberó a los esclavos», o «Nos sacó de la gran depresión y ayudó a ganar una guerra mundial». No es necesario que le digan «Lincoln» o «Franklin Delano Roosevelt».
>
> Ella se preguntaba cuál sería la frase que definiría a Kennedy. Le decía a él que se concentrara, que conociera las grandes inquietudes y demandas de su época y se enfocara en ellas.[6]

Cuando leo algo así, es como un catalizador para mí. De inmediato me hace preguntarme: ¿Cuál es mi frase? ¿Siente usted lo mismo? Cuando busco una respuesta en mi interior, la oración que encuentro es: agrego valor a líderes que lo multiplican en otros. Quiero ser un catalizador transformacional, para ayudar a cambiar a líderes que cambien el mundo que los rodea. ¿Cuál es su frase? Eso es algo que hay que pensar, porque eso le pondrá en una mejor posición para ayudar a sus líderes a descubrir su propósito si usted ya conoce el suyo y lo está viviendo.

Si necesita ayuda para descubrir su propio propósito, o si está listo para ayudar a otras personas a que descubran el de ellas, examine las preguntas siguientes. Pueden ayudar a cualquiera a iniciar el proceso.

- **TALENTO:** ¿Qué cosas hace bien?
- **DESEO:** ¿Qué quiere hacer?
- **RECONOCIMIENTO:** ¿Qué dicen otros que usted hace bien?
- **RESULTADOS:** ¿Qué hace que genera resultados productivos?
- **CRECIMIENTO:** ¿Qué cosas hace que usted puede seguir mejorando cómo hacerlas?

Quizás desee dedicar un momento a responderse esas preguntas. Su respuesta no tiene que ser muy compleja; solo una oración, frase o unas cuantas palabras para cada pregunta.

Ahora, examine sus respuestas. Si están alineadas unas con otras, usted ha descubierto su propósito. Esto es lo que quiero decir: si aquello para lo que tiene talento y lo que está haciendo no son compatibles, usted no ha descubierto su propósito aún. Si lo que usted respondió como su talento no es lo que otros dicen que hace bien, tal vez lo que cree que es su talento no es lo preciso. Si no logra ser mejor en lo que hace, probablemente ese no sea su propósito. Cuando su talento, deseo, reconocimiento y crecimiento están alineados, y otros lo afirman y lo reconocen, usted probablemente está haciendo aquello para lo que fue creado. De otro modo, es necesario que siga buscando.

Su responsabilidad como alguien que desarrolla líderes es guiar a las personas por este proceso de plantearse preguntas y ayudarles a responderlas con franqueza. Los líderes y entrenadores que trabajan con la división corporativa de John Maxwell Company me dicen que el problema número uno que enfrentan con los líderes a su cargo es una conciencia deficiente de sí mismos. Muchos ejecutivos, aun los que están en los niveles más altos de una organización, no se ven a sí mismos con claridad. No conocen sus propias fortalezas y debilidades. Como resultado de ello, no descubren su propósito.

Cuando uno sabe por qué ha sido puesto en esta tierra y sabe lo que debe hacer, no necesita que nadie lo motive. Su propósito le inspira todos los días. Es más, puede marcar una diferencia. George Washington Carver afirmó: «Ningún individuo tiene el derecho de llegar al mundo y partir de él sin dejar tras de sí razones claras y legítimas de su paso por el mundo».[7] Saber su propósito le ayuda a dejar un impacto positivo en su mundo.

2. Autonomía: Los líderes quieren la libertad de controlar sus propias vidas

A través de los años he tenido el privilegio de dirigirles la palabra a miembros de muchas organizaciones de ventas directas en todo el mundo. Disfruto de eso siempre porque su entusiasmo es fuera de serie. Dependiendo del grupo y de su ubicación, es probable que sus productos sean diferentes y las culturas de los países en donde viven y laboran podrían ser exclusivas, pero tienen una cosa en común. Les encanta tener libertad: libertad para escoger la trayectoria de su negocio, libertad para tomar sus propias decisiones sobre cómo trabajan y libertad para determinar su potencial personal. Y les cuento que cuando visito un país en el que los individuos han disfrutado pocas libertades en el pasado y tienen la oportunidad de experimentar cierta medida de autonomía, se abalanzan sobre ella. El resultado es que se sienten mucho más contentos y son más productivos.

Si examina la historia de Estados Unidos, se puede ver el poder de la libertad. Por ejemplo, el historiador Joseph P. Cullen escribió:

> Cuando los ingleses fundaron el asentamiento colonial en Jamestown en 1607, la colonia funcionaba como un sistema comunal. Todo se mantenía en una especie de propiedad en común y, aproximadamente, la mitad de la comunidad en los primeros años estaba formada por caballeros que en general decidían no trabajar.
>
> Cuando John Smith se convirtió en presidente del grupo, observó lo que decía en 2 Tesalonicenses 3.10 y lo convirtió en regla: «Que el

que no trabaje no coma, salvo que esté incapacitado por enfermedad». La productividad aumentó en forma vertiginosa. Posteriormente, Sir Thomas Dale tomó el mando del grupo y decidió que los individuos merecedores de ello podrían tener unas cuantas hectáreas para sus sembradíos privados, y un diario de la época indica que «cosechamos no tanto de la labor de treinta ya que ahora tres o cuatro se proveen para sí mismos».[8]

¿Puede ver el patrón aquí? Cuando se tenían todas las cosas en común, las personas no contaban con la libertad de tomar sus propias decisiones, por lo que había menos incentivo para trabajar duro. Algunos tuvieron que ser obligados a trabajar. Sin embargo, cuando las personas tuvieron la libertad de tomar sus decisiones y fueron retribuidos por sus esfuerzos, la productividad aumentó casi en un factor de diez.

Daniel Pink exploró el poder de gozar de autonomía en su libro *La sorprendente verdad sobre qué nos motiva*. Citó un estudio realizado por la Universidad de Cornell sobre trescientas veinte empresas pequeñas en las cuales la mitad de ellas otorgaba autonomía a sus empleados para que hicieran su trabajo mientras que la otra mitad usaba un modelo de dirección de los altos mandos hacia abajo con sus empleados. Probablemente adivinará cuál de los grupos tuvo un mejor desempeño. Pero quizás le sorprendería descubrir que las empresas que ofrecían autonomía tuvieron un índice de crecimiento cuatro veces mayor que las otras empresas, y al mismo tiempo experimentaron un tercio de rotación de sus empleados.[9]

Me gustan las alternativas en la vida y creo que a muchas personas también. Una de las razones principales por las cuales cambié mi estilo de liderazgo —de dirigir a otros a hacerles preguntas— fue para brindarles una mayor sensación de autonomía. Cuando usted les pide a los demás que compartan sus opiniones y les brinda espacio para que tomen decisiones y encuentren su propia manera de ser productivos, se sienten más valorados y tienen una sensación de control sobre sus propias vidas.

3. Relaciones: Los líderes quieren lograr cosas con otras personas

Uno de los grandes placeres de la vida es hacer algo interesante con personas que me interesan. Es más que trabajar con un equipo o mejorar la eficacia asociándose con otros. Es cierto que en mi libro *Cómo ganarse a la gente* escribí acerca del principio de la asociación, que dice que trabajar unidos aumenta las probabilidades de ganar juntos.[10] Pero a eso le añadiría que trabajar juntos aumenta el gozo de laborar.

No puedo imaginarme lo que sería la vida sin los demás. El trabajo en equipo hace verdaderamente que el sueño funcione. Las relaciones me inspiran y creo que inspiran a la mayoría de los individuos con quienes trabajo. Frecuentemente envío mensajes de texto a los miembros de mi equipo para decirles que les aprecio y recordarles del valor del trabajo que realizamos juntos. Ayer, por ejemplo, envié las siguientes palabras por texto a los miembros de mi círculo íntimo:

> EL PRINCIPIO DE LA ASOCIACIÓN: TRABAJAR UNIDOS AUMENTA LAS PROBABILIDADES DE GANAR JUNTOS.

Pregunta: ¿Qué es mejor que utilizar tus dones para ayudar a otros?
Respuesta: Usar tus dones en colaboración con otros para ayudar a los demás. ¡Eso es lo que ESTAMOS haciendo!
—JM

En cuestión de momentos, empezaron a aparecer las respuestas:

Kristan Cole: Si te encuentras solo en una isla, percátate de que tú mismo la creaste.

Scott Pyle: Los grandes líderes les brindan a los demás el espacio para que vengan y compartan la travesía con el fin de desafiarlos en formas significativas.

Erin Miller: La competencia individual nos hace más rápidos, pero la colaboración intencionada nos hace mejores.

Traci Morrow: Qué grato es hacer las cosas con personas a quienes amamos y cuando, al colaborar, sus dones complementan los nuestros.

Como líder, mi deseo es inspirarles, ¡pero en realidad son ellos los que me inspiran a mí!

Creo que la transformación personal ocurre cuando nos entregamos a una causa mayor que nosotros mismos y creemos en sus posibilidades para sobresalir. Esa transformación alcanza un nivel completamente nuevo cuando hallamos a otras personas, trabamos los brazos con ellos y colaboramos buscando un impacto positivo que —de otra manera— estaría fuera del alcance con solo nuestros brazos.

En esta travesía en pos de la trascendencia que desarrollo en la vida, algunos de los que me acompañan son amigos recientes que traen nuevas energías a mi alma. Su contribución es tal que apenas puedo recordar cómo era la vida sin ellos. Otros, en el trayecto, son amigos fieles desde antes que se unieron a mí cuando todo lo que tenía era un sueño. Esos amigos traen seguridad a mi alma. Todos luchamos por llegar a la meta como equipo, pero en la travesía —juntos— es donde encuentro el mayor gozo.

4. Avance: Los líderes quieren crecimiento en lo personal y lo profesional

Cuando era un líder joven, apenas iniciando mi carrera, un mentor me dijo: «Dedica tu vida *a* algo y corre *hacia* ese algo». Creo que eso lo dijo porque vio que yo siempre estaba trabajando duro, aunque a menudo mis ruedas patinaban. Y si uno lo piensa, solo se avanza si se obtiene algo de tracción en las ruedas, no si están patinando. ¿Y qué es la *tracción* sino una *senda* más *acción*? La senda es una trayectoria planificada sobre la cual queremos correr. Acción es lo que hacemos para obtener resultados verdaderos. El viejo adagio resulta ser cierto: aunque estemos en el rumbo correcto, alguien nos arrollará si nos quedamos detenidos. Tener una senda clara y accionar nos proporciona tracción y puede llevarnos donde queremos ir.

Las palabras de mi mentor resonaron en mí. Siempre he disfrutado de los logros. De hecho, muchos años antes, cuando se publicó la prueba llamada *StrengthsFinder* y la hice, descubrí que tres de mis cinco fortalezas principales son: persona triunfadora, activadora y maximizadora, lo cual explica por qué el avance me inspira con tanta naturalidad. Pero volviendo a mis primeros años, también fue en aquella época que alguien me dijo: «No eres lo suficientemente bueno como para quedarte igual». Ahora no recuerdo el contexto de aquello. Tal vez me estaba jactando de lo que había logrado. En aquel momento, captó mi atención. Hoy me hace reírme de mí mismo, porque sigue siendo cierto.

Al reflexionar en mi vida, reconozco que la congruencia ha sido la clave de mi avance. Quería mejorar, así que fui intencionado en cuanto a aprender y nunca darme por vencido. No tuve ningún éxito repentino en los albores de mi carrera. No era un jonronero. Mi secreto era presentarme a mi turno al bate todos los días y procurar llegar a la base. Creo que eso es lo que la mayoría de las personas deben hacer para convertir sus sueños en realidad. No existe secreto, no hay bala mágica, no hay atajo. La mayoría de nosotros no recibirá una oportunidad gigantesca que lo cambie todo. Necesitamos crecer en pasos pequeños e incrementales. Lea libros. Asista a seminarios. Hable con personas que sepan más que usted. Busque mentores. Pida a otro que le enseñe o que responda preguntas. Como solía decir John Wooden, convierta cada día en su obra maestra.[11] Si hace eso cada día, día tras día, su vida puede convertirse en una obra maestra.

5. Excelencia: Los líderes desean destacarse en su trabajo

El deseo de crecer en lo personal y lo profesional a menudo conduce a la siguiente fuente de motivación que inspira a muchos: el deseo de la excelencia. Nadie puede alcanzar la excelencia en algo si no crece continuamente. El crecimiento continuo no garantiza la excelencia, pero si uno no está creciendo y esforzándose por mejorar, no habrá oportunidad para sentir la euforia que viene cuando uno es excelente en lo que hace. Como lo dijo el entrenador y mánager de la Liga Nacional de Baloncesto (NBA) Pat Riley: «La excelencia es el resultado gradual de esforzarse siempre por hacer lo mejor».[12]

Cuando inicié mi carrera, en mi primera función de liderazgo, entendí que si lo quería, podría arreglármelas sin mucho esfuerzo. Naturalmente les caía bien a los demás, era bueno para hablar y tenía mucha energía. Especialmente cuando se trataba de hablar en público, me sentía muy tentado a improvisar, en lugar de esforzarme. Con solo unos meses en el trabajo, tomé una decisión: no tomaría atajos. No escatimaría esfuerzos. Aun en las situaciones en las que otros me aconsejaran a tomar la vía más fácil, no lo haría. Aprovecharía mi pasión por la excelencia y me esforzaría continuamente por mejorar mi oficio.

> «LA EXCELENCIA ES EL RESULTADO GRADUAL DE ESFORZARSE SIEMPRE POR HACER LO MEJOR».
>
> —PAT RILEY

La búsqueda de la excelencia, en realidad, tiene que ver con esforzarse continuamente por mejorar. Cada uno de nosotros debe acceder a ese deseo interno de la manera que podamos. He hallado que una de las mejores maneras de inspirar eso en mí es procurar exceder las expectativas continuamente. Eso es lo que alimenta mi deseo por la excelencia, lo que empieza con los detalles pequeños. Mi deseo por la excelencia se ha tornado en una actitud que prevalece. Cada día:

- Espero más de mí que los demás. Me fijo mi propia norma.
- Valoro a los demás demasiado para no darles lo mejor de mí. Quiero ayudarles.
- Me recuerdo a mí mismo que el respeto hay que ganárselo a diario. Los demás podrán honrarle por lo que hizo ayer, pero le respetarán únicamente por lo que haga hoy.

Con esas cosas presente, siempre procuro dar lo mejor de mí.

Acceder al deseo por la excelencia como motivación, o estimular a los líderes a que hallen su propia inspiración en la excelencia, requiere de una mentalidad correcta. Es una actitud. En su clásica tira cómica, *Calvin y Hobbes*, el caricaturista Bill Watterson puso las palabras siguientes en boca del pequeño Calvin, de seis años:

> ¡Ya no valoramos la destreza! Todo lo que apreciamos es la eficiencia inexorable, ¡y yo digo que al hacerlo estamos negando nuestra propia humanidad! Si no apreciamos la gracia y la belleza, ¡no es placentero que existan! ¡Nuestras vidas se tornan más sombrías, no más ricas. ¿Cómo puede alguien hacer su trabajo con orgullo cuando la destreza y el cuidado se consideran como lujos? ¡No somos máquinas! ¡Tenemos la necesidad humana de la destreza![13]

Ahora, en verdad, en este caso, Calvin estaba dándole excusas a su maestra por no haber entregado una tarea, pero lo que dice comunica la idea de que luchar por la excelencia es como desarrollar una destreza. Requiere de tiempo y atención.

Se cuenta la historia de un hombre de negocios estadounidense que visitó una ciudad en Suiza. Entró a una tienda llena de relojes cucú de todos los tamaños y figuras. En el fondo de la tienda, trabajando en un banco, un artesano tallaba meticulosamente, a mano, la caja de un reloj fino. Al observarlo, el hombre de negocios se impacientó. Empezó a hacer cálculos mentales y se le ocurrieron maneras en las cuales producir los relojes en masa con el objeto de comercializarlos.

«Oiga, buen hombre», le dijo al fin, «nunca ganará mucho dinero así».

«Señor», le respondió el relojero, «no estoy buscando ganar dinero. Estoy haciendo relojes cucú».[14]

Si desea ser bueno en su profesión, debe tener la mentalidad correcta. Cada oportunidad de trabajo es para perfeccionar su oficio. Eso no significa que logrará alcanzar la perfección. Los que usted dirige tampoco. Pero puede ser intencionado y luchar por buscarla.

Hace unos años, fui a cenar al restaurante The French Laundry en Napa Valley, California. Cenar allí fue una experiencia inolvidable. No es sorprendente que ese restaurante sea considerado como uno de los mejores del mundo. Todo lo hacen con excelencia. El ambiente es hermoso, el personal extraordinario, el servicio es espléndido y la comida es espectacular. Después de la cena, tuve el privilegio de ir en una gira privada por la vinoteca y la cocina. Mientras los chefs y los otros cocineros trabajaban con calma y tranquilidad, reconocimos que estábamos observando lo mejor de lo mejor. Cuando estábamos listos para partir, observé un reloj grande colgado de la pared, visible para todo el personal. Debajo del reloj estaban las palabras: «Sentido de urgencia». Era un recordatorio constante del trabajo intencionado.

La excelencia es algo que nunca se logra alcanzar plenamente. Todos nos quedamos cortos. Pero luchar por ella nos permite avanzar y mejorar. Las personas que usan este aspecto de la motivación saben que nunca llegarán a la línea de meta de la perfección, pero siguen mejorando todo el tiempo y hallan que la búsqueda de la excelencia es satisfactoria. Ese deseo le da forma a lo que logran.

6. Reconocimiento: Los líderes desean que aprecien sus logros

Hace muchos años, el psicólogo Henry H. Goddard realizó un estudio sobre los niveles de energía en los niños utilizando un instrumento que denominó «ergógrafo». Descubrió que cuando los niños cansados recibían elogios o alabanzas, el ergógrafo registraba un aumento instantáneo en la energía de ellos. Cuando a los niños se les hablaba con dureza o se les criticaba, el ergógrafo registraba una disminución inmediata y significativa en su energía física.

La investigación de Goddard revela una verdad, no tan solo acerca de los niños sino de todos los seres humanos, incluso los líderes. Todos desean recibir reconocimiento, elogio y aprecio. Cuando dirija y motive a otros, nunca olvide esto. Reconozca y elogie su trabajo. Muéstreles que aprecia sus logros.

7. Dinero: Los líderes desean sentirse seguros financieramente

El último motivador que quiero mencionar es el dinero. Fred Allen, comediante radial, dijo: «Hay muchas cosas que son más importantes que el dinero. Y todas cuestan dinero».[15] Eso es gracioso. Aun cuando el dinero ocupa el primer lugar en las listas de muchas personas, en la mía ocupa el último. Para mí es el más bajo de todos los motivadores, pero tal vez eso se deba a que no estoy en mala condición financiera.

Sí pienso que desear la seguridad financiera es una meta digna. Lo mejor que puede comprar el dinero es la libertad financiera, la cual le proporciona alternativas al individuo. Pero el dinero es un motivador poderoso solamente hasta que la persona tiene lo suficiente para obtener lo que quiere. Puede ejercer mucha fuerza hasta ese punto, pero después de que se logran ciertas metas financieras, el atractivo disminuye, a menos que tenga un mejor plan para ello. Una vez que haya logrado sus metas financieras, mi sugerencia es que se enfoque en dar. Cuando sienta el gozo de dar y desarrolle la mentalidad de que usted puede ser un río, no un depósito, con su riqueza y ayudar a otros, entonces obtener riquezas puede continuar siendo un motivador poderoso.

¿CUÁLES MOTIVADORES ESTABLECEN CONEXIONES?

Al desarrollar líderes, su tarea es descubrir cuáles de esas siete claves apelan a la gente y pueden ayudarle a conectarse con ella. Un error que cometí cuando era joven en el liderazgo fue pensar que podía dirigir a todos de la misma manera en la que yo quería serlo. Aproveché lo que me motivaba a mí e intenté motivar a los demás con eso mismo. Pero fue un error. No es posible ser un buen líder y dirigir a todos de la misma manera. Las personas que tienen mentalidad gerencial podrían intentar hacer eso, pero no funciona. Los buenos líderes descubren lo que motiva a cada persona y la dirigen de modo acorde.

Dedique un momento a repasar los siete motivadores dados en este capítulo:

- **PROPÓSITO**: Los líderes quieren hacer aquello para lo cual fueron creados.
- **AUTONOMÍA**: Los líderes quieren libertad para controlar sus propias vidas.
- **RELACIONES**: Los líderes quieren lograr cosas con otras personas.
- **AVANCE**: Los líderes quieren crecimiento en lo personal y lo profesional.
- **EXCELENCIA**: Los líderes desean destacarse en su trabajo.
- **RECONOCIMIENTO**: Los líderes desean que aprecien sus logros.
- **DINERO**: Los líderes desean sentirse seguros financieramente.

¿En qué medida le motivan cada uno de estos a usted? Califíquese en una escala de 1 a 5 puntos (con 5 como el más alto) en cuanto a cada una de esas claves.

Cuando me evalúo usando esta lista, queda claro que esos siete elementos me motivan. Tengo un puntaje de 4 o 5 en cada uno de ellos. Y permítame decirle algo que he descubierto acerca de esos siete motivadores. Los individuos altamente motivados tienden a darse puntajes altos en las siete áreas. De hecho, si la mayoría de ellas inspiran a la persona, mayores serán las probabilidades de que permanezca motivada. Cuantas más razones tenga para seguir avanzando, tanto mayor serán las probabilidades de que seguirá adelante, aunque enfrente dificultades.

Para desarrollar líderes, necesita aprender qué es lo que les motiva y usar esa motivación. Enfóquese primero en lo que más les motiva, pero también inspíreles en cada área que pueda hacerlo. Ayúdeles a descubrir su propósito. Concédales tanta autonomía como pueda. Desarrolle relaciones fuertes con ellos y ayúdeles a promover buenas relaciones con los demás. Bríndeles oportunidades y recursos para crecer. Anímelos e incentívelos a que busquen la excelencia en sus habilidades. Y recompénselos financieramente.

DE LA MOTIVACIÓN AL HÁBITO

Como líder, uno quiere inspirar a las personas para que utilicen su propia motivación interna, pero los investigadores alegan que eso tiene sus límites. ¿Por qué? Porque casi siempre es algo impulsado por emociones, lo cual no es sostenible a la larga. Stephen Guise, escritor de *Mini Habits*, dijo:

> Cuando uno está empezando una meta nueva, siente entusiasmo y mucha motivación para empezar fuerte. Pero cuanto más consistente sea su avance, más probable es que sus motivaciones generales disminuyan con el paso del tiempo. **ESTO SE DEBE A HÁBITOS...**
>
> El secreto de los superatletas no es que estén «súper motivados»... Lo que realmente distingue a la élite es cómo son capaces de entrenar cuando están totalmente aburridos o cansados. Sus rutinas e itinerarios los mantienen en su mejor forma...
>
> Los superatletas no permiten que su programa de entrenamiento dependa de su nivel de motivación actual, por eso es que logran el éxito.[16]

Me gusta imaginar que la motivación es como lo que nos da la fuerza para una carrera de velocidad. El problema es que para alcanzar el éxito en cualquier empresa, incluso dirigir y formar líderes, hay que ser un maratonista. Y eso solo viene cuando usted desarrolla hábitos que le llevan a seguir adelante y a seguir mejorando.

Así que empiece por conectar a su gente a tantos motivadores como pueda. Eso le ayudará a empezar a avanzar y desarrollar impulso. Pero también los prepara para el éxito. Por años he utilizado las siglas CAME para lograr esto:

Crea en ellos.
Aliéntelos.
Muéstreles.
Entrénelos.

La idea es ayudarles a hacer lo correcto, a lograr el éxito y a hacerlo de modo congruente hasta que se convierta en hábito, porque las personas no determinan su futuro; determinan sus hábitos, los cuales determinan su futuro. Si logra ayudar a los líderes que está formando a desarrollar hábitos de éxito, harán lo correcto y se sentirán bien de haberlo hecho, más que querer sentirse bien antes de hacer lo correcto. Los hábitos que formen por hacer lo correcto sin sentirse motivados de antemano les impulsarán a seguir adelante en el trayecto. Cuanto más hagan lo correcto, más aptitudes desarrollarán y más disfrutarán lo que hacen. Como lo dijo el escritor John Ruskin: «Cuando el amor y las habilidades trabajan juntas, espere una obra maestra».[17]

> LAS PERSONAS NO DETERMINAN SU FUTURO; DETERMINAN SUS HÁBITOS, LOS CUALES DETERMINAN SU FUTURO.

POTENCIA MOTIVACIONAL

Una de las líderes en las que he tenido la oportunidad de invertir es Traci Morrow, una entrenadora de negocios independiente de Team Beachbody muy galardonada. Años antes de conocerla, Traci estaba leyendo algunos de mis libros para desarrollar su propio liderazgo. Recientemente, recibió certificación como entrenadora, conferencista y guía de John Maxwell Team. Traci también es miembro de la junta directiva de John Maxwell Leadership Foundation. Cuando empecé a conocerla, me enteré de su historia, la cual es una magnífica lección de automotivación y del poder de los hábitos del éxito.

Traci creció en un hogar donde se valoraba mucho la educación. Su padre fue el primero en su familia que se graduó de la universidad. Llegó a ser profesor de matemáticas. También estudió un posgrado y obtuvo un doctorado en educación. Cuando Traci se graduó de la preparatoria, fue a la universidad anticipando estudiar diseño gráfico porque tenía un talento artístico. Pero para su desencanto, descubrió que le era necesario cursar varios cursos de educación general antes de entrar de lleno en su carrera.

Traci nunca tuvo mucho amor por el aspecto académico de la escuela. Bromeaba diciendo que siempre perturbaba su vida social. Y la idea de pasar dos años de universidad antes de siquiera empezar a estudiar diseño la desanimaba. Luego de apenas un semestre, abandonó la universidad. Pensó que su padre estaría enojado o desilusionado, pero para darle crédito, él le dijo que la universidad no era para todos. Debido a que él había observado a su hija cortarles el cabello a sus amigas desde la preparatoria, la animó a que entrara a una escuela de cosmetología y que obtuviera su licencia. Lo cual hizo.

También se casó con KC, el amor de su vida. Y poco tiempo después estaba embarazada de su primer hijo. Para no estar tanto de pie, suspendió los cortes de cabello y obtuvo un trabajo a tiempo parcial como administradora de oficina en el trabajo de su esposo. Pero su sueño era el de algún día abrir un salón de belleza. Puesto que comprendía que eso significaría que se convertiría en propietaria de un negocio, se sintió motivada a mejorar esa área de su vida, aun antes de fundar su empresa. Empezó a escuchar conferencias y a leer libros para prepararse. Alguien le recomendó que escuchara una de mis grabaciones sobre liderazgo y así fue como llegó a tener conocimiento de mis enseñanzas.

Cinco años después, Traci y KC tenían tres hijos y un cuarto que venía en camino. Durante ese embarazo, Traci desarrolló diabetes gestacional. Su médico le dijo que tenía que cuidarse. Si no controlaba su peso después del embarazo, sería muy probable que desarrollara diabetes tipo 2.

Tras el nacimiento de su hija, Traci tenía siete kilos de sobrepeso. Ahora, si usted es como yo, seguramente estará pensando: *¡Ojalá solo tuviera siete kilos de sobrepeso!* Pero Traci es una persona menuda, de apenas un metro sesenta de estatura. Esos kilos de más amenazaban con aplicarle presión a su salud, así que se decidió a perder ese peso. Eso la llevó a tomar una decisión que cambiaría su vida.

Ella había sido corredora y había jugado balompié, pero nunca le había gustado mucho el gimnasio. Así que empezó a considerar qué hacer. Un día vio un infomercial en la televisión. Se anunciaba el Power 90, un programa de ejercicios en video. Costaba setenta dólares. Para una familia con una sola fuente de ingresos y cuatro hijos, eso era bastante dinero. Pero Traci estaba decidida a perder peso. Le preguntó a KC que si ella compraba el programa, él también lo aprovecharía, a lo que él dijo que sí.

Por los próximos tres meses, Traci reproducía el video y hacía la rutina por la mañana. En las noches, después de llegar del trabajo, KC también la hacía.

«Llegamos a desgastar esos videos», dijo Trac. «Los reproducíamos dos veces al día por noventa días; o sea 180 veces».

Al final de los noventa días, Traci había perdido el peso de más y se sentía magnífica. Así que pensó: *¿Y ahora qué?* Leyó la letra pequeña en el dorso del paquete del video y halló la dirección de un sitio web, una novedad para finales de la década de 1990. La introdujo en su computadora y lo que apareció fue una competencia que invitaba a las personas a enviar sus fotos —de antes y después— para tener la oportunidad de ganarse un viaje gratis a Hawái con el fin de participar en la filmación del programa siguiente.

«Habíamos tomado unos fotos antes, así que pensamos, ¿qué tenemos que perder?». Enviaron sus fotografías, ¡y ganaron! Traci dijo que buscó dónde estaba la trampa, pero no la había. Ella y KC viajaron a Hawái, disfrutaron de unas vacaciones y participaron de la filmación del video. Conocieron a Tony Horton, el que dirigía los ejercicios en los vídeos, y a Carl Daikeler, el presidente de Beachbody. De inmediato se llevaron bien.

Resultó que las oficinas principales de Beachbody quedaban a solo cincuenta y seis kilómetros de donde Traci vivía, así que empezó a trabajar para ellos. Laboraba como asistente de Tony. Les ayudó a organizar campamentos de ejercicios varias veces al año y sirvió como anfitriona de ellos. Trabajó en los escenarios. Ayudaba a Tony con las presentaciones en el canal televisivo de compras QVC. Cuando filmaban programas nuevos para discos compactos, ella hasta llegó a sustituir a algunas modelos. Lo que se necesitara hacer, ella lo hacía con entusiasmo.

Le pregunté a Traci por qué. Resulta que todo formaba parte de su propósito. «Sentí que tenía que seguir yendo y continuar sirviendo», dijo Traci. «Al principio ni me pagaban. Pero tenía la sensación de que tenía un futuro ahí. Creía que era lo que Dios me había llamado a hacer».

Traci disfrutaba ayudando a otros, incluso a personas que utilizaban los productos de Beachbody como el P90X. Eso se conectaba con su preferencia por las relaciones interpersonales. La mayoría de las veces, hablaba con los demás como una madre trabajadora, lo cual era. Pasaba tiempo respondiendo preguntas en sus foros de mensajes, y hasta le asignaron que fuera copresentadora en un programa televisivo llamado *Salud Responsable* trasmitido por Travel Channel, labor que realizó por cincuenta y dos episodios.

Ella se habría sentido satisfecha con continuar trabajando de esa manera. Estaba creciendo y aprendiendo. Establecía conexiones con otros de manera relacional. Eso estaba alineado con su propósito. Pero entonces, en el 2006, Carl le lanzó una curva. Él quería convertir a Beachbody en una empresa de mercadeo multinivel, como Avon o Amway. Y quería que Traci fuera una de sus primeras entrenadoras.

«No quería hacer eso», dijo Traci. «Me sentía incómoda. Pero Carl me dijo que yo representaba la cultura. Había sido anfitriona de charlas en el sitio web de la empresa dos veces por semana y ese era el tono que él deseaba establecer. Como continué resistiéndome, al fin me dijo: "Dame un año. Si no te gusta, te vuelvo a contratar". Accedí a regañadientes».

Una de las cosas que la convenció fue que Carl la animó a que se adueñara del proyecto. Traci tomó esa libertad de corazón con el objeto de disfrutar cierta medida de autonomía. Cuarenta y una personas fueron invitadas a convertirse en entrenadores de Beachbody en ese lanzamiento inicial. Mientras los demás leían todo lo que podían acerca del mercadeo de redes y se enfocaban en la expansión con los individuos que reclutaran, Traci llevó a sus reclutas a través del material de liderazgo, empezando por *El líder de 360 grados*. Y su enfoque permaneció igual: ayudar a las personas.

No pasó mucho tiempo para que Traci se convirtiera en una de las entrenadoras más exitosas en la historia de Beachbody. Es la Entrenadora Superestrella Diamante que ha ganado esta posición quince veces, lo cual es el nivel más alto obtenible en la organización, y se ha ganado casi todos los premios que puede obtener un entrenador de Beachbody. Ella ha dominado su oficio. De más está decir que Carl no tuvo que recurrir a volverla a contratar como empleada. Y aunque nunca le he preguntado al respecto, no dudo que gana muy bien.

Al leer sobre la vida de Traci, estoy seguro de que observó que cada una de las siete motivaciones tuvieron que ver con ella: propósito, autonomía, relaciones, avance, excelencia y dinero. Ella continúa sintiéndose motivada principalmente por el propósito y las relaciones, pero también ha desarrollado hábitos magníficos. Todavía hace sus ejercicios diarios. Saca tiempo para su familia. (Ahora tiene seis hijos. Ella y KC adoptaron a dos más). Y ayuda a las personas todos los días. Eso es lo que le encanta y lo que es la esencia de su propósito; ya sea capacitar a un instructor para que sea un buen entrenador de Beachbody, o trabajar con un cliente nuevo cuya única meta es perder peso. Ella habla con las personas, les pegunta cómo visualizan el éxito, les escucha y luego colabora con ellas a fin de motivarlas a lograrlo.

Eso es lo que hacen los buenos líderes. Y usted también puede hacerlo.

CAPÍTULO 5

EQUIPE A LOS LÍDERES

Capacítelos para que sean excelentes en su labor

Los pasos de identificar, atraer, comprender y motivar a los líderes son esenciales para el proceso de su desarrollo, pero realmente solo son el principio. Solo los líderes buenos llevan el proceso hasta ese punto, aunque desgraciadamente muchos de ellos cometen el error de detenerse ahí. Pero es en la etapa de equipamiento en la cual se produce la multiplicación. Allí es donde la ganancia más grande del líder se manifiesta. ¿Por qué? Porque cuando uno empieza a equipar a los líderes y a ayudarles a que sean excelentes en su faena, uno empieza a experimentar el efecto multiplicador de la influencia, el tiempo, la energía, los recursos, las ideas, el dinero y la efectividad.

Es más fácil criticar a otros señalando sus debilidades que ver el potencial de ellos que supera a su realidad actual. Siempre es más fácil menospreciar a las personas que equiparlas. Ningún gran líder desarrolla una reputación por haber despedido a alguien. Si desea alcanzar los niveles más altos de liderazgo, procure edificar su reputación sobre la capacitación y el equipamiento de los individuos. Ese enfoque lo cambió todo para mí en lo referente al liderazgo.

Como líder, una cosa es pedirles a las personas que se unan a su equipo y le acompañen en su travesía. Otra cosa es equiparles con un mapa para el trayecto. Los buenos líderes proporcionan los medios para que los miembros del equipo lleguen a donde necesitan ir. No solo eso, les ayudan a elevarse al nivel que pueden ocupar. Morgan McCall, profesor de La Universidad del Sur de California, dijo: «La supervivencia del más apto no equivale a la supervivencia del mejor. Dejar el desarrollo del liderazgo al azar es una necedad».[1] Por eso hay que ser proactivo. Hay muchos líderes que utilizan su carisma para atraer a otros a sí mismos y luego los ponen en una situación de sálvese quien pueda para ver quién llega a la cima. Los líderes estratégicos que reciben las ganancias más altas son los que equipan y empoderan a su personal. Los colocan en posición y les asignan mentores. Les enseñan a reproducir líderes. Los resultados se multiplican, brindándole la ganancia más grande al líder. Eso es similar al poder del interés compuesto.

> «LA SUPERVIVENCIA DEL MÁS APTO NO EQUIVALE A LA SUPERVIVENCIA DEL MEJOR. DEJAR EL DESARROLLO DEL LIDERAZGO AL AZAR ES UNA NECEDAD».
>
> —MORGAN MCCALL

Apenas descubrí el impacto positivo que podía tener el equipamiento sobre los líderes que capacitaba, sobre mis organizaciones y aun sobre mi propio liderazgo, cambié mi enfoque. Y mi liderazgo dio un salto enorme. Allí fue que decidí convertirme en un equipador de líderes. Es lo que hago ahora. Es lo que me encanta hacer.

MI JORNADA DE EQUIPAMIENTO

En mi primera posición de liderazgo, me apoyaba en mi carisma y en el trabajo arduo para que la organización avanzara. Obtuve seguidores. Y lo hacía casi todo yo mismo. Era joven y estaba lleno de energía, así que pude mantener eso andando por los tres años que pasé en esa posición. Pero cuando me trasladé a otra organización, todo lo que había hecho se derrumbó. Fue allí que entendí que la función del liderazgo no es acumular seguidores; es producir más líderes.

Así que empecé a trabajar en equipar a mi gente. Eso fue en 1974, en mi segundo cargo de liderazgo. Soy teólogo por mi educación formal, así que tengo bastante conocimiento y aprecio por la Biblia. En el Nuevo Testamento, la palabra *equipar* aparece quince veces. Una de las perspectivas clave del concepto de equipar es que los líderes son los responsables de equipar a su gente para la obra del servicio.[2] En su contexto, eso significa prepararlos plenamente y ayudarles a ser eficaces en la obra que llevarán a cabo. Cuando empecé a hacer eso, rápidamente descubrí que las muchas manos verdaderamente alivianan el trabajo, como dice el antiguo dicho.

> LA FUNCIÓN DEL LIDERAZGO NO ES ACUMULAR MÁS SEGUIDORES; ES PRODUCIR MÁS LÍDERES.

En aquella época desarrollé un plan de cinco pasos para equipar:

Yo modelo.
Yo oriento.
Yo monitoreo.
Yo motivo.
Yo multiplico.

Este proceso fue mi primer intento por equipar. Funcionaba porque las personas a quienes equipaba me ayudaban a llevar la carga. Sin embargo, al reflexionar en esto, resulta evidente que yo mismo llevaba demasiada responsabilidad para equipar a otros. Me enfocaba demasiado en enseñar, había mucho *yo* y poco *nosotros*.

En 1981 me mudé a San Diego para ocupar un puesto de liderazgo para una tercera organización, una iglesia que no había crecido en doce años. Sabía que necesitaba enfocarme de inmediato en equipar líderes. Reexaminé mi modelo de equipamiento y ensayé un enfoque ligeramente diferente. Lo construí usando las siglas IDEA. Esto es lo que significaba equipar:

Instrucciones en un contexto relacionado con la vida.
Demostración en un contexto relacionado con la vida.
Exposición en un contexto relacionado con la vida.
Ajuste de responsabilidades en un contexto relacionado con la vida.

¿Por qué es significativo esto? Eso incluía un gran momento de lucidez para mí. Previamente había intentado hacer todo el equipamiento en un aula de clases. Ahora la mayor parte del equipamiento ocurría en el trabajo, no alejado de este. Y también observará que incorporé el concepto de rendir o ajustar cuentas. ¿Qué beneficio trae equipar a la gente si esto no rinde resultados y ellos no maduran en su liderazgo?

Ese modelo funcionó bien por muchos años, pero en 1990 me percaté de que algo me hacía falta. Las personas que estaba equipando me ayudaban a llevar la carga del liderazgo, pero descubrí que si podía equipar y empoderar a otros no solo para liderar sino también para desarrollar a otros líderes, el efecto sería la multiplicación.

Tener más líderes equipados representaba la capacidad de lograr más con lo que teníamos. Significaba que podíamos dar curso a iniciativas nuevas. Significaba que teníamos un ejército de personas resolviendo problemas y venciendo obstáculos. No solo eso, sino que hallé que equipar líderes podía liberarme para dedicar más tiempo a las áreas que brindaban la mayor utilidad para mí y para mis organizaciones. Empecé a imaginar este proceso como «trabajar para eliminar mi trabajo». (Hablaré más de esto posteriormente en este capítulo).

Trabajé para desarrollar un modelo de equipamiento nuevo. Requería no solo que fuera algo que pudiera hacer y enseñar, sino que también todos los líderes de mi organización comprendieran, pusieran en práctica y enseñaran a otros. Esto fue lo que determiné:

Yo lo hago.
Yo lo hago y está conmigo.
Usted lo hace y estoy con usted.

Usted lo hace.

Usted lo hace y alguien está con usted.

Usted puede ver que, aun cuando este proceso empieza con el líder, el enfoque cambia de *yo* a *usted* en el tercer paso. Pero lo más importante es que incluye la multiplicación en el último paso. Tan pronto como un líder entrenado sale y encuentra a otro líder para entrenarlo, el crecimiento de la organización pasa de ser una adición a una multiplicación. Y si cada líder entrenado sigue este modelo, el efecto multiplicador nunca cesa. Todos los líderes saben que no han terminado hasta que *ellos* mismos encuentren a alguien a quien entrenar. Este modelo lo pusimos en marcha en mi organización sin fines de lucro EQUIP de 1997 a 2016, para entrenar líderes. En esos años, EQUIP entrenó a cinco millones de líderes de todos los países del mundo.

PIENSE COMO UN LÍDER QUE EQUIPA

Mi deseo es ayudarle a establecer una mentalidad de equipamiento como líder. Esto le permitirá hacer espacio para más líderes en potencia y le ofrece la oportunidad de permanecer en un buen punto como líder, dándole así a su organización y a sí mismo las ganancias más altas. ¿Qué significa tener una mentalidad de equipamiento?

Imagino que esto es similar a preparar a un grupo de personas para escalar el Monte Everest. En primer lugar, hay que evaluar el nivel de los líderes potenciales. ¿Son unos flojos que están en mala forma física? ¿Están en forma pero carecen de experiencia? ¿Tienen experiencia pero están fuera de forma? ¿Poseen una buena base de experiencia y están en buena forma, pero necesitan preparación para llegar al nivel siguiente? Como líder, usted necesita saber estas cosas.

También necesita evaluar el equipo que necesitará para la escalada. ¿Cuáles son las condiciones? ¿Qué ha aprendido usted mismo luego de haber realizado esa escalada? ¿Cuáles son los peligros y las trampas? ¿Qué cosas necesitan saber los demás que usted ya sabe? Y ¿cómo puede ayudarles a empezar a pensar como alpinistas? ¿Puede enseñarles a mirar hacia la cima y determinar cómo conquistarla? Porque para un líder que equipa, no basta con lograr que asciendan y desciendan del monte sin morir congelados. En definitiva, quiere que aprendan cómo escalar la montaña y desarrollar las habilidades para guiar a *otros* a escalarla y enseñarles todo lo que usted les ha impartido.

Hablaremos del proceso de reproducir líderes de modo más profundo en el capítulo 9. Pero recuerde esto: su meta siempre es equipar a las personas de manera tal que no solo hagan su trabajo bien y dirijan a otros, sino que también desarrollen su propia mentalidad de líder que equipa. Cada día deberán estar buscando al siguiente líder en potencia para invitarle a su propio proceso de desarrollo de liderazgo.

Elementos esenciales para equipar

A través de los años he descubierto que hay tres razones principales por las cuales las personas fracasan en un trabajo. Carecen de la habilidad o del deseo de hacerlo, no han sido debidamente capacitadas para efectuarlo, o no comprenden lo que se supone que hagan para finalizarlo. Las buenas noticias son que equipar a las personas elimina dos de estos tres problemas.

Cuando reflexiono sobre las formas en las cuales he equipado líderes en potencia a través de los años, creo que es posible lograr el éxito en este proceso si uno se enfoca en seis prácticas esenciales.

1. Sea un ejemplo que otros quieran seguir

Es probable que haya observado que frecuentemente enfatizo la importancia de dar un buen ejemplo. ¿Por qué? Porque nunca se tendrá la credibilidad ni se tendrá habilidad suficiente para desarrollar a otros si uno no se está desarrollando a sí mismo como líder. A continuación le muestro algunas ideas para ayudarle con esto. Veamos las preguntas que deberá hacerse:

Aprendizaje: «¿Qué estoy aprendiendo?».
Experiencia: «¿Qué estoy experimentando?».
Aplicación: «¿Qué estoy aplicando?».
Desarrollo: «¿A quién estoy desarrollando?».

Lo primero es desarrollarse a sí mismo, porque usted no puede dar lo que no tiene. Decirles a otros que hagan lo que usted no ha hecho no es equipar, es comportarse como un mandón. Cuando uno aprende, experimenta, aplica y entonces desarrolla a otros, no se está comportando como un mandón, sino como un líder.

> **DECIRLES A OTROS QUE HAGAN LO QUE USTED NO HA HECHO NO ES EQUIPAR, ES COMPORTARSE COMO UN MANDÓN.**

Me gusta lo que escribió Steve Olenski, escritor y estratega de contenido, respecto a este tema en la revista *Forbes*:

El empleado apreciará el valor del proceso de desarrollo cuando vea que sus líderes actuales continúen desarrollándose en lo personal y lo profesional. Al modelar este comportamiento, los líderes cimientan la credibilidad y la confianza que se necesitan para alentar a sus empleados a que participen en actividades que edifiquen el desarrollo. Esto les muestra a los empleados que el desarrollo forma parte de la cultura organizacional. Trasmite el mensaje que es importante para todos y se espera de todos, en la organización, que formen parte de un proceso de mejoramiento continuo que nutre desde dentro.[3]

¿Qué tan a menudo ha visto líderes cuya actitud trasmite algo como «hagan lo que digo, no lo que hago»? Eso le funciona tan bien al jefe en el trabajo como le funciona al padre de familia en la casa. La gente hace lo que ve.

Mis cuatro organizaciones han capacitado individuos en empresas grandes y chicas en todo Estados Unidos y en todos los sectores de la sociedad en naciones de todo el mundo: entidades gubernamentales, sin fines de lucro, educativas, negocios, organizaciones religiosas, militares y otras.

El factor más importante para determinar si un curso de entrenamiento tendrá éxito es si los líderes superiores están participando. Si muestran que para ellos es prioritario y participan de lleno en el proceso de entrenamiento, será exitoso. Si no participan, los miembros de la organización perciben que no es importante. Eso crea una grieta en la credibilidad.

El entrenador de liderazgo Michael McKinney publicó un comentario sobre este tema en su blog en LeadershipNow.com, en el que decía a los líderes: «Si es importante para usted, lo será para ellos. Es muy común escuchar: "Si es tan importante, ¿dónde están los jefes?". Sin el apoyo visible del liderazgo, el compromiso con el entrenamiento queda en entredicho. Los líderes necesitan comunicar visiblemente que: "Esto es importante; tanto que yo lo experimenté antes que ustedes. Lo estoy usando y quiero, y espero, que ustedes hagan lo mismo. **Por eso estoy *aquí***"».[4] El resultado final es que la calidad de los líderes se ve reflejada en las normas que se fijan para sí mismos. Si los líderes adoptan una norma baja en lo referente a educación, capacitación y crecimiento, su gente seguirá sus pisadas.

2. Reúna a sus líderes potenciales alrededor suyo

Todos los modelos de equipamiento que he puesto en práctica desde 1974 tienen una cosa en común: el principio de la proximidad. Acerco a las personas a mí para equiparles e invertir en ellas. Eso no puede hacerse a distancia. Si los líderes en potencia están cerca de usted, tendrán más interacciones con usted y más lecciones recibirán.

Lo maravilloso del principio de proximidad es que cualquiera puede ponerlo en práctica. No se necesita experiencia como equipador ni entrenador. No es necesario ser un líder de alto nivel. No requiere ocupar un cargo formal de liderazgo. Solo hay un secreto para empezar: no trabaje solo nunca. Sé que eso parece muy sencillo, pero es sumamente eficaz.

La palabra más importante que un líder puede decirle a otro es: «Sígueme». Cuando les pido a las personas que se unan a mí y permanezcan cerca, pueden verme en acción y aprender de mí. Pueden comprender lo que hago y por qué. Podemos compartir la experiencia entre nosotros. Pueden hacer preguntas. Pueden empezar a «captar» el liderazgo.

Mis organizaciones sin fines de lucro EQUIP y la John Maxwell Foundation se enfocan en equipar líderes en países alrededor del mundo. La estrategia que hemos adoptado para lograrlo es emplear mesas redondas. Nuestras organizaciones entrenan líderes que reúnen de seis a ocho personas que quieren aprender. Se sientan juntos y aprenden, discuten, comparten, formulan preguntas y se rinden cuentas mutuamente en cuanto a las acciones que cada individuo indica que efectuará. La clave es la proximidad. Eso brinda el entorno perfecto. ¿Por qué? Porque muchas de las mesas redondas se hacen en el sitio de trabajo y el líder, al que hemos entrenado frecuentemente, tiene influencia sobre el grupo pequeño de individuos de la mesa redonda. Insistimos en que estos líderes sean receptivos y sensibles en cuanto a sus puntos débiles y a cómo están creciendo. Estamos viendo vidas cambiadas y personas mejor equipadas no solo en cuanto a sus carreras laborales, sino en todos los aspectos de sus vidas.

No importa lo ocupado que esté o lo demandante que sea su situación de liderazgo, podrá equipar líderes potenciales con eficacia solamente si se toma el tiempo para acercarlos a usted e invertir en ellos. No hay sustituto para la proximidad intencionada.

Es necesario que se plantee ciertas preguntas. ¿Está dispuesto a ver su vida en otros? Esto requiere de tiempo, compromiso y sacrificio. Frecuentemente, es más rápido y más fácil hacer un trabajo uno mismo que entrenar a otro para que lo haga. Pero esa es una manera de pensar a corto plazo. El tiempo que invierta ahora se multiplicará cuando los líderes bien equipados estén trabajando tanto para usted como con usted en la organización.

3. Haga las preguntas correctas

Hablando de preguntas, el equipamiento eficaz empieza con hacerle las preguntas correctas al líder potencial al que desea equipar. ¿De qué otra manera podrá saber la dirección que deben llevar sus esfuerzos por equipar a las personas? Si no hace preguntas, podría terminar enseñándoles a las personas incorrectas las cosas incorrectas en el momento incorrecto por las razones incorrectas.

Leí que cuando Jack Welch era presidente de General Electric acostumbraba enviar un memorándum a los participantes novatos acerca del curso de desarrollo de ejecutivos antes de que asistieran a la primera sesión. En ese memorándum les instruía a pensar en las respuestas a un grupo de preguntas que quería que estuvieran preparados para discutir. Esto fue lo que escribió:

> Mañana usted será nombrado ejecutivo de General Electric:
> - ¿Qué haría en sus primeros treinta días?
> - ¿Tiene usted una «visión» de qué hacer?
> - ¿Qué haría para desarrollar la visión?
> - Presente su mejor versión de la visión.
> - ¿Cómo haría para «vender» su visión?
> - ¿Sobre cuáles fundamentos la edificaría?
> - ¿Cuáles prácticas actuales eliminaría?[5]

Durante el curso de desarrollo, solo escuchar las respuestas de los participantes a esas preguntas debe haberle dado a Welch una buena idea de quiénes eran sus líderes en potencia.

¿Qué tipos de preguntas desafiantes hace usted a sus líderes en potencia? ¿Está desafiándolos a pensar y a resolver problemas? Sus respuestas revelan mucho de ellos. Usualmente, los que pueden pensar, resolver problemas y comunicarse bajo presión tienen un buen potencial para el liderazgo; no todos, pero la mayoría. A veces uno se topa con uno que piensa bien y habla bien, pero no ejecuta. Y a veces uno halla a un buen pensador y ejecutante que tiene dificultades para comunicarse. No obstante, haga preguntas. Cuando reúna personas, si todo lo que hace es dar órdenes, todo lo que obtendrá es seguidores de órdenes. Eso no es lo que usted quiere. Usted quiere líderes.

4. Estimule a los líderes potenciales a que aprendan haciendo

Me han dicho que en las salas de urgencia, los enfermeros tienen un dicho: «Observa, hazlo, enséñalo». En otras palabras, un enfermero nuevo sigue a un enfermero experimentado y observa lo que hace. Entonces el enfermero nuevo hace lo mismo. Luego se espera que le enseñe a otro. En el agitado mundo de las profesiones médicas, se anima a los enfermeros a que se lancen al trabajo de inmediato, practiquen aptitudes nuevas y luego las enseñen. Pocas cosas cimentan el aprendizaje como hacer el trabajo uno mismo, con sus propias manos. La teoría y las instrucciones por sí solas producen resultados limitados. En el momento que las personas participan, sus aptitudes aumentan rápidamente.

Las investigaciones apoyan esta idea. El psicólogo industrial Robert Eichinger, junto con Michael Lombardo y Morgan McCall, desarrollaron lo que denominaron el modelo 70/20/10 del aprendizaje y desarrollo en la década de 1990. Este modelo indica que el setenta por ciento del tiempo, el aprendizaje y el desarrollo ocurren en el contexto de las experiencias, las tareas y la solución de problemas tanto de la vida real como laborales; el veinte por ciento del tiempo, provienen de la retroalimentación, la asesoría o el entrenamiento informal o formal por parte de otras personas; y el diez por ciento del tiempo son resultado de la capacitación formal.[6] Si desea desarrollar personas, quédese cerca de ellas y entrénelas mientras les permite que obtengan experiencia haciendo cosas que les engrandezcan y les impulsen a crecer.

Muchas veces los líderes se sienten reacios a permitir que un líder en potencia con poca experiencia asuma algunas tareas porque temen que las haga de modo deficiente. Pero mi respuesta a esto es que elijan cuándo y cómo delegar experiencias de equipamiento. Empiece por delegar tareas menos importantes, especialmente cuando se trate de personas nuevas, y permita que vayan avanzando poco a poco a desafíos más difíciles. Y cuando asciendan y asuman responsabilidades más importantes, consúlteles para ver cómo les va, responda sus preguntas y bríndeles aliento. Cuanta más experiencia obtengan, menos contacto deberá tener con ellos.

Uno de mis puntos preferidos como líder es el área de las comunicaciones; frecuentemente tengo oportunidades para equipar personas con el fin de que lleguen a ser mejores comunicadores. Eso no puedo hacerlo con hablar solamente, porque hablar no es equipar y escuchar no significa aprender. Se aprende haciendo. Observe la diferencia de enfoque que podría utilizar para ayudar a un comunicador joven:

- «Emma, quiero que des una charla de cinco minutos el próximo jueves por la noche». En este caso, estoy diciéndole a Emma qué hacer. Le estoy dando una orden.
- «Emma, prepara tu charla de cinco minutos escribiéndola y luego practicándola». He añadido explicaciones específicas para ayudarla, pero solo sigo enseñando.
- «Emma, reunámonos y hablemos acerca de este proyecto. Escribe tu charla y la practicas dándomela a mí». Estoy interactuando con Emma, pero ella está haciendo el trabajo y adquiriendo experiencia.
- «Emma, reunámonos para hablar sobre este proyecto. Escribe tu charla y practícala conmigo. Puedes darla el jueves por la noche y luego te daré mis comentarios». Ahora he maximizado la experiencia para ella. Ella hizo todo el trabajo por sí misma, pero la he preparado —primero— dándole orientación para que tenga éxito, luego entrenándola con la valiosa experiencia de comunicar a una audiencia presencial y, por último, dándole mi opinión al respecto.

Hay que elegir los puntos para entrenar a las personas, pero cuando lo haga, recuerde estas dos cosas: debe permitirles que aprendan haciendo y hay que estar cerca de ellas para dirigirles en el camino.

5. Establezca metas de equipamiento con ellos

En algún punto del proceso de equipamiento necesitará establecer metas para los líderes en potencia. Puede hacerlo cuando los invite al proceso de desarrollo, o puede iniciarlos en ese proceso para comprenderlos mejor y luego hacer una pausa con el fin de fijar algunos objetivos. Pero es necesario hacerlo porque esas metas se convierten en un mapa de ruta a seguir. Cuando lo haga, utilice las pautas siguientes como ayuda:

Asegúrese de que las metas se ajusten para cada persona

Usted ya sabe algunas cosas acerca de la persona a la que va a equipar, puesto que se ha tomado el tiempo para hacerle las preguntas. Hay cosas que usted necesita o desea que las lleve a cabo un miembro de su equipo. Además, usted probablemente intuya algo del potencial de esa persona. Combine esas tres cosas con el propósito de crear metas para las personas y hágase estas preguntas tanto a sí mismo como a su equipo: «¿Encajan bien estas metas con usted?».

Asegúrese de que las metas sean alcanzables

Nada es más desalentador que a uno le den metas imposibles de lograrse. Es una preparación para el fracaso. A los líderes en potencia hay que ponerlos en camino al éxito. Me gusta lo que dijo Ian MacGregor, el otrora presidente de la junta directiva de AMAX, sobre este tema: «Trabajo siguiendo los mismos principios que los que entrenan caballos. Uno empieza con vallas de poca altura, metas fáciles de lograr y, a partir de ahí, se trabaja para arriba. Es importante que la administración nunca les pida a las personas que intenten lograr una meta que no pueden aceptar».[7] Permítales empezar con lo poco y de ahí ir ascendiendo. Ayúdeles a obtener algunas victorias en el camino.

Asegúrese de que las metas les exijan extenderse

El hecho de que sus líderes en potencia tengan que empezar con lo poco no significa que deben quedarse eso. Idealmente, cada meta debería exigirles que se extiendan y crezcan para poder lograrla. Y con cada meta sucesiva, deberán poder extenderse más y crecer más. Para cuando hayan cumplido todas las metas que usted fijó con ellos, podrán dar una mirada atrás y sentirse sorprendidos del avance logrado y del crecimiento que han experimentado.

Asegúrese de que las metas puedan medirse

No basta con decir: «Quiero mejorar», o «Quiero crecer como líder». Esos son buenos deseos y podrían brindarle orientación, pero no son metas.

Cada meta que identifique para un líder en potencia debe ser suficientemente específica a fin de que tanto usted como ellos puedan responder sí o no a la pregunta: «¿Se cumplió esta meta?».

Asegúrese de que las metas estén claras y escritas
Por último, pídale al líder en potencia que escriba las metas. De esta manera, las metas se tornan específicas y el líder en potencia adopta la responsabilidad de rendir cuentas.

Elaborar un plan de acción le da al líder potencial una pista a seguir. Si el líder es nuevo y el proceso de desarrollo apenas está empezando, verifique a menudo para analizar cómo le va en el logro de las metas. A medida que ese líder adquiere experiencia, más se convierte en un proceso de equipamiento a largo plazo, hasta que pasa a ser más una relación de mentoría, la que discutiremos en el capítulo 9.

6. Elimine los obstáculos al crecimiento

La pieza final del rompecabezas del equipamiento es crear maneras para que las personas puedan crecer y avanzar. Algunas veces esto significa darles herramientas o proporcionarles los recursos que necesitan. Otras veces significa presentarles personas que puedan ayudarles, tanto de dentro como de fuera de la organización. Y siempre significa crear un entorno que permita que las personas florezcan.

Como líder de mis organizaciones, me imagino a mí mismo como uno que «elimina límites». Quiero ver que otros alcancen su potencial. Para facilitarlo, debo asegurarme de que no haya límites que los mantengan detenidos. Steve Olenski dijo:

Muchas organizaciones cuentan con una estructura organizativa y procesos rígidos, lo cual puede dificultar el establecimiento del desarrollo multifuncional, la facilitación del crecimiento dinámico y la capacitación de alto desempeño. Depende del liderazgo que se edifiquen puentes, se derriben muros y se diseñe un sistema que promueva un enfoque fluido al aprendizaje y al trabajo. La generación actual de trabajadores está acostumbrada al cambio y disfruta de los entornos laborales abiertos que les permiten explorar. Elimine las barreras y observe cómo florecen las personas.[8]

Si usted es líder de su equipo o de su organización, debe responsabilizarse de eliminar las barreras que enfrentan aquellos a quienes busca desarrollar. No les dé responsabilidades sin autoridad. No les dé tareas sin los recursos para cumplirlas. No diga que quiere que crezcan y entonces les dice precisamente cómo deben hacer su trabajo. No les diga que son el recurso más valioso de la organización y, a la vez, no les muestra aprecio. Equípelos para que alcancen el éxito y luego láncelos al ruedo.

EL LÍDER EQUIPADO EQUIPA LÍDERES

Uno de los líderes de mis organizaciones que ha vivido una jornada de crecimiento extraordinaria como resultado del equipamiento estratégico intencionado es Chad Johnson. En la actualidad, es el jefe de personal de John Maxwell Company. Su carrera de desarrollo de líderes se inició en el 2002 con el actual presidente de la empresa, Mark Cole. En aquel tiempo, Mark dirigía el programa de pasantías de mi empresa.

De joven, Chad siempre había sido bueno para las matemáticas. Asistió a la Asbury University en Kentucky, jugó baloncesto y estudió contabilidad, obteniendo su título en el año 2000. Después de graduarse, laboró en una empresa privada de gestión de impuestos y le iba bien. Pero un día, mientras cumplía un trabajo en la Estación de Armamentos Navales de Yorktown, Virginia, empezó a reconsiderar su carrera profesional. Estaba trabajando en la cámara frigorífica de la base contando paquetes de carnes y quesos, y pensó: *¿Es esto lo que realmente quiero hacer?*

Poco tiempo después, un amigo le contó acerca de la pasantía que en aquella época ofrecía mi empresa. Chad nunca había oído de mí ni de mi empresa, pero al cabo del tiempo llenó una solicitud. Cuando fue aceptado, se trasladó a Atlanta, aunque estaba abandonando un empleo seguro y la pasantía que, según sus palabras, «pagaba una miseria».

Lo que Chad experimentó en las semanas y meses siguientes transformó su vida. Fue uno de cinco pasantes contratados por Mark. Cada semana, Mark los reunía para que aprendieran leyendo libros juntos, contándose experiencias, planteándose desafíos, cumpliendo con ciertas tareas o aprendiendo de un experto. Mark les pidió a Chad y a los demás que redactaran planes detallados de crecimiento, con metas y objetivos pertinentes a cada área de sus vidas. Y los cinco fueron enviados «en calidad de préstamo» a todos los departamentos de la empresa: desde ventas a operaciones hasta resultados. «Hicimos de todo, desde servir café hasta preparar conferencias», dijo Chad.

Una de las experiencias más memorables para Chad fue cuando ayudó a lanzar una transmisión simultánea que, al cabo del tiempo, se convirtió en la actual transmisión Live2Lead. En aquel entonces, Chad llamaba a los líderes todos los días tratando de convencerles de que auspiciaran un espacio en la transmisión simultánea. «Estábamos muy mal calificados para hablar con esos líderes de alto nivel», comentó Chad. «Pero hacíamos las llamadas. Nuestro lema era "cuarenta llamadas al día" y esperábamos hablar con diez a quince líderes». Fue una experiencia de crecimiento magnífica para él.

Chad y los otros pasantes laboraron juntos por un año. Cuando empezaron, Mark les había dicho que solo uno de ellos sería contratado a tiempo completo. Al llegar el final de su tiempo, los cinco fueron contratados. Chad se convirtió en el primer empleado contratado a tiempo completo para otro evento denominado «Catalyst», el cual él y su equipo lograron expandir hasta convertirlo en una actividad anual con más de trece mil asistentes.[9] Trabajó con Catalyst por diez años, supervisando su cultura y llegando a ser su director de ventas.

REEVALÚE SU RUMBO

En el 2013, Chad estaba iniciando su tercera década de vida y sintió la necesidad de un cambio. Salió de Catalyst en buenos términos y decidió tomarse dos meses de vacaciones para reevaluar el rumbo de su carrera y de su vida personal. Tras reunirse con líderes clave que habían influido en su vida para hacerles preguntas, y de hacer un viaje prolongado a Maine para dedicar un tiempo a pensar, salió con la fuerte sensación de que lo más importante para él era con *quién* trabajaba, mucho más que lo que hacía. Y sabía que deseaba mucho trabajar con el individuo que había cambiado su vida: Mark Cole.

Chad llamó a Mark y le preguntó si había alguna vacante que él pudiera solicitar. En aquel entonces, solo había una: una posición de mercadeo que pagaba poco en mi empresa sin fines de lucro EQUIP.

«La tomo», fue todo lo que dijo Chad.

Mark se sintió feliz por la oportunidad de tener a Chad trabajando con él nuevamente. Chad es magnífico para trabajar con gente, no deje que su título de contabilidad le engañe. Según su perfil en RightPath, él es un «armonizador», lo que significa que es sumamente diplomático. También es carismático y siempre está dispuesto a hacer lo que sea necesario para cumplir la visión.

Recordaba a Chad de años antes y cuando Mark empezó a contarme más de él, me percaté de que con su década de experiencia en liderazgo, teníamos un mejor papel para él. Mark estaba tan sobrecargado en aquel momento que yo había estado buscando a un jefe de personal que colaborara con él. Creamos el puesto y una semana después, Mark se lo ofreció. Chad aceptó y ha sido magnífico en la tarea de dirigir y desarrollar personal dentro de mis organizaciones.

Mark continuó desarrollando a Chad, así que le pregunté qué estaba aprendiendo en ese momento. De inmediato pudo mencionar cuatro cosas:

- **EL VALOR DE LAS ASOCIACIONES.** Mark está permitiendo que Chad lo represente a él y a mí en más y más situaciones.
- **COMUNICARSE CON CLARIDAD CONCISA Y SEGURA.** Chad está mejorando sus aptitudes comunicacionales.
- **ESCUCHAR Y APRENDER ANTES DE LIDERAR.** Chad dijo que lo que está aprendiendo es cómo planificar y prepararse mejor cuando se le pide dirigir; escuchar y aprender es parte de ello.
- **VALORAR EL LIDERAZGO MÁS QUE SER AMADO.** Chad se identifica a sí mismo como uno que naturalmente busca complacer a otros. En la actualidad está aprendiendo cómo tener conversaciones difíciles con otros para ayudarles a crecer.

En esta última área, Chad tuvo una victoria fantástica cuando logró ayudar a alguien en uno de sus equipos. Ese individuo tenía unos puntos ciegos que amenazaban con descarrilarlo en su profesión. No parecía saber dónde se encontraba el límite en cuanto a compartir temas personales en un entorno profesional, por lo que exhibió unas manifestaciones emotivas que claramente no eran apropiadas. El resultado final fue que no estaba representando bien a la empresa. Chad trabajó con él, lo guió a través de un proceso de autodescubrimiento y lo entrenó usando herramientas tales como libros y entrenamiento cara a cara. «Básicamente, usé todo lo que aprendí de Mark acerca de cómo desarrollar personas cuando estaba en mi pasantía». Mark y yo estamos muy satisfechos con Chad, y recientemente le hemos pedido que trabaje más de cerca con nosotros para impulsar su desarrollo y expandir su capacidad de liderazgo.

TRABAJE PARA ELIMINAR SU PUESTO

Pienso que la meta final para todos los líderes debiera ser trabajar hasta eliminar el puesto que ocupan. Ese es el consejo que doy a muchos.

Equipe personas que le sustituyan. Es lo que he procurado hacer la mayor parte de mi vida. Siempre estoy viendo a mi alrededor, preguntándome: «¿Quién puede hacer lo que estoy haciendo ahora?». Para casi todo lo que uno hace, casi siempre hay alguien que puede ocupar ese espacio y encargarse.

He descubierto que hay dos excepciones a la regla en cuanto a buscar sustituto. Si su líder le ha pedido que cumpla ciertas responsabilidades personalmente, no es posible delegarlas. Por ejemplo, cuando me eligieron como pastor principal de una iglesia en San Diego, la junta directiva que me contrató me indicó que había cuatro responsabilidades que no podía delegar a nadie:

- Tenía que ser responsable de la iglesia.
- Tenía que dirigir el personal.
- Tenía que dar un buen ejemplo.
- Tenía que ser el comunicador principal.

De modo que siempre me aseguré de cumplir esas responsabilidades.

La segunda área en la cual no es posible entrenar a otro para que tome nuestro lugar es una en la que tengamos un don muy fuerte. En los deportes hay un viejo adagio que dice: «No puedes añadir lo que Dios excluyó», lo que significa que el talento es dado por Dios, y que hay ciertas cosas que no pueden compensarse con el entrenamiento. Yo diría que mi don más fuerte está en el área de las comunicaciones. Si bien es cierto que he estado desarrollándolo por más de cincuenta años, parte de mi habilidad es un don y no puedo darme crédito por ello. Pero eso también me impide hallar quien me remplace como comunicador. Puedo equipar a otros, pero solo hasta donde su talento les permita avanzar.

Trabajar hasta eliminar su propio puesto es la victoria máxima del equipamiento, por lo que recomiendo que la busque. Trate de pasar la batuta en tantas áreas profesionales como pueda. Para lograrlo, haga estas tres cosas:

1. Dé alta prioridad a trabajar para eliminar su puesto de trabajo

He tenido dificultades para aprender a darles trabajo a otros. Por muchos años, mi tendencia ha sido adoptar más cosas por hacer en lugar de delegarlas a otros. Después de cierto tiempo, tenía tantas cosas por hacer que descuidé las que me daban la mayor ganancia. No caiga en esa trampa.

Empiece por hacerse la pregunta: «¿Qué estoy haciendo en este momento que otro pudiera hacerlo?». Una vez que haya respondido a eso, pregúntese: «¿A quién debería empezar a equipar para que lo haga?». Una vez que haya identificado a esa persona, siéntese con ella y cuéntele su plan de acción. Luego empiece a entrenarla y comuníquele al resto del equipo lo que está haciendo. Esto logra dos cosas: los prepara para aceptar que otra persona cumpla este papel y ejemplifica el proceso que ellos también debieran estar realizando con otros.

No puede bajar la guardia en este aspecto. Es necesario que sea una prioridad continua para usted. Para que siga siendo así, constantemente hágase la pregunta: «¿Por qué estoy haciendo esta tarea?». Si su respuesta es porque no ha empezado a equipar a otro para que la haga, entonces empiece a equipar a alguien. Usted solo debe hacer cosas en las cuales tenga dones fuertes y que le dan al equipo o a la organización sus ganancias más altas. Todo lo demás debiera ser una oportunidad para equipar líderes en potencia de su organización.

2. Dé una prioridad más alta a desarrollar personas que a tener un puesto

La mayoría de los líderes se enfocan en conservar el puesto que ocupan o ganarse el que desean. Se enfocan en sí mismos. Irónicamente, la acumulación de poder casi siempre es lo que lleva a que alguien pierda poder. El puesto no hace al líder; el líder es el que hace al puesto. La forma en la cual expande su potencial es ayudando a que otros desarrollen el propio. Levantar y equipar líderes le convierte en un mejor líder, y le hace más capaz de hacer cosas mejores y más grandes.

3. Dé una prioridad más alta a la sucesión que a la seguridad

Son demasiadas las personas que ocupan posiciones de liderazgo y que buscan seguridad. Pero el liderazgo nunca tiene que ver con aferrarse; tiene que ver con avanzar. Por eso solía decirle a mi personal: «Trabajen hasta que eliminen su puesto, les daré otro». Quería que comprendieran la verdad de un antiguo adagio que dice: «Una vela no pierde nada al encender a otra». No, esto abarca más aún. Quería que comprendieran que una vela *gana* algo cuando enciende otra: ¡hay más luz!

Mencioné en este capítulo que en 1981 me encargué del liderazgo de una iglesia que tenía doce años sin crecer. Ese fue uno de los desafíos de liderazgo más grandes que jamás he enfrentado. Pude ver de inmediato que las personas que ocupaban posiciones de liderazgo no estaban equipando a otros líderes. Para cambiar eso, me era preciso cambiar la cultura.

> EL PUESTO NO HACE AL LÍDER; EL LÍDER ES EL QUE HACE AL PUESTO.

Lo primero que hice fue empezar a equipar a los miembros de la junta directiva. Quería que supieran cómo dirigir y equipar a otros. La segunda cosa que hice fue darle a mi junta directiva un término de servicio de tres años. Cada año, una tercera parte de los miembros de la junta directiva finalizaba su término y era reemplazada por miembros nuevos.

Durante los tres años del término de cada persona, me vertí en cada uno de ellos, equipándoles para dirigir a otros y reproducirse a sí mismos. Durante el último año que formaban parte de la junta, les pedía que se enfocaran en seleccionar y equipar a sus sucesores.

El resultado fue maravilloso. Después de unos cuantos años, el punto más sobresaliente del año de nuestra junta era la última reunión, en la cual los líderes salientes traían a sus sucesores para presentarlos. Mirábamos alrededor de la sala y sabíamos que estábamos ganando impulso. Es más, cuando los miembros de la junta directiva salían, iban en busca de otras oportunidades para dirigir y servir. El equipamiento de líderes se convirtió en un estilo de vida para muchos de ellos. Al cabo de unos cuantos años, cientos de líderes estaban engrandeciendo a la congregación, y el crecimiento se convirtió en la norma.

Como líder, si trabaja para eliminar su puesto, siempre tendrá otro trabajo. El éxito no viene de proteger lo que tiene. Proviene de equipar a otros que le remplacen, de modo que pueda avanzar a cosas mejores y más grandes. Cuando usted se convierte en un líder que equipa y enseña a los líderes potenciales cómo ser magníficos en su trabajo, todos ascienden.

CAPÍTULO 6

EMPODERE A LOS LÍDERES

Bríndeles libertad para que alcancen su potencial

Una de las cosas más poderosas que usted puede hacer como líder es liberar a los líderes que ha desarrollado para que alcancen su potencial. Si ha leído las estadísticas de Gallup sobre la desvinculación de los empleados, probablemente reconozca que la mayoría de las personas que están trabajando en la actualidad no están cerca de alcanzar su potencial. ¿Por qué? Porque sienten que no tienen el trabajo correcto, no están aprovechando sus fortalezas y no están entusiasmados con la labor que desempeñan.[1] Empoderar a las personas puede cambiar eso. Y empoderar líderes produce un efecto multiplicador, porque cada líder al que empodere puede ayudar a autorizar a sus dirigidos para que también alcancen su potencial.

Creo firmemente en empoderar a los demás. Ver a personas alcanzar su potencial me da sumo gozo. Sin embargo, en mis primeros años de líder, tuve una experiencia que amenazaba con descarrilarme en esta área del liderazgo. Contraté a un miembro del personal al que me encantaba servir de mentor. Tenía dones y mucho potencial, e invertí en él con todo mi corazón y le di la libertad para que liderara. Pero traicionó mi confianza. Tuve que despedirlo. Me sentía herido porque durante todo el tiempo que trabajamos juntos, él era más que mi pupilo. Sentí que también era mi amigo. Pero lo que se sentía igual de mal era el dolor de perder todo lo que había invertido en el desarrollo de ese joven líder con mucho potencial, y las expectativas de todo lo que podía hacer por mi organización. Todo mi tiempo, esfuerzo y esperanza se esfumaron.

Lo atribuí a una mala decisión de liderazgo y, debido al dolor que sentía, decidí distanciarme de todos en mi pequeño equipo de líderes.

> ES SUMAMENTE DIFÍCIL QUE LAS PERSONAS ASCIENDAN SI SU LÍDER SE NIEGA A PONER EL VIENTO DEL EMPODERAMIENTO BAJO SUS ALAS.

Temía empoderar a otro. Dejé de invertir en personas tanto en lo emocional como en lo profesional. Cambié de ser un empoderador participante a convertirme en un empleador desvinculado.

Eso continuó por seis meses, me sentía miserable. No solo eso, sino que mi liderazgo se tornó ineficaz. Es sumamente difícil que las personas asciendan si su líder se niega a poner el viento del empoderamiento bajo sus alas. Fueron meses difíciles. Pero finalmente reconocí que desvincularme fue un error más grande aún que empoderar a alguien y que fracasara. Con el paso de los años, he descubierto que el desarrollo de líderes puede ser impredecible. No es posible evitar la prueba y el error. Y eso está bien, porque la desventaja de no empoderar es mucho mayor que las pérdidas relativamente pequeñas que surgen de dar a las personas la oportunidad de liderar realmente.

POR QUÉ ALGUNOS LÍDERES NO EMPODERAN A OTROS

Me siento muy agradecido porque pude procesar esa etapa difícil de mi vida y volver a vincularme con mi personal con el objeto de reanudar el empoderamiento de las personas. No creo que ningún líder pueda sacar lo mejor de los demás sin empoderarlos. Sin embargo, lamento decir que hay muchos que no empoderan a otros líderes. Observe algunas de las razones de ello.

Por falta de tiempo. Muchos líderes sienten tanta presión por cumplir las tareas que nunca dan un paso atrás y *se detienen* a fin de ver dónde podrían *liberar* a otras personas para que asuman funciones mayores. Pierden de vista el hecho de que las personas trabajan más duro y de forma más creativa cuando han sido empoderadas y autorizadas para apropiarse de un área. La tiranía de la urgencia mantiene al líder con una vista miope y corriendo continuamente para mantenerse al día.

Por falta de confianza en los demás. Algunos líderes tienen dificultades para descansar en otros y depositar su confianza en ellos. Temen que otra persona no cumplirá las tareas a su satisfacción o los decepcionará de alguna manera. Pero la realidad es que no podemos cumplir mucho si todo lo hacemos nosotros mismos, o si personalmente tenemos que dirigir cada una de las acciones que deseamos que otros hagan.

Por una mentalidad tipo «yo lo hago mejor». Esto es muy similar a la falta de confianza en otros, pero además con la creencia de que los demás no son capaces de realizar una tarea igual de bien. Esta creencia puede provenir de un ego inflado o pudiera ser cierto que sus dones y habilidades son tan fuertes que otros sencillamente no pueden hacer una tarea igual de bien. Si se trata de una responsabilidad que no puede delegar, como mencioné en el capítulo 5, entonces reténgala. Sin embargo, si no lo es y hay otros que pudieran realizarla a un ochenta por ciento del nivel que usted la realiza, entonces debería trabajar para empoderar a otro que la haga.

Por la satisfacción personal de hacer la tarea uno mismo. Hay algunas cosas que a cada uno de nosotros nos encanta hacer y que ya no debiéramos seguir haciéndolas. Insisto, si no es una responsabilidad que se le exige que cumpla personalmente, y pudiera estar haciendo algo que daría mayores ganancias a su organización, entonces debería empoderar a otra persona para que cumpla esa tarea.

Por la incapacidad de hallar a otra persona a quien empoderar. Algunos líderes tienen dificultades para hallar personas a las cuales empoderar. Si esta ha sido su experiencia, mi esperanza es que los primeros dos capítulos de este libro, que tratan de identificar y atraer líderes, le hayan ayudado. El otro factor que algunas veces impide el reclutamiento de personas es la falta de confianza. Cuanto más empoderamiento haga, mejor lo hará y más confianza tendrá. Si no le gusta pedir ayuda, piense en la visión de lo que desea lograr. Luego invite a las personas a que se unan a usted para cumplir la visión. A veces es más fácil hallar una mayor confianza en eso.

Por la renuencia debida a fracasos pasados. Este era mi problema cuando aquel miembro de mi personal me decepcionó. Mi esfuerzo por empoderarle fracasó en definitiva y me sentí renuente a volverlo a intentar. Pero me di cuenta de que si quería ser un líder más efectivo, tenía que arriesgarme a volver a empoderar a otros.

Por ignorancia o incapacidad de empoderar a otros. Algunos líderes sencillamente no entienden la importancia de empoderar a otros y darles libertad para que triunfen. O no saben cómo llevar eso a cabo. Si esa es su situación, este capítulo le ayudará.

Si ha descuidado el empoderamiento de otros, en particular, el de los líderes que trabajan con usted, espero que se comprometa a cambiar la manera en la que lidera. Si hace el esfuerzo por identificar y atraer líderes, y luego los comprende, los motiva y los equipa como lo hemos descrito en los capítulos previos, ese es un buen inicio. Pero si no da el paso siguiente de empoderarlos, sería como buscar un purasangre, comprarlo, entrenarlo y prepararlo para correr con el propósito de no sacarlo nunca del establo ni llevarlo al hipódromo. ¡Sería un desperdicio de talento! Los purasangres aman las carreras. Quieren correr. Nacieron para eso. Como los purasangre, los buenos líderes quieren hacer aquello para lo cual nacieron. Quieren ser empoderados para liderar.

Tres claves para ser un
líder que empodera

¿De dónde proviene la capacidad para empoderar a otros? Se basa principalmente en ganarse el respeto de los demás, establecer relaciones y proporcionar un entorno de empoderamiento. El respeto es fruto de ser competente y tener un buen carácter. Las relaciones se forjan sobre la base del cuidado y la confianza. Y si entonces uno proporciona un entorno que estimule y facilite el empoderamiento, los líderes alcanzarán su potencial. Examinemos cómo estas tres áreas entran en juego.

1. Respeto: Gánese el poder de la credibilidad con el éxito

¿Qué es el empoderamiento? Es darle poder o autoridad a otra persona. Cuando uno empodera líderes, aumenta su capacidad de planificar, pensar, crecer, resolver problemas y actuar. Les da el poder de ser más exitosos. Si uno lo piensa bien, este concepto conlleva cierta implicación. No es posible dar lo que no se tiene. Hay que *tener* poder para *ceder* poder. Ese poder proviene de la credibilidad. Solo después de haber logrado el éxito y haber ganado influencia es que se tiene credibilidad.

Pienso que la credibilidad se desarrolla por medio del éxito externo y el éxito interno. El éxito externo, el cual es lo que uno logra en la carrera, capta la atención de otros. Podrían admirar su capacidad. Podrían sentirse atraídos a usted porque desean formar parte de un equipo ganador. Podrían desear trabajar con usted con la esperanza de aprender a ser exitosos o que se les «pegue» algo de su capacidad. Usted tiene influencia sobre ellos debido a su credibilidad profesional.

El éxito interno resulta cuando se guía a sí mismo bien. Proviene del desarrollo de un buen carácter, de tomar las decisiones correctas en lugar de las fáciles, de hacer el esfuerzo por crecer de modo intencionado en vez de pasar por la vida como venga. El éxito profesional exterior le da una credibilidad basada en lo que puede *hacer*, el crecimiento personal que nutre el éxito interno le llena de modo que tenga algo que dar a otros basado en la persona que usted *es*.

En los primeros años de mi carrera como líder, descubrí que me faltaba credibilidad porque no había logrado el éxito profesional externo. Debido a ello, aprendí que existe una diferencia entre dar poder a otros y darles autoridad. No tenía poder. Las únicas cosas que poseía eran mi título y mi puesto. Eso me confería cierta autoridad, pero era al nivel más bajo de influencia. Las personas seguían mi liderazgo basándose únicamente en los derechos que me habían dado. Eso significaba que podía delegar tareas dentro de mi autoridad limitada. Así que usé mi posición para delegar a personas que podrían ayudarme. Y empecé a esforzarme por equipar a los demás.

En esos primeros días no había empoderamiento. Pero cuanto más me esforzaba y adquiría experiencia —y más triunfos obtenía—, más credibilidad ganaba. Al mismo tiempo, luché por lograr un éxito interior mediante el crecimiento y la disciplina personal. Ahora, con cincuenta años de trabajo en estas áreas, tengo más experiencia y orientación que ofrecer. Ahora vivo para empoderar a otros.

Una de las personas a las que más me he esforzado por empoderar en años recientes es Ashley Woolridge, un líder excelente que influye sobre miles. Una vez me dijo: «Nunca me has prometido llenar mi copa de liderazgo, sino solo vaciar la tuya. Cada vez que estamos juntos, veo que vacías todo lo que sabes acerca de ciertos temas, situaciones o problemas que estoy enfrentando. Siempre siento que me estás dando lo mejor. Veo que algunos líderes "se contienen" a la hora de dar consejos, casi como si quisieran guardarse lo mejor para sí mismos. Nunca has hecho eso. Cada vez que vacías tu copa de liderazgo, la mía queda llena». Qué cumplido tan magnífico. Es cierto que no me contengo. Si al relatar las derrotas que he experimentado en el pasado le abro el camino para que obtenga una victoria, siento que le he añadido valor.

Si ya ha obtenido credibilidad con el éxito, está en posición de empoderar a otros. Si no, puede empezar a trabajar en ello ahora. Empiece a luchar las batallas internas que crean el éxito interior, y continúe trabajando por el éxito profesional. Gánese el derecho de ceder poder.

2. Relaciones: Tenga seguridad suficiente para ceder su poder

Si busca mantener relaciones profesionales a largo plazo con otros y desea empoderarlos, es necesario que sea respetado y apreciado. ¿Por qué? Si los que trabajan con usted le respetan, pero usted no les agrada, se quedarán con usted solo hasta que encuentren a un líder que respeten *y* que les agrade. Por otro lado, si usted les agrada pero no le respetan, serán sus amigos, pero no le seguirán. Desarrollar los dos aspectos le da autoridad para empoderar. Para hacerlo, debe tener seguridad en sí mismo para cederle poder a otros.

La ley de la entrega del poder de *Las 21 leyes irrefutables del liderazgo* afirma: «Solo los líderes seguros de sí mismos dan poder a los demás».[2] Como líder, puedo tener una de dos actitudes hacia los que trabajan conmigo. Puedo tratar de impresionarlos con lo que hago, o puedo empoderarles al ayudarles a hacer lo que pueden hacer. No puedo hacer las dos cosas a la vez. Y no es posible empoderar a otros si

> SOLO LOS LÍDERES SEGUROS DE SÍ MISMOS DAN PODER A LOS DEMÁS.

uno permite que sus propias inseguridades le controlen. ¿Por qué? Porque los líderes inseguros quieren ser el centro de todo. Les encanta el asombroso dividendo emocional de sentirse indispensables. Hacen todo por sí mismos y lo que los motiva a hacerlo es *preservar* su poder, no cederlo.

En su libro *Lo más importante*, los escritores Bob Burg y John David Mann difundieron noticias para líderes inseguros:

> Usted no constituye los sueños de ellos, solo es el administrador de esos sueños. Los líderes casi siempre invierten las cosas y empiezan a pensar que no solo tienen lo mejor de los demás, sino que son lo mejor... En el momento en que empieza a pensar que todo se trata de usted, que usted es el centro, es cuando empieza a perder la capacidad de influir positivamente en los demás.[3]

También es el momento en el que pierde la capacidad de empoderar a otros.

Los líderes seguros de sí mismos que valoran las relaciones interpersonales piensan primero en los demás. No se excluyen del cuadro general, sino que sencillamente adoptan un papel menos evidente. Ayudan a que otros adquieran prominencia porque reconocen que los «otros» son la clave del éxito de su organización. Los líderes seguros de sí mismos comprenden eso. Y no son los que tienen que salir victoriosos siempre. Quieren que otros ganen porque comprenden que así es como el equipo y la organización ganan.

> LOS LÍDERES MÁS GRANDES NO SON NECESARIAMENTE LOS QUE HACEN LAS COSAS MÁS GRANDIOSAS. SON LOS QUE EMPODERAN A *OTROS* PARA QUE HAGAN GRANDES COSAS..

Los líderes más grandes no son necesariamente los que hacen las cosas más grandes. Son los que empoderan a *otros* para que hagan grandes cosas. Para hacerlo, los líderes necesitan estar dispuestos a ceder el escenario principal. Deben renunciar a la necesidad de ser necesitados por otros. En vez de ello, deben alentar a los que han empoderado cuando logran el éxito, y no sentirse amenazados por sus triunfos. Deben señalar las victorias de los demás y celebrar sus éxitos. Eso es lo que hacen los líderes seguros de sí mismos y relacionales.

3. Entorno: Cree un lugar en el que puedan surgir líderes empoderados

Si ha logrado obtener el poder, la autoridad y la credibilidad que provienen del éxito y se siente suficientemente seguro como para ceder ese poder, se ha colocado en una posición magnífica para empoderar y dar libertad a los líderes. Sin embargo, comprenda que eso no garantiza que superen el nivel de sus expectativas ni que buscarán su potencial de liderazgo. Entonces, ¿qué más puede hacerse? Crear un entorno que empodere a los líderes.

Como dirigente, puede ayudar a los demás a surgir, a crecer y a buscar su potencial. Si participa en una organización que valora y promueve el empoderamiento, podría ver que crear este tipo de entorno es relativamente fácil, porque ya es parte de la cultura. Sin embargo, si su organización no tiene ese tipo de cultura positiva, todavía podrá trabajar para crear espacio con el fin de que su gente surja por medio de la promoción y la facilitación del empoderamiento en su equipo.

Examine las siete características de un entorno de empoderamiento y observe cuántas de ellas describirían a su organización o su equipo, y piense en las maneras en las cuales podría promoverlas en los lugares donde usted lidera:

1. Los entornos de empoderamiento acogen el potencial de las personas

La limitación principal que la mayoría de las personas tiene en sus vidas son las bajas expectativas que tienen consigo mismos. La mayoría desconoce las posibilidades que yacen en su interior. Los buenos líderes presentan esas posibilidades maravillosas a sus dirigidos.

La primera vez que dicté una conferencia en la casa matriz de Walmart en Bentonville, Arkansas, leí unas palabras que estaban sobre la puerta de entrada a una enorme sala de conferencias: «Por estas puertas pasan personas ordinarias que van rumbo a lograr cosas extraordinarias». Ese es el tipo de mentalidad que un entorno de empoderamiento promueve.

En el capítulo 4 presenté a Traci Morrow. Recientemente, ella me envió una nota dándome las gracias por empoderarla. Escribió lo que sigue: «Siempre me has valorado y he sido testigo presencial de lo que se siente al ser tratada como si me hubieras puesto un diez en la frente (después de haberte oído por años enseñarles a otros a que hagan eso mismo). Quizás no siempre funcione como acreedora de un diez, pero nunca me trataste como menos. Eso me inspira a levantarme, pensar actuar y crecer en dirección a ese número. Me siento respaldada y equipada para crecer más allá de mis propios límites. Por mi parte, quiero hacer eso mismo por aquellos de quienes tenga la bendición de ser su mentora».

Traci comprende el poder liberador de un entorno de empoderamiento y se esfuerza por crear uno entre aquellos a quienes dirige. Si bien la mayoría de los buenos líderes se enfoca en levantar la norma del potencial para sí mismos, los líderes que empoderan también elevan a su gente. Quieren que vayan más allá de los trabajos que desempeñan. Su mentalidad es opuesta a la expresada por Henry Ford, cuando se quejó diciendo: «¿Por qué es que siempre me toca lidiar con la persona entera, cuando todo lo que quiero es un par de manos?».[4]

Empoderar es mucho más que capacitar las manos de las personas para desempeñar las tareas que hay que hacer. Es estimular a la persona completa a elevarse y ser más. Las personas tienen todo tipo de cualidades asombrosas y de aptitudes naturales en su interior que necesitan ser halladas, descubiertas y liberadas. El misionero médico Albert Schweitzer dijo: «Frecuentemente... nuestra... luz se apaga y es vuelta a encender por alguna experiencia que pasamos con uno de nuestros semejantes. Por lo tanto cada uno de nosotros tenemos razones para pensar con gratitud profunda sobre aquellos que han encendido las llamas en nuestro interior».[5] Usted puede ayudar a otros a descubrir la llama que tienen dentro con solo desearles lo mejor y creer en ellos.

2. Los entornos de empoderamiento dan libertad a las personas

Para que otros puedan elevarse, primero tienen que poseer la libertad de volar. ¿Cómo puede ayudarles a tener esa libertad? Al reducir las reglas innecesarias y la burocracia. Los almacenes Nordstrom se hicieron famosos en la década de 1990 por darles a sus empleados la libertad de ayudar a las personas. Su lema supuestamente era: «Utilice su buen juicio en todas las situaciones. Ya no habrá más reglas». Por eso la atención a los clientes de Nordstrom era notablemente espectacular.

Una vez escuché el refrán que dice: «Antes de quitar una valla, pregunta por qué la colocaron allí». Todos los líderes quieren aumentar su territorio. ¿Hay «vallas» a su alrededor que en algún momento fueron útiles pero que ahora son obstáculos para el progreso? ¿Cuáles son? ¿Existen restricciones que podrían eliminarse? ¿Hay programas que alguna vez funcionaban pero que ya no y que podrían eliminarse? ¿Existen procedimientos que la organización ha dejado atrás y que debieran abandonarse? ¿Hay políticas que refrenan a las personas en lugar de empoderarlas para avanzar? Los líderes tienen que estar dispuestos a sepultar el programa, procedimiento o política que haya «muerto» y que impide el avance de las personas. Como lo dijo Peter Drucker: «El cadáver no huele mejor si uno lo tiene cerca por más tiempo».[6]

Los líderes que crean un entorno de empoderamiento dan a las personas la libertad de pensar por sí mismas, de intentar las cosas a su manera y de compartir sus ideas. Esa es una de las mejores maneras de desarrollar líderes. La organización que valora el empoderamiento busca líderes innovadores, no clones. Todo líder que empodera sabe que el futuro del equipo no tendrá límites si no se les impone límites a las personas.

3. Los entornos de empoderamiento estimulan la colaboración

Los entornos de empoderamiento hacen más que promover la cooperación, la que puede describirse como trabajar juntos agradablemente. Estimulan la colaboración, la cual es trabajar juntos agresivamente. Uno de los entornos más colaborativos de los cuales he leído es Pixar, el estudio de animaciones dirigido por muchos años por Ed Catmull. En su libro *Creatividad, S.A.*, describió cómo cada parte de Pixar era dirigida con la idea de empoderar a las personas y estimular la colaboración. Describió su manera de pensar así: «Si empezamos con la actitud de que los puntos de vista diferentes son aditivos más que competidores, seremos más eficaces, puesto que nuestras ideas o decisiones han sido refinadas y atemperadas por ese discurso».[7]

Estimular la colaboración entre miembros del equipo y entre el personal y los líderes reduce el individualismo y las luchas territoriales, promueve la creatividad y la innovación en tanto que edifica un entorno más positivo y de empoderamiento.

4. Los entornos de empoderamiento dan la bienvenida a la rendición de cuentas

Darles a los líderes la libertad de actuar, pero no exigirles que rindan cuentas por sus acciones puede crear un caos. La autoridad y la rendición de cuentas siempre van de la mano. El experto en temas de liderazgo Ken Blanchard, escribió: «El empoderamiento significa que usted cuenta con la libertad para actuar. También significa que usted es responsable de los resultados».[8]

> «SI EMPEZAMOS
> CON LA ACTITUD DE
> QUE LOS PUNTOS DE
> VISTA DIFERENTES
> SON ADITIVOS MÁS
> QUE COMPETIDORES,
> SEREMOS MÁS EFICACES;
> PUESTO QUE NUESTRAS
> IDEAS O DECISIONES
> HAN SIDO REFINADAS
> Y ATEMPERADAS POR
> ESE DISCURSO»
>
> —ED CATMULL

Cuando se les da libertad a los líderes, hay que hacerles saber que son responsables de producir resultados y de ser consistentes. Algunas personas piensan que la credibilidad se gana luego de haberla demostrado una sola vez. Eso no es cierto. Hay que renovar la competencia congruente en todo lo que hacemos diariamente. Y cada líder necesita reconocer que nadie llega al punto en el que ya no necesita rendir cuentas. Las personas siempre producen mejores resultados cuando se les pide que rindan cuentas.

5. Los entornos de empoderamiento conceden la propiedad a las personas

La responsabilidad en el liderazgo es importante. Pedirles a las personas que rindan cuentas los mueve a aceptar esa responsabilidad. Sin embargo, existe un nivel más alto de compromiso: apropiarse de la tarea. Cuando usted empodera a sus líderes para que se adueñen de un trabajo, proyecto o tarea, harán todo lo que esté a su alcance para finalizarlo. Se preocuparán por obtener resultados. Se levantarán por la mañana y se acostarán por la noche pensando en ello. Darán el esfuerzo adicional sin que se les pida y no se darán por vencidos hasta que se finalice el trabajo. Sentirán el peso de ser los dueños.

¿Cómo se mide este nivel de participación en un líder que está empoderando? ¿Cómo se sabe cuándo alguien ha ascendido a este nivel de compromiso? Ya no se pregunta qué están haciendo o si cumplirán. Uno duerme tranquilo porque sabe que el líder que se adueña de un trabajo es el que perderá el sueño.

6. *Los entornos de empoderamiento valoran*
que las personas se sirvan unas a otras

Uno de los valores que promovemos en todas mis organizaciones es el servicio. Deseo que todos los que trabajen conmigo sirvan a nuestros clientes y se sirvan unos a otros. Guardo las mismas expectativas en cuanto a mí mismo.

Hace varios años, Glen Jackson, cofundador de la agencia de comunicaciones de mercadeo Jackson Spalding de Atlanta, dio una conferencia de liderazgo para todos los empleados de John Maxwell Company. Habló de la manera en la que mejor sirve a su organización en su papel de fundador. Sus perspectivas fueron tan impactantes que le pedí que compartiera sus ideas en un episodio de mi programa mensual de crecimiento llamado «El círculo ejecutivo». Habló sobre las ocasiones en las que un líder de alto nivel, en este caso el fundador de la organización, debe involucrarse para servir a la organización. Utilizó una analogía tomada del béisbol para enseñarnos. Dijo que cuando una organización enfrenta un conteo de «3 y 2», ahí es cuando él debe involucrarse. Si usted no es fanático del béisbol, permítame explicarle. El conteo de 3 y 2, también conocido como conteo máximo, es cuando el bateador tiene 3 bolas y 2 *strikes* (o abanicadas) en su conteo. En esa situación, el siguiente lanzamiento determinará si recibirá una base por bolas (4 bolas), si se poncha (3 *strikes*), si batea la bola y la capturan (*out*), si batea fuera de la zona legal de juego (*foul*) o si conecta un imparable y llega a la base.

Si la organización de Glen enfrenta una situación crítica, la cual ellos llaman «conteo de 3 y 2», entonces Glen gustosamente interviene para ayudar a su equipo. De lo contrario, busca empoderarlos para que ellos tomen sus decisiones. Después de esa extraordinaria experiencia de aprendizaje, mi presidente de la junta directiva, Mark Cole, y yo nos sentamos para hablar sobre cómo se aplicaba el conteo de 3 y 2 a nosotros dos y a nuestras empresas. ¿La conclusión? Mark determina si el conteo es de 3 y 2, y entonces pide mi ayuda. Debido a que él está inmerso en la dirección diaria de las organizaciones, mi responsabilidad es servirle.

7. Los entornos de empoderamiento recompensan la producción

¿Sabe cuál es la tarea que siempre se cumple? La que se recompensa. En nuestra cultura actual, en la que todos reciben un trofeo por solo el intento, este concepto a veces puede perderse. Los líderes que crean un entorno de empoderamiento protegen y recompensan a los productores. Siempre es bueno y correcto valorar a todos. Siempre es bueno elogiar los esfuerzos. Pero es necesario recompensar a los que producen. Como lo dijo el otrora primer ministro de Bretaña: «No basta con que demos nuestro mejor esfuerzo; a veces tenemos que hacer lo que se nos exige».[9] Cuando las personas productivas reciben recompensa, se sienten empoderadas.

Cómo empodero a mis líderes usando el 10-80-10

Uno de los mejores métodos de empoderamiento que he desarrollado es algo que he denominado el 10-80-10. Es una forma de preparar a los individuos para el éxito, empoderarlos para que se desempeñen a un nivel alto y luego asegurar que crucen la línea de meta con una victoria. Esto es realmente valioso porque el liderazgo es como la natación. No puede aprenderse leyendo un libro. Los líderes se vuelven líderes con la práctica.

> EL LIDERAZGO ES COMO LA NATACIÓN. NO PUEDE APRENDERSE LEYENDO UN LIBRO. LOS LÍDERES SE VUELVEN LÍDERES CON LA PRÁCTICA.

El primer diez por ciento

Es probable que haya escuchado la frase: «Todo está bien si termina bien». Proviene del título de una obra de teatro de William Shakespeare. Al igual que muchas de las frases acuñadas por el dramaturgo hace más de cuatrocientos años, contiene cierta verdad. Pero también creo que todo está bien si empieza bien. Como líder con experiencia, es mi deber ayudar a los líderes que trabajan conmigo para que empiecen bien a fin de que tengan la mejor oportunidad de terminar bien. ¿Cómo lo logro? Los encamino haciendo cinco cosas:

1. Les comunico el objetivo

Al inicio de un proyecto, comunico los puntos esenciales con el objeto de que los líderes sepan lo que hay que hacer para cumplir con la tarea:

- *La visión*: la cabeza del proyecto. Esto nos dice lo que hay que hacer.
- *La misión*: el corazón del proyecto. Esto nos dice por qué hay que hacerlo.
- *Los valores*: el alma del proyecto. Esto nos dice el espíritu con el cual hay que hacerlo.

Lo que no comunico es cómo hay que hacer la tarea. Eso es decisión de los que están haciendo el trabajo en verdad. Creo en el consejo que dio el general George S. Patton, cuando dijo: «Nunca les diga a las personas cómo hacer las cosas. Dígales qué hay que hacer y ellos le sorprenderán con su ingenio».[10] Quiero que mis expectativas queden claras, pero también quiero que los demás utilicen su creatividad para superarlas.

2. Hago preguntas para ayudarles a planificar

Pocas cosas son mejores para hacer que las personas piensen que plantear preguntas. He escrito todo un libro sobre el tema, titulado *Buenos líderes hacen grandes preguntas*, así que no diré mucho al respecto aquí. Pero como mínimo, quiero destacar las preguntas que me gusta hacer cuando un líder inicia un proyecto:

- «¿Cuál es el potencial?». Esta pregunta me hace consciente del lado positivo y también me da una idea de los beneficios que *el líder* cree que el éxito podría traer.

- «¿Cuáles son los problemas potenciales?». Esta pregunta me hace consciente de lo negativo y me da una perspectiva sobre la experiencia, la percepción y el proceso de pensamiento del líder.
- «¿Tiene alguna pregunta?». Quiero brindarle al líder toda la información y el consejo que necesite.
- «¿Cómo puedo ayudarle?». Quiero que el líder sepa que cuenta con mi apoyo. Además, esta pregunta me brinda una idea de la medida en que este líder desea apoyarse en mí y cuánta independencia quiere.

> «NUNCA LES DIGA A LAS PERSONAS CÓMO HACER LAS COSAS. DÍGALES QUÉ HAY QUE HACER Y ELLOS LE SORPRENDERÁN CON SU INGENIO».
>
> —GEORGE S. PATTON

La tarea específica podría requerir de preguntas adicionales, pero esto le da la idea. El objetivo es preparar al líder para un triunfo.

3. Proporciono recursos

No se puede esperar que las personas alcancen el éxito si no cuentan con lo que se necesita para cumplir su misión. Como líder, quiero asegurarme de darles lo que sé que han de necesitar. ¿Necesitarán más personal? ¿Necesitarán financiamiento adicional? ¿Deberé ponerlos en contacto con un mentor? Necesito sacar a relucir mi experiencia con el fin de ayudarles.

4. Ofrezco ánimo

Creo en las personas, por lo que mi meta como líder es ayudarles a que crean en sí mismas. Ofrezco ánimo y afirmo mi fe en ellos para ayudarles a que pasen de preguntarse «¿Puedo hacerlo?» a cuestionarse «¿Cómo puedo hacerlo?». Esto lo hago recordándoles a los individuos sus fortalezas y lo que ya han logrado. Esto les da puntos de conexión con mi fe en ellos y les da la confianza de que pueden alcanzar el éxito.

5. *Les doy libertad para que se adueñen de la tarea*

Tan pronto como crea que he preparado a los líderes para alcanzar el éxito, los libero para que finalicen el objetivo. Y les animo a que se adueñen de ese objetivo. Me gusta la manera en la cual el escritor Jim Collins ve este concepto. En *Cómo caen los poderosos*, escribió:

> Una distinción notable entre las personas incorrectas y las correctas es que las primeras consideran que tienen «trabajos», mientras que las últimas consideran que tienen *responsabilidades*. Cada persona que ocupa un puesto clave debiera poder responder la pregunta: «¿Qué hace usted?», no con el título de su cargo, sino con una declaración de su responsabilidad personal. «Soy la persona responsable tanto de *x* como de *y*».[11]

Quiero que mis líderes piensen de sí mismos como los que adoptan la responsabilidad definitiva.

Ciertamente existen muchas maneras de dar libertad a las personas para que tomen un reto. El Centro de Eficacia Organizativa [Center for Organizational Effectiveness] ha creado un proceso progresivo para dar libertad a las personas. Se basa en la inteligencia de saber qué hacer, la voluntad de hacer lo que es necesario y la fortaleza de llevarlo a cabo. Con estas tres variables presentes, han identificado seis niveles de empoderamiento, avanzando de menor a mayor empoderamiento.

NIVEL 1: Evalúelo. Infórmeme. Yo decidiré qué hacer. (Menor empoderamiento).

NIVEL 2: Evalúelo. Infórmeme las alternativas con sus ventajas y desventajas, así como las recomendaciones suyas.

NIVEL 3: Evalúelo. Indíqueme lo que se propone hacer, pero no lo haga hasta que le diga que sí.

NIVEL 4: Evalúelo. Indíqueme lo que se propone hacer y llévelo a cabo a menos que le diga que no.

NIVEL 5: Actúe. Indíqueme lo que hizo.

NIVEL 6: Actúe. No requiere contacto adicional. (Mayor empoderamiento).

Este es un esquema un tanto mecánico, pero da una idea de los grados de independencia que los líderes podrían alcanzar. En el caso ideal, se busca atraer y equipar líderes capaces de empezar en el nivel 4 y dirigirlos hasta que lleguen al nivel 5 o 6.

El ochenta por ciento central: Donde los líderes acrecientan su potencial

Warren Bennis, experto en liderazgo, dijo: «El liderazgo es la capacidad de transformar una visión en realidad».[12] Eso es lo que hacen los líderes empoderados. Una vez que han sido preparados para el éxito y se les ha dado libertad, hacen lo que sea necesario para transformar la visión en realidad. ¿Cómo lo hacen? Lo siguiente es lo que he descubierto:

1. Los líderes empoderados añaden más y mejores ideas

El poeta James Russell Lowell dijo: «[La creatividad] no está en hallar alguna cosa, sino en convertir esa cosa en algo luego de haberla hallado».[13] Los mejores líderes toman una idea y le agregan algo. Y estimulan a los miembros del equipo para que le añadan más. Cuando usted empodera y libera a los líderes para que sean creativos e innovadores, producen mejores resultados.

2. Los líderes empoderados aprovechan las oportunidades

Hay un antiguo dicho que reza: «Ninguna oportunidad de negocios se pierde. Si la dejas caer, tu competidor la encontrará». Su trabajo es brindarles a sus líderes oportunidades para que brillen. El trabajo de ellos es aprovechar las oportunidades y producir resultados. Así es como impulsan la visión de la organización y se prueban a sí mismos como líderes. Usted no quiere que desperdicien su energía luchando por obtener oportunidades. Usted quiere que luchen por sacarle el máximo provecho a las oportunidades que les ha dado.

3. Los líderes empoderados utilizan su influencia

Los buenos líderes emplean la influencia, no el poder, para llevar a cabo las cosas. Transmiten una visión. Forjan relaciones. Sirven a otros. Ayudan a las personas a producir. Las desafían cuando es necesario. Persuaden, no presionan. Y si le piden a usted que aporte su voz e influencia para ayudarles en el proceso, hágalo. Apoye sus esfuerzos, pero permita que ellos sean los que hagan que todo suceda.

4. Los líderes empoderados facilitan el éxito de sus equipos

Los buenos líderes no llevan todo el peso solos. Eso no es liderar. Al contrario, pasan mucho tiempo facilitando. Facilitan reuniones; facilitan la resolución de desacuerdos; facilitan la solución de problemas. ¿Por qué? Porque saben que si facilitan la interacción entre su personal, más que darles instrucciones o procurar hacer las cosas por sí mismos, obtendrán las mejores ideas del equipo, inspirarán la mayor participación y recibirán los mejores esfuerzos de todos.

El escritor, conferencista y entrenador de comunicaciones Steve Adubato ha dicho:

> La facilitación sobresaliente, cualquiera sea el foro donde ocurra, tiene que ver con la creación de un entorno amplio, sosegado e interactivo en el cual todos los participantes se sientan cómodos planteando preguntas y expresando sus puntos de vista.
>
> La capacidad de facilitar no es algo con lo que se nace. Al contrario, es algo que hay que aprenderlo con entrenamiento y práctica. Es algo con lo que las corporaciones y otras organizaciones deben comprometerse si quieren que sus reuniones, seminarios, talleres o conferencias de empleados sean exitosos.[14]

Cuando usted ayuda a que sus empleados desarrollen el arte de la facilitación, no solo los empodera sino que contribuye a que ellos empoderen a sus colaboradores. ¿Qué quiero decir con facilitar?

- La facilitación es comunicación bidireccional.
- La facilitación es interactiva.
- La facilitación es exploratoria.
- La facilitación es un modo de transferir información e ideas.
- La facilitación es el arte de hacer preguntas generales.

Cuando se hace bien, la facilitación saca a relucir lo mejor del líder y de la gente. Debido a que es una acción interactiva, desafía al líder a dirigir basándose en la ubicación de las personas en ese momento. Esto realza su liderazgo.

El último diez por ciento. Todo bien, si bien acaba

Cuando los líderes empoderados se preparan para que su equipo cruce la línea de meta y finalice el proyecto que han estado desarrollando, este es el punto en el cual vuelvo a participar. Quiero que ganen, así que procuro hacer tres cosas.

1. Añado valor si puedo

Esta es una de las cosas que me pregunto en esta etapa: «¿Hay alguna otra cosa que puedo añadir a este esfuerzo que nos lleve a un nivel más alto o que asegure que llegaremos al final?». Si la hay, la hago. Si puedo añadir valor con solo darle un toque final a los esfuerzos del equipo, quiero hacerlo. Me gusta imaginar que esto es como cerrar con broche de oro. Y no lo hago para restarle nada al trabajo que han hecho. Lo hago para realzar sus esfuerzos por el bien de nuestros clientes.

> «EL PRINCIPIO MÁS PROFUNDO DE LA NATURALEZA HUMANA ES EL ANSIA DE SER APRECIADO».
>
> —WILLIAM JAMES

2. Los reconozco tanto a ellos como al equipo

El psicólogo William James dijo: «El principio más profundo de la naturaleza humana es el ansia de ser apreciado».[15] Me propongo elogiar a mis líderes y a sus equipos. Se merecen el crédito y quiero dárselos. Y el factor tiempo es importante. Procuro hacerlo lo antes posible. Eso casi siempre ocurre en privado porque quiero reconocerles cuando todavía están empapados de «sudor». No obstante, para dar un reconocimiento máximo, lo mejor es hacerlo públicamente lo antes posible.

3. *Hago preguntas para ayudarles a aprender de sus experiencias*
Uno de los servicios más valiosos que podemos hacer por nuestros líderes después de empoderarlos es hacerles preguntas hacia el final del proceso para ayudarles a desarrollar perspectiva y a aprender de sus éxitos y fracasos.

«¿Cómo fue su experiencia?». Muchos son los líderes que terminan una tarea y nunca evalúan el proceso por el cual pasaron. Sencillamente corren a lograr la siguiente meta. Eso tal vez se deba a que los líderes son propensos a la acción. Al hacerles esta pregunta, les insto a detenerse, meditar y evaluar. Aprenden de este ejercicio y yo aprendo acerca de ellos. Si las cosas salieron deficientes, pero ellos dicen que todo estuvo bien, descubro que hay una desconexión, y que debo ayudarles a ser conscientes de sí mismos. Si salieron bien, pero todo lo que ven son los aspectos negativos, descubro que necesito dirigirles. Las conversaciones más fructíferas revelan tanto lo bueno como lo malo. Me encanta lo que dijo un miembro de mi personal durante una de esas discusiones: «Fue como una primera cita: un tanto incómoda, pero prometedora».

«¿Qué aprendió?». Quiero que cada una de las experiencias empoderadas de mis líderes sea una experiencia de aprendizaje. Esta pregunta mueve a los líderes a buscar lecciones tanto en los éxitos como en los fracasos. Y siempre he dicho: la experiencia no es la mejor maestra; la experiencia evaluada sí lo es.

«¿Qué haría diferente la próxima vez?». Esta pregunta final mueve a los líderes a pensar de manera proactiva. Empiezan a anticipar cómo aplicarán lo que han aprendido en el futuro. Ese es un paso importante de crecimiento. Les ayuda a cambiar el pensamiento: «Me alegra que ya terminé con eso» por «Ansío volver a intentarlo».

El método 10-80-10 no funciona en todas las situaciones ni con todos los líderes. Pero a mí me ha resultado altamente eficaz. Tal vez quiera ponerlo a prueba. Si logra encaminar a su gente por un buen rumbo, los libera para que logren las cosas a su manera y luego los ayuda a finalizar, todos ganan.

De líder empoderado a líder empoderador

El miembro de mi personal que he asesorado y empoderado por más tiempo en mi carrera es Mark Cole, el presidente de la junta ejecutiva de todas mis empresas. Mark empezó a trabajar en una de mis organizaciones hace veinte años, comenzando como agente de ventas y fue ascendiendo hasta la posición de vicepresidente. Lo que siempre me ha encantado es su pasión por la gente y su capacidad de establecer relaciones. A medida que fui conociéndole, vi que tenía un potencial fantástico y empecé a dirigirlo y a ser su mentor. En el 2011, lo invité a que fuera presidente de la junta ejecutiva.

Es un gozo trabajar con Mark, hace una labor fantástica en la administración de mis empresas. Mi meta siempre es apoyarlo y empoderarlo. Soy consciente de que mi personalidad y mis opiniones son fuertes, así que tengo que recordarme a mí mismo que debo dar un paso atrás y darle libertad a Mark para que lidere. Con el paso del tiempo, eso ha sido cada vez más fácil.

Mi enfoque para empoderar a Mark es permitirle que se me acerque para discutir las decisiones que hay que tomar. Hacemos esto casi todos los días. Mark describió el patrón que seguimos de la siguiente manera:

- **IDENTIFICAMOS EL PROBLEMA:** John usualmente me permite identificar el problema o descubrir la oportunidad. Si no logro verlo, él me ayuda. Pero siempre se asegura de que ambos tengamos claridad en cuanto a lo que estamos buscando.

- **LIDIAMOS CON EL CONTEXTO:** John ofrece contexto adicional para darme perspectiva. Eso nos ayuda a descubrir una forma de avanzar más rápidamente. Y si estamos resolviendo un problema, esto casi siempre asegura que no volveremos a enfrentar el mismo problema en el futuro.

- **PRESENTAMOS OPCIONES:** Esta parte siempre es emocionante. Discutimos varias maneras de aprovechar la oportunidad o resolver el problema. Procuramos hallar tantas ideas como sea posible, por lo que nuestra actitud es dejar que la mejor idea gane.

- **DECIDIMOS UNA DIRECCIÓN A SEGUIR:** John da su opinión si se la pido, aunque usualmente me cede la oportunidad mientras identifico mi mejor opción, porque me toca implementarla. Pero siempre identificamos una forma de salir adelante.

- **ASEGURAMOS EL COMPROMISO:** Acordamos el curso de acción con el compromiso de los dos; yo, por mi parte, asumo la tarea de comunicar la visión y la dirección al equipo, así como también hacer avanzar las organizaciones.

Este proceso es una de las mejores herramientas de desarrollo de líderes que jamás he experimentado. Por medio de cada uno de estos pasos me desarrollo, a la vez que mi manera de pensar, mi creatividad y mi capacidad para solucionar problemas se ven desafiadas. Además, aprendo cómo un líder más avanzado le da seguimiento a un problema o a una oportunidad hasta lograr el éxito. Y lo que me encanta es que John anda conmigo, en vez de ir delante de mí. La mayoría de los líderes cree que es necesario ir adelante para mostrar el camino. John camina a mi lado y me permite descubrirlo con su ayuda. Me empodera y está a mi disposición mientras avanzamos, sirviéndome aun en cosas pequeñas, a fin de que logremos las grandes.

Hay veces que Mark y yo no coincidimos, pero después que hablamos a fondo del tema casi siempre lo dejo en manos de Mark y lo empodero para que tome la decisión final. Lo maravilloso del asunto es que Mark no cree que es necesario que él gane, ni yo tampoco. Estamos de acuerdo en que el *equipo* debe ganar.

A través de los años, Mark y yo hemos llegado a comprender lo que queremos y lo que necesitamos el uno del otro para ser líderes empoderados.

Lo que Mark quiere de mí

1. *Proximidad*: Quiere que esté a su disposición.
2. *Autenticidad*: Quiere que sea sincero y que hable francamente.
3. *Respeto*: Quiere que valore sus opiniones y sus esfuerzos.
4. *Trascendencia*: Quiere oportunidades para añadirle valor a otros.
5. *Fe*: Quiere que yo crea que él es capaz de dirigir con excelencia.
6. *Sabiduría*: Quiere que comparta las lecciones que he aprendido de las experiencias difíciles.
7. *Empoderamiento*: Quiere que le dé autoridad al igual que responsabilidad.
8. *Influencia*: Quiere que aporte mis opiniones cuando las necesite.
9. *Plataforma*: Quiere que le brinde acceso a otros.

Lo que yo quiero de Mark

1. *Corazón*: Quiero que ame a las personas.
2. *Producción*: Quiero que obtenga resultados, no que dé excusas.
3. *Energía*: Quiero ver en él pasión por lo que hace.
4. *Compromiso* con el equipo: Quiero verlo extenderse y descubrir qué tan alto pueden llegar sus influencias.
5. *Confianza*: Quiero saber que puedo confiar en él siempre.

6. *Un espíritu enseñable*: Quiero que esté dispuesto a aprender y a mejorar.
7. *Fortaleza emocional*: Quiero que sea capaz de llevar las cargas pesadas conmigo.
8. *Fiabilidad*: Quiero poder contar con él cuando la oportunidad lo requiera.
9. *Protección*: Quiero que me ame incondicionalmente y que me respalde.

Nos ha tomado tiempo llegar a comprender lo que deseamos y necesitamos uno del otro. Como también nos lo ha tomado llegar a ser capaces de darlo. Seguimos creciendo y aprendiendo. Recientemente, Mark me envió una nota que decía lo siguiente:

John:

Ves potencial en mí que yo mismo no veo. Me viste como líder de negocios antes que yo me viera a mí mismo en ese papel. Me viste como comunicador cuando la mayoría no veía eso. Me has inspirado a creer en mí mismo, lo cual es la inspiración más grande y poderosa que uno puede dar. Ahora me he empoderado para lograr cosas que antes no sabía que podría llegar a hacerlas, porque tú me empoderaste cuando yo no reconocía mis propias capacidades.

Me complace decir que Mark continúa progresando. Avanza con firmeza hacia su potencial. Cada día lo veo mejorando, no solo en lo referente al liderazgo, sino invirtiendo en líderes y empoderándolos para que alcancen su mejor nivel. Es una gran ganancia... y una gran recompensa.

CAPÍTULO 7

POSICIONE A LOS LÍDERES

Forme equipos para que multipliquen su impacto

¿Qué es más potente que un líder motivado, equipado y empoderado? Un grupo de líderes motivados, equipados y empoderados. ¿Y qué es más potente que eso? Ese mismo grupo de líderes motivados, equipados y empoderados ¡*trabajando como equipo*! Cuando los líderes buenos se reúnen, son motivados por un líder, se enfocan en una visión y trabajan unidos como equipo, no hay casi nada que no puedan lograr.

Los equipos de líderes son potentes, pero muy difíciles de crear. ¿Por qué? Porque es difícil reunir a los líderes. Y puede ser un desafío lograr que trabajen juntos. Cada uno tiene sus propias ideas, por lo que usualmente prefieren reunir su propio equipo en lugar de formar parte de otro.

GRADOS DE DIFICULTAD DEL LIDERAZGO

A través de los años he llegado a creer que el desarrollo de líderes tiene tres niveles de dificultad:

NIVEL MÁS BAJO: Desarrollarse usted mismo como líder.

NIVEL INTERMEDIO: Desarrollar a otros como líderes.

NIVEL MÁS ALTO: Desarrollar un equipo de líderes.

El punto de partida siempre es usted mismo. Pero el hecho de que desarrollarse usted mismo sea el más bajo del proceso no significa que sea fácil. La persona que más me cuesta dirigir siempre soy yo. Por las primeras cuatro décadas de mi vida, mi enfoque era desarrollarme a mí mismo como líder. Descubrir que era posible para cualquiera *aprender* el liderazgo y convertirse en mejor líder me motivó a crecer personalmente y a ayudar a otros a crecer.

Algunos de mis años de mayor crecimiento ocurrieron cuando el entrenador John Wooden fue mi mentor. Siempre le estaré agradecido por el tiempo que pasamos juntos. Uno de mis recuerdos más preciados de él ocurrió cuando desayunábamos en su restaurante favorito. Él tomó su billetera y sacó la famosa tarjeta que su padre le había dado cuando se graduó de la escuela primaria. Era algo que el entrenador había llevado por más de ochenta años. Me la entregó para que pudiera verla. La sostuve cuidadosamente y leí lo que decía:

---

7 cosas que debes hacer

---

1. Sé fiel a ti mismo.
2. Ayuda a otros.
3. Haz que cada día sea tu obra maestra.
4. Bebe profundamente de los libros buenos, en particular de la Biblia.
5. Haz de las amistades un bello arte.
6. Construye un refugio para el día malo.
7. Ora por instrucción, cuenta tus bendiciones y da gracias por ellas todos los días.

Cuando le devolví la tarjeta al entrenador, me dijo: «Las leo todos los días y procuro vivirlas».

John Wooden fue uno de los líderes más grandes de la historia del deporte. ¿En qué se enfocó? En desarrollarse a sí mismo primero. Comprobó la importancia de calificarse uno mismo para poder desarrollar líderes y reunirlos en un equipo.

He trabajado por mejorar mi liderazgo por más de cincuenta años y continúo haciéndolo todos los días. Además, procuro cultivar cualidades positivas que me ayuden a ser un mejor líder y ejemplo: fe, pasión, educabilidad, crecimiento, ética laboral, amor por las personas, actitud de siervo, vida con propósito, integridad y consistencia. Procuro ganarme el derecho de liderar con solo liderarme bien a mí mismo. Es una tarea difícil, pero cuanto mejor la hago, más credibilidad me da. Antes de que intente reunir a sus líderes en un equipo, asegúrese de que usted mismo esté creciendo.

A QUIÉNES INVITAR A SU EQUIPO DE LÍDERES

El grado al cual ha desarrollado su propio liderazgo determinará el calibre de líderes que podrá invitar a su equipo. Las personas no se convencerán de su liderazgo ni querrán formar parte de su equipo hasta que estén persuadidas de usted. (La ley del convencimiento, de *Las 21 leyes irrefutables del liderazgo,* afirma: «Las personas se convencen del líder y luego de la visión»).[1] Y no le seguirán si son mejores líderes que usted. (La ley del respeto en *Las 21 leyes irrefutables del liderazgo* afirma: «Las personas siguen naturalmente a los líderes más fuertes que ellos mismos»).[2] Si su capacidad de liderazgo tiene una calificación 5 (en una escala de 10), no podrá esperar que individuos con una capacidad de liderazgo de 6 o mayor le sigan. Las mejores personas a las que podrá atraer serán de nivel 3 y 4. Así que, siga mejorando. Si desea desarrollar un buen equipo, le será necesario ser mejor líder.

Cuando esté preparado para desarrollar un equipo de líderes, esto es lo que debe buscar:

1. Líderes con un historial de liderazgo comprobado

Esto podrá parecer obvio, pero de igual manera voy a presentar el punto. Cuando se está convocando a un equipo de líderes, las personas que se reclutan deben ser líderes. Y deberán haber demostrado su liderazgo, no tan solo poseer el potencial de liderar algún día en el futuro. ¿Por qué? Porque cada miembro del equipo estará evaluando a los demás. Una cosa es cierta: reúna a un grupo de líderes en una sala y rápidamente se establecerá un orden jerárquico extraoficial. Los líderes intuitivamente saben quiénes son los demás líderes y son capaces de percibir el nivel de influencia de ellos. Alguien incapaz de dirigir será marginado o desestimado por los demás.

> AL HABLAR CON ENTRENADORES EJECUTIVOS DE PRIMERA QUE TRABAJAN PARA JOHN MAXWELL COMPANY, ME HAN DICHO QUE UNA CONCIENCIA DEFICIENTE DE SÍ MISMOS ES EL PROBLEMA MAYOR QUE VEN EN LOS LÍDERES.

2. Líderes que comprendan su lugar y su propósito en el equipo

La ley del nicho en *Las 17 leyes incuestionables del trabajo en equipo* afirma: todos los jugadores tienen un lugar en donde añaden el mayor valor.[3] En el caso ideal, cuando se incluyen individuos en su equipo de líderes, estos tendrán suficiente conciencia de sí mismos como para saber su propósito y tener una idea de cuál será su mejor contribución al equipo. Esto les permite empezar a todo ritmo y añadir el valor máximo de inmediato. El valor que tienen los líderes para el equipo *empieza* cuando ellos conocen lo que se supone que hagan. Ese valor para el equipo *aumenta* cuando crecen en su liderazgo.

142

Por desdicha, este tipo de conciencia de sí mismos no siempre está presente en los buenos líderes. Ni un alto potencial de liderazgo ni un historial de éxito son indicadores certeros de que un líder tendrá buena conciencia de sí mismo. Al hablar con entrenadores ejecutivos de primera que trabajan para John Maxwell Company, me han dicho que una conciencia deficiente de sí mismos es el problema mayor que ven en los líderes.

Si los líderes que usted incorpora al equipo no saben por qué están allí ni cómo pueden brindar el mejor aporte, deberá ayudarlos posicionándolos correctamente. Dígales lo que ve en ellos. Señale sus fortalezas y asígneles funciones que las aprovechen. Y comuníqueles las expectativas que tiene con ellos. Esta es la razón por la cual es importante. Cuando los jugadores no están en las posiciones que les permiten trabajar con sus fortalezas:

- Sufre la moral.
- Los jugadores no juegan bien en equipo.
- El equipo no se desarrolla ni avanza.
- El equipo no juega según su potencial.

Si usted coloca a un jugador en la función incorrecta, no pasará mucho tiempo para que los dos descubran el error. Si eso ocurre, le será necesario tomar la responsabilidad de hacer los ajustes que se requieran para poner a ese jugador en su mejor posición. Existe una excepción a esto. Si tiene un líder en el equipo tan fuerte y talentoso que es capaz de alcanzar el éxito aun en funciones ajenas a sus fortalezas, usted podría no percatarse de que no se encuentra en su mejor nivel. Si tiene a alguien así en el equipo, que rinde a niveles altos en todo lo que le asigna, permítale seguir intentando cosas nuevas y mantenga un diálogo continuo al respecto hasta que descubra su verdadero punto óptimo.

3. Líderes que sepan el lugar y el propósito de otros líderes

Lograr que los líderes se reúnan puede ser un desafío. Cuando se les pide a los líderes talentosos que se unan a un equipo, ellos podrían pensar que eso puede ser limitante o restrictivo. Además, puede inquietarlos. Si son verdaderamente buenos, querrán *ser* el líder, no jugar a *seguir* a otro líder.

La mejor manera de combatir esta tensión es ayudándoles a comprender y a apreciar a los demás miembros del equipo. Explíqueles por qué los demás están allí. Destaque las fortalezas de todos. Asegúrese de que sepan por qué invitó a otros líderes a que formaran parte del equipo. Saber que los otros líderes pueden añadirles valor a ellos mismos les motivará a valorar al equipo y a todos sus miembros. Una vez que vean el valor de los demás líderes y el modo en que sus fuerzas pueden trabajar unidas, respetarán más —de manera voluntaria— a los otros miembros del equipo, lo que les ayudará a empezar a trabajar juntos.

4. Líderes que amen, respeten y crean en el equipo

Ningún equipo logra el éxito si sus miembros se ponen a sí mismos por delante del conjunto. El impacto de este tipo de actitudes puede verse claramente en los deportes, cuando los miembros de un equipo no dan lo mejor de sí a pesar de estar bajo contrato, o exigen ser canjeados a otra agrupación porque no se están cumpliendo sus deseos egoístas. En contraste, cuando los miembros de un equipo valoran a su conjunto y sus compañeros, les aman y creen en ellos, el conjunto puede prosperar.

Por ser líder de un equipo de líderes, es su responsabilidad comunicar la visión, lo cual ayuda al grupo a enfocarse y unirse. También le será necesario hallar maneras para ayudarles a que se conecten profundamente, tanto con usted como unos con otros. Si todos se conectan a ese nivel profundo, entonces todos trabajarán, sudarán y lucharán unos por otros.

5. Líderes que personifiquen los valores y modelen la visión de la organización

Cuando convoca líderes para su equipo, esto les da un apoyo implícito y se convierten en modelos de liderazgo para otros miembros de la organización. Por ese motivo, es necesario que personifiquen los valores que usted desea que otros asimilen y cumplan la visión que usted quiere que otros busquen.

Me encanta lo que el entrenador Wooden decía a sus jugadores: «No me digan lo que van a hacer, demuéstrenmelo». Hablar es fácil. Actuar es poderoso. Cuando se escogen líderes íntegros para el equipo, son capaces de decir las palabras más poderosas que un líder podría compartir con un equipo: «Sígueme». Y si tienen credibilidad, las personas les seguirán.

6. Los líderes que están listos para abandonar sus propios intereses elevan al equipo

Las personas talentosas pueden acostumbrarse a hacer las cosas a su manera. Esto es particularmente cierto en el caso de líderes dotados, porque tienen influencia y están acostumbrados a usarla. ¿Cómo lograr que los líderes fuertes abandonen sus propios intereses y adopten los del equipo? La ley de la transcendencia, en *Las 17 leyes indiscutibles del trabajo en equipo,* afirma: uno es demasiado pequeño como para pretender hacer grandes cosas.[4] Como líder del equipo, es necesario que ayude a los miembros a que comprendan que como agrupación podrán lograr cosas más grandes y más significativas que las que lograrían solos. Podrán lograr un nivel de trascendencia que sobrepase las ventajas, estatus y oportunidades que el éxito individual podría ofrecerles.

Si hace esto y dedica tiempo para ayudar a sus líderes a respetarse mutuamente, a conectarse unos con otros y a preocuparse unos por otros, podrán dejar de pensar que están *abandonando* algo por ser parte del equipo y comprender que ser parte del mismo puede *añadirles* algo más grande aún. Solo cuando estén convencidos de esa verdad, abandonarán los privilegios egocéntricos para disfrutar los del trabajo en equipo. A largo plazo, descubrirán que el individualismo puede hacer que ganen trofeos, pero el trabajo en equipo les hará ganar campeonatos.

7. Líderes que constantemente produzcan resultados en su liderazgo

Uno de los enemigos más grandes del liderazgo eficaz es creer que se ha llegado a la cima. El día que los líderes piensan que han llegado ahí, dejan de liderar activamente. En vez de eso, se enfocan en aferrarse a su posición basados en la antigüedad, el estatus, la posición o la historia. Cuando esto ocurre, su liderazgo se perjudica. Si creen que han llegado donde iban, ya no se esforzarán por producir. No se remangarán la camisa todos los días para mejorarse a sí mismos y añadir valor a la organización. Ya no modelarán los valores positivos de liderazgo que los llevaron hasta ese punto. Como resultado de ello, pierden su credibilidad y su eficacia.

Cuando invite a los líderes a participar en un equipo de liderazgo, deje muy en claro que no han llegado a un *destino*. Se les ha extendido una *invitación* para trabajar igual de duro, si no más, pero para lograr un impacto mayor al hacerlo. Al unirse al equipo ganarán mayor influencia y podrán hacer un aporte mayor. Podrán añadir más valor a sus dirigidos y lograr más impacto para la organización. Es el punto de partida de algo mayor, no un final. Hágales saber que no es momento de descansar; es hora de marcar una diferencia.

CINCO PASOS PARA DESARROLLAR UN MEJOR EQUIPO DE LÍDERES

> «UN SUEÑO ES UNA VISIÓN PERSUASIVA QUE SE VE EN SU CORAZÓN PERO QUE ES DEMASIADO GRANDE PARA LOGRARLA SIN LA AYUDA DE OTROS».
>
> —CHRIS HODGES

Un buen equipo siempre es mayor que la suma de todas sus partes. Un buen equipo de *líderes* tiene el potencial de lograr grandes sueños. Mi amigo Chris Hodges define un sueño como «una visión persuasiva que se ve en su corazón pero que es demasiado grande para lograrla sin la ayuda de otros». Considere el impacto que un equipo tiene sobre un sueño:

Si tiene un sueño pero no tiene equipo: el sueño es imposible.
Si tiene un sueño y tiene un equipo malo: el sueño es una pesadilla.

Si tiene un sueño y está armando un equipo: el sueño es posible. Si tiene un sueño y un buen equipo de liderazgo: el sueño es inevitable.

Los equipos de líderes tienen el potencial de hacer un gran impacto y producir una gran ganancia. Para fijar a su equipo en el rumbo correcto, haga estas cinco cosas:

1. Asegúrese de que sus líderes estén alineados con la visión

Marcus Buckingham ha estudiado a los equipos por décadas, enfocándose en las características que los hacen lograr la excelencia. A través de los años, ha descubierto lo que él llama ocho factores de los equipos de alto desempeño. Los ha dispuesto en un cuadro que muestra las respuestas de los equipos y de los individuos a cuatro áreas que predicen el éxito.

Área	Necesidades «nuestras»	Necesidades «mías»
Propósito	Me entusiasma mucho la misión de mi empresa.	En el trabajo, entiendo con claridad lo que se espera de mí.
Excelencia	En mi equipo estoy rodeado por personas que comparten mis valores.	Tengo la oportunidad de usar mis fortalezas todos los días en mi trabajo.
Apoyo	Mis compañeros de equipo me respaldan.	Sé que seré reconocido por mi excelente labor.
Futuro	Tengo mucha confianza en el futuro de mi empresa.	En mi trabajo siempre me desafían a crecer.[5]

Creo que las observaciones de Buckingham en realidad tienen que ver con la alineación. En los equipos grandes, los propósitos, metas y valores de los jugadores individuales están alineados con los de la organización y los de los demás jugadores. Si examina cada área en el cuadro de Buckingham, verá que los miembros de un equipo excelente sienten entusiasmo por el propósito de la organización y comprenden cómo su propio propósito se alinea con el mismo. Perciben que sus valores y fortalezas están en sintonía con los del equipo. Se sienten apoyados por la organización y por sus compañeros. Y ven un futuro positivo delante de sí mismos y de la organización. Todos siguen un mismo libreto y avanzan en la misma dirección.

Este tipo de alineación no sucede por accidente. Es necesario que un líder del equipo la facilite. La comunicación es necesaria para ayudar a que sus líderes establezcan la conexión entre la visión, el equipo y sus propias fortalezas y deseos. Aclare los aportes de cada uno. Ayúdeles a apreciar las contribuciones de los demás. Sea su entrenador y mentor. (Hablaremos más de esto en el capítulo siguiente). Continúe comunicándose y descubra formas de hacerlo de manera creativa y continua.

2. Ayude a sus líderes a establecer vínculos y a preocuparse unos por otros

Examine a cualquier equipo exitoso y hallará personas que se preocupan entre sí y que poseen un vínculo relacional y emocional. Esto se hace evidente en las unidades de combate en el ejército, sobre todo en los equipos de fuerzas especiales como los SEAL, de la Marina o los Comandos Británicos. Los miembros del equipo pelean unos por los otros ante las circunstancias más extremas y hasta están dispuestos a morir por los demás. Pero el vínculo también se hace evidente en entornos menos extremos, tales como en los equipos deportivos campeones y en equipos de alto rendimiento en empresas comerciales y organizaciones de voluntarios.

El consultor Paul Arnold contó algunas perspectivas que los investigadores han descubierto sobre el impacto de los vínculos entre los miembros de un equipo. En su blog, Arnold escribió:

Shah y Jehn (1993) de la institución educativa Kellogg's Graduate School y Wharton estudiaron a un grupo de personas del primer año de estudios que cursaban una maestría en administración de empresas. Les pidieron a todos que escribieran con quiénes se llevaban mejor y luego dividieron a la mitad del grupo en equipos de personas que se llevaban bien entre sí, y la otra mitad en equipos escogidos al azar. Como era de esperarse, en una serie de pruebas, el equipo compuesto por los que se llevaban bien rindió mejor que el otro. Lo que sorprendió fue la diferencia en el rendimiento. En una tarea muy trivial, superaron en un veinte por ciento al otro equipo y, en otra más compleja, por un setenta por ciento. Cuando hicieron unas investigaciones adicionales hallaron dos factores clave: el primero fue que en el equipo en el que los miembros se vinculaban, había **MÁS APOYO** —lo cual resultó especialmente importante en lo trivial de la primera tarea— para que los espíritus de los demás se mantuvieron animados. En la segunda tarea, más compleja, se manifestó el otro factor clave: hubo discusiones. En el equipo sin vínculos, nadie quería perturbar a ninguno de los otros, lo cual dio por resultado *decisiones sensibles*. En el equipo con miembros vinculados, la amistad dio lugar a discusiones verdaderas sobre el contenido sin que degeneraran en ataques personales. Luego, gracias a este debate saludable se tomaron **MEJORES DECISIONES.**

Así que, en conclusión, todo grupo que desee un desempeño de alto nivel deberá generar vínculos cercanos (a nivel emocional).[6]

Entonces, ¿cómo se puede facilitar una conexión emocional y el establecimiento de vínculos entre los líderes de su equipo? Eso empieza con la confianza. Ese es el fundamento de la conexión, el crecimiento y el trabajo en equipo. Mike Krzyzewski, entrenador principal del equipo de baloncesto masculino de Duke University, aconsejó: «Si usted establece una atmósfera de comunicaciones y confianza, eso se convierte en una tradición. Los miembros veteranos del equipo establecerán su credibilidad con los nuevos. Aun si no les gusta todo de usted, de igual manera dirán: "Es digno de confianza, está comprometido con nosotros como equipo"».[7] Cuando usted ha establecido un fundamento de esa clase, se puede promover la confianza y edificar conexiones.

Patrick Lencioni ha escrito extensamente sobre el tema de los equipos. Me encanta lo que dijo acerca de la confianza en su libro *The Five Dysfunctions of a Team*. Los miembros de los equipos en los que hay confianza:

- Reconocen sus debilidades y sus errores.
- Piden ayuda.
- Aceptan preguntas y sugerencias acerca de sus áreas de responsabilidad.
- Se dan el beneficio de la duda unos a otros antes de sacar una conclusión negativa.
- Se arriesgan ofreciendo comentarios y ayuda.
- Aprecian y aprovechan las aptitudes y experiencias mutuas.
- Enfocan su tiempo y energías en asuntos importantes, no en política.
- Ofrecen y aceptan disculpas sin titubeos.
- Anticipan las reuniones y otras oportunidades para trabajar como grupo.[8]

La conclusión en cuanto al cuidado de los demás en el equipo es que es crucial dar más de lo que recibe. Si usted se preocupa por sus compañeros de equipo y desarrolla una conexión emocional, un vínculo entre todos, enfóquese en ser generoso. Busque maneras de añadir valor al equipo y a sus compañeros. No se involucre solo por usted, pensando solo en lo que podrá sacarle, aun a costa de sus compañeros de equipo.

Gayle D. Beebe escribió un libro profundo sobre la formación de líderes eficaces. Basando sus ideas en las perspectivas obtenidas de Peter Drucker, el padre de la administración moderna, utiliza los términos avaricia y generosidad para discutir el comportamiento de las personas en una organización y su impacto en la atmósfera del equipo y los resultados. Beebe escribió:

La avaricia destruye la comunidad. La avaricia, en esencia, no tiene límites. La avaricia es inagotable cuando se refiere a amasar dinero o fama. Con el paso del tiempo conduce a una falta de respeto por las necesidades y ambiciones de los demás porque nuestras propias necesidades y ambiciones sobrepasan todos los límites y expectativas normales. Tiene un efecto particularmente corrosivo en los equipos y, cuando está presente en los altos ejecutivos, la avaricia es capaz de destruir organizaciones enteras. Eso se pone de manifiesto en la necesidad excesiva de aclamación, atención o compensación. También se hace visible en la incapacidad para compartir el primer plano. La malicia y la desconsideración son manifestaciones gemelas de este mismo impulso interior. Su raíz es un deseo ilimitado que sobrepasa toda capacidad de ser satisfecha.

La generosidad, por otro lado, construye comunidad. La generosidad nos permite dar y recibir porque somos libres del dominio del dinero y de la fama... La generosidad también nos brinda la capacidad de maniobrar... los altibajos que experimentamos cada uno de nosotros, en formas que producen un resultado positivo y duradero.[9]

Los equipos de líderes que tienen confianza mutua, que tienen conexión unos con los otros y que comparten un vínculo suficientemente fuerte para dar más de lo que reciben son capaces de comunicarse entre sí y ser altamente productivos. El camino no siempre será suave. Los miembros del equipo no siempre estarán de acuerdo. Pero trabajan juntos y hablan entre sí cuando hay problemas. Eso es importante, porque como lo dijo mi amigo Mark Sanborn: «En el trabajo en equipo, el silencio no es un tesoro, es mortal».[10] Y a medida que los compañeros de equipo desarrollan confianza en sí mismos y en los demás, tanto en lo profesional como en lo personal, el grupo empieza a convertirse en un equipo. Los equipos vinculados se convierten en equipos que construyen.

> «EN EL TRABAJO EN EQUIPO, EL SILENCIO NO ES UN TESORO, ES MORTAL».
>
> —MARK SANBORN

3. Verifique que sus líderes estén creciendo juntos

Una de las mejores maneras de vincular a los miembros de un equipo y darles un futuro más brillante es asegurar que crezcan juntos. Hace varios años, ideé un acróstico que me ayudara a diseñar planes de crecimiento para los miembros de mi equipo de liderazgo:

Constrúyales un entorno de crecimiento.
Reconozca las necesidades de crecimiento de cada individuo.
Encuentre oportunidades de crecimiento para ellos.
Camine con ellos en tiempos difíciles.
Enséñeles a aprender de cada experiencia.
Respalde sus esfuerzos por añadir valor a sus compañeros de equipo.

Examinemos cada una de las seis partes de este proceso.

Construya un entorno de crecimiento para líderes en potencia

Cuando comprendí por primera vez la importancia del crecimiento, no solo para mí sino también para los miembros de mi equipo, me senté y redacté una descripción del tipo de situación que promueve el crecimiento. Creo que un entorno de crecimiento es un lugar en el que...

- Otros van delante de usted
- Se le desafía constantemente
- Su enfoque es hacia delante
- La atmósfera es aprobadora
- Usted rompe con la rutina
- Usted se despierta entusiasmado
- El fracaso no es su enemigo
- Los demás están creciendo
- Las personas desean el cambio
- El crecimiento es algo que se modela y se espera

Si desea que los líderes de su equipo crezcan, necesitará esforzarse por crear un entorno como el que he descrito. Eso empieza con usted, porque el líder puede hacer muchas de las cosas que se mencionan. Puede ser un modelo de crecimiento y mantenerse delante de sus líderes. Puede esperar el crecimiento, fomentar el cambio y desafiar a las personas. Puede pedirles que rompan con su rutina y permitir que fracasen con algo de seguridad. Y puede animarles. Haga estas cosas y es muy probable que ellos hagan su parte.

Reconozca las necesidades de crecimiento de cada líder potencial

Cuando usted establece conexión con sus líderes y trabaja con ellos, empieza a comprender sus fortalezas y a ver en qué necesitan crecer. Eso debiera ayudarle a guiarlos. Pero también sugiero que hable con ellos acerca de lo que creen que necesitan. Esto lo hago cada diciembre con los líderes de mi equipo. Les pido que hablen acerca de dos áreas en las que deseen crecer en el año próximo. Casi siempre las áreas que identifican están alineadas o se corresponden con las que he observado. En caso contrario, las discutimos. La meta es concordar en las áreas que trabajaremos por los próximos doce meses.

Incluir a sus líderes en este proceso, preguntarles en qué quieren crecer y responder de modo positivo a sus aspiraciones con el crecimiento crea una alta motivación en su interior. La motivación no se puede imponer. Cuando los individuos *evalúan* su desarrollo, *aceptan* con más facilidad su propio progreso de crecimiento personal.

Encuentre oportunidades de crecimiento para los líderes en potencia

Cuando usted trabaja con líderes para ayudarles a crecer, no hay una talla que se ajuste a todos. Todos los líderes son diferentes, con sus propios antecedentes y su propio conjunto de experiencias, influencias y perspectivas. Y cuanto más alto el nivel del líder, más individual deberá ser el plan de crecimiento para él.

Una vez que he identificado las necesidades de crecimiento de los miembros de mi equipo de líderes, trabajo con ellos con el objeto de elaborar un plan que apoye su desarrollo y adopto un papel activo para ayudarles. Por ejemplo, si necesitan crecer en el área del trabajo con los demás, les presento personas que los ayuden y los proyecten. Si necesitan más experiencia para liderar, les entrego un proyecto que sé que les motivará a crecer en lo que necesitan. Si tienen falta de visión, los expongo a experiencias y a personas que les inspiren a soñar y a aspirar más. Cualquiera sea el tipo de crecimiento que necesiten, me enfoco en darles oportunidades para conocer personas, ir a lugares y recibir experiencias que satisfagan esa necesidad de crecimiento y les ayuden a florecer.

> CUANDO LOS INDIVIDUOS *EVALÚAN* SU DESARROLLO, *ACEPTAN* CON MÁS FACILIDAD SU PROPIO PROGRESO DE CRECIMIENTO PERSONAL.

Camine con los líderes potenciales en tiempos difíciles

He observado que los tiempos difíciles ofrecen las experiencias de crecimiento más grandes. ¿Por qué? Porque los desafíos nos obligan a buscar ayuda, a aceptar ideas nuevas y a hacer cambios que nos ayuden a salir adelante. Cuando sus líderes experimentan tiempos difíciles, usted tiene la capacidad de añadirles valor si está dispuesto a caminar junto con ellos y a contribuir con ellos para que superen esos desafíos.

Me resulta particularmente satisfactorio ayudar a los líderes jóvenes porque son muy propensos a recibir ayuda. Les hago saber que no están solos. Procuro infundirles confianza cuando las cosas están inestables. Ofrezco perspectiva si se han extraviado del camino. Y respondo a las preguntas que tengan. No solo puedo ayudarles a crecer, sino que por lo general nuestra amistad se profundiza de una manera que nos marca para siempre. Si usted ve las dificultades del líder como una oportunidad para ayudarles de forma compasiva y redirigirles con gentileza —no para amonestarles ni corregirles—, podrá ayudarles de manera que impacte sus vidas positivamente.

Enseñe a los líderes potenciales a aprender de cada experiencia

Creo que cada experiencia tiene algo que enseñarnos, pero muchos fallan en aprender de las suyas porque se enfocan en las pérdidas más que en las lecciones. Cuando quiero ayudar a que mis líderes se conviertan en mejores miembros del equipo, enfatizo las lecciones. En el capítulo 6 expliqué cómo uso el 10-80-10 con ellos. Parte de ese proceso es formular preguntas al final. Me gusta hacer eso con mi *equipo* también. Tras vivir una experiencia juntos, sea positiva o negativa, me gusta que pasemos tiempo evaluándola. Nos preguntamos: «¿Qué salió bien? ¿Qué salió mal? ¿Qué aprendimos? ¿Cómo podemos mejorar?». Si bien el crecimiento individual requiere de un plan individualizado de crecimiento, las experiencias compartidas ofrecen magníficas oportunidades para que los líderes crezcan juntos en equipo. Hacer preguntas y responderlas colectivamente ayuda a facilitar esto.

Ayude a los líderes potenciales a agregar valor a sus compañeros de equipo

No cabe duda de que los líderes y los triunfadores tienden a ser sumamente competitivos y les encanta ganar. Algunas veces el líder del equipo se ve precisado a enseñarles a los individuos acostumbrados a ganar solos cómo ganar en calidad de grupo. Eso es particularmente cierto si poseen una actitud que pudiera describirse como de suma cero. Me gusta la manera en la cual Investopedia describe el concepto de *suma cero*:

> En la teoría lúdica, una situación de suma cero es aquella en la cual la ganancia de un individuo equivale a la pérdida de otro, de modo que el cambio neto en riqueza o beneficios es cero.
>
> El póquer y los juegos de azar son ejemplos populares de juegos de suma cero, ya que la suma de los montos que unos jugadores ganan es igual a las pérdidas combinadas de los demás. Los juegos tales como el ajedrez y el tenis, en los cuales hay un ganador y un perdedor, también son juegos de suma cero...

Los juegos de suma cero son lo opuesto de las situaciones tipo ganar-ganar, como un acuerdo de negocios que aumente significativamente el comercio entre dos naciones, o las situaciones perder-perder, como la guerra, por ejemplo.[11]

Los equipos fuertes de líderes comprenden que para que un miembro gane, no es necesario que los demás pierdan. Toda vez que los miembros del equipo se ayudan mutuamente para crecer o se añaden valor de alguna otra manera, esto no les quita nada, sino que multiplica a todo el equipo. Phil Jackson, entrenador ya retirado de la NBA que ganó dos campeonatos de esa liga como jugador y once como entrenador, dijo que hubo una temporada en la cual el lema de su equipo era: «La fuerza de la manada es el lobo y la fuerza del lobo es la manada».[12] Todos los miembros del equipo participan juntos. Ese es el tipo de actitud que se busca inculcar en los miembros de su equipo de liderazgo. Es necesario que comprendan que nadie sale adelante a menos que todos lo hagamos.

> «LA FUERZA DE LA MANADA ES EL LOBO Y LA FUERZA DEL LOBO ES LA MANADA».
>
> —PHIL JACKSON

4. Posicione a sus líderes para que se complementen y se completen unos a otros

He escrito bastante sobre las sesiones de mentoría que tuve el privilegio de experimentar con el entrenador John Wooden porque me causaron una gran impresión. En una de esas reuniones le pregunté cómo había logrado que tantos jugadores buenos jugaran tan bien juntos.

«No es tan fácil», indicó llanamente. Y luego me dijo algo que nunca olvidaré: «Cada jugador debe tener un lugar para sí mismo y un propósito que vaya más allá de sí mismo». ¡Qué perfecta descripción de los jugadores de equipo!

Observé anteriormente en este capítulo que la ley del nicho afirma que todos los jugadores tienen un lugar en donde añaden el valor máximo.[13] Ese lugar es donde sus mayores fortalezas se pueden utilizar mejor y donde hacen su mejor contribución al equipo. Me gusta lo que dijo la consultora Ana Loback acerca de la importancia de que los miembros sepan dónde encajan en el equipo y los beneficios que se derivan de ello:

> Nuestras investigaciones indican que los equipos con una mejor conciencia de sus fortalezas poseen una ventaja significativa, se desempeñan mejor y en definitiva tienen un entorno más positivo que promueve la confianza entre sus miembros.
>
> La ambigüedad cultiva desconfianza y genera sensaciones de inseguridad. Cuanto mayor sea la claridad de las funciones y responsabilidades como también de lo que alimenta y motiva a todos en el equipo, más fácil será para los individuos saber qué esperar y qué se espera de ellos.
>
> Saber sus propias fortalezas y también las de sus compañeros de equipo puede ayudar a forjar una conciencia de lo que alimenta y motiva al equipo en general, pero también de la manera en que cada uno puede complementarse en otras áreas de fortaleza.
>
> Comunicarse sus fortalezas unos con otros, [hacerles saber a los demás] en qué pueden contar con usted, puede crear un entorno más positivo que promueva la colaboración y el compromiso. Además, compartir sus riesgos en el desempeño, en qué cosas excluirle, pone todo a la vista, genera confianza y mejora las comunicaciones.[14]

Como líder del equipo, le corresponde facilitar este proceso. O como lo diría John Wooden: «Ayudo a mis jugadores a que encuentren su punto de lanzamiento y los preparo para que triunfen». Como líder de un equipo de líderes, usted debe hacer algo similar. ¿Qué se necesita para ello?

Saber lo que abarca el trabajo

Para poder colocar a sus líderes en posición en el equipo, se precisa saber lo que cada posición abarca. ¿Cuáles aptitudes y habilidades serán necesarias para que sus líderes lleven a cabo un trabajo o proyecto? Si no lo sabe por experiencia, entonces pídale al equipo que le ayude a analizarlo y luego facilite la discusión.

Saber las fortalezas que encajan con el trabajo

Si conoce bien a sus líderes, conoce sus talentos, aptitudes, fortalezas y debilidades, y comprende sus personalidades y temperamentos, entonces podrá tomar una buena decisión en cuanto a quién encaja mejor en cada función. Es aquí donde la labor realizada para establecer conexiones con los líderes y pasar tiempo con ellos realmente rinde dividendos. Por lo general, los líderes que no dedican tiempo a conocer a su gente sencillamente ponen a alguien a hacer un trabajo y esperan que salga bien. Esa no es manera de dirigir a un equipo.

Al colocar líderes en posición en su equipo, tenga presente dos consideraciones. ¿Quién puede hacer mejor cada trabajo? ¿Qué tan bien colaborarán los líderes y se complementarán si los coloca en esas posiciones? La interacción de los miembros del equipo afecta al éxito del conjunto tanto como la eficacia de cada miembro en su función.

Saber cuándo hacer ajustes

Los líderes de equipos se ganan su lugar al hacer los ajustes correctos en el momento correcto. Por lo general, eso es algo intuitivo. Hay que darle suficiente tiempo y espacio a los líderes para que resuelvan sus asuntos y logren el éxito. Pero también se necesita saber cuándo llega el momento de hacer un cambio. Si se saca a un líder de una función prematuramente, puede perder la confianza y la credibilidad con sus compañeros de equipo. Si se espera demasiado, el conjunto sufre y usted pierde credibilidad con los otros líderes del mismo.

¿Cuándo se debe hacer un cambio? Lo ideal es que, si puede asesorar al líder que está enfrentando dificultades para finalizar la tarea, esa es casi siempre la mejor solución y luego se pueden hacer los cambios. No obstante, deberá hacer ajustes si el trabajo o la tarea está cambiando y el líder está fallando porque ya no cumple con el rol, o si el líder está cambiando y ya no puede hacer el trabajo.

5. Comunique a sus líderes cómo se están distinguiendo

Otro paso que debe dar para ayudar a sus líderes a formar un mejor equipo es ayudarlos a posicionarse mentalmente. La mayoría no ve realmente el propósito de su trabajo. Se ven a sí mismos como empleados con una descripción laboral que deben cumplir una tarea asignada. Sugiero que exalte su trabajo. Es necesario que vean la manera en que la labor que desempeñan anima a los otros y hace que sobresalgan en el mundo. Para ello se requiere un cambio mental, no un cambio de trabajo.

David Sturt, vicepresidente ejecutivo de O. C. Tanner, escribió en la revista *Forbes* acerca de un estudio llevado a cabo con personas que desempeñaban trabajos considerados como de bajo nivel y no valorados. Lo que hallaron los investigadores fue iluminador:

> En el 2001, Jane [Dutton] y su colega Amy Wrzesniewski de Yale iniciaron un estudio sobre cómo lidiaban las personas con trabajos poco atractivos y lo que denominaban «trabajo subvalorado». Cuando intentaron pensar en trabajos supuestamente no recompensados para estudiarlos, escogieron a los conserjes de hospitales. Pero lo que hallaron en sus estudios las tomó completamente por sorpresa y cambió la trayectoria de sus investigaciones durante la década siguiente.
>
> Cuando Jane y Amy entrevistaron al personal de mantenimiento de un hospital grande en la zona occidental de Estados Unidos, descubrieron que cierto grupo de trabajadores no se veían a sí mismos como parte del personal de mantenimiento.
>
> Se consideraban parte del personal profesional, del equipo de atención sanitaria. Y eso lo cambiaba todo. Esas personas llegaban a conocer a los pacientes y a sus familias, les ofrecían apoyo en formas pequeñas pero importantes. Una caja de pañuelos desechables aquí, un vaso de agua allá. Una palabra de aliento...
>
> Casi siempre hay personas que toman las expectativas o descripciones existentes de un trabajo y las expanden para ajustarlas a su deseo de sobresalir... Hacen lo que se espera (porque es una obligación) y hallan la manera de añadirle algo nuevo a su trabajo.[15]

Esas personas exaltan sus propios trabajos. Saben que lo que hacen es importante porque los hace sobresalir.

Como líder de su equipo, tiene la oportunidad de ser el que exalte el trabajo de los demás. Colocar a sus líderes en posición significa hacer más que descubrir sus pasiones y colocarlos en las funciones adecuadas. Puede posicionar sus mentes para que piensen de modo diferente en cuanto a su trabajo. Puede animarles a pensar más en los demás y menos en sí mismos, a iniciar el día sembrando en los demás sin enfocarse en segar una gran cosecha para sí mismos. Desafíelos a añadir valor a sus compañeros de equipo todos los días.

Hace poco, en un evento de capacitación de John Maxwell Team, quise ayudar a los entrenadores con los que estaba trabajando a comprender el impacto que estaban causando y que continuarán teniendo. Cuando concluía mi intervención, terminé diciéndoles lo siguiente para inspirarles:

Por qué nuestro equipo es SOBRESALIENTE
Nos LEVANTAMOS por lo que más vale.
Nos DISTINGUIMOS en un mundo que es pasivo.
ESTAMOS FIRMES Y JUNTOS con nuestro compromiso mutuo.
SEGUIMOS FIRMES por la siguiente generación.
¡Así que ofrézcanse una OVACIÓN DE PIE!

Y eso fue lo que hicieron. Se animaron a sí mismos y a su organización. Espero que hayan salido del tiempo que pasamos juntos conscientes, en su interior, de que estaban añadiendo valor a las personas y estaban sobresaliendo.

MI EQUIPO DE LÍDERES

Quiero concluir este capítulo hablando acerca del equipo de líderes que dirijo personalmente. Es muy pequeño en esta etapa de mi vida: consta de solo cuatro miembros. Ellos llevan la carga pesada, mientras yo paso la mayor parte de mi tiempo escribiendo y dictando conferencias. El tiempo que paso con ellos lo dedico a entrenarlos, a asesorarlos y a asegurarme de que estén bien posicionados. Ya he mencionado a tres de ellos en este libro: Mark Cole, el presidente de la junta directiva de mis organizaciones; John Vereecken, el presidente de Lidere, que fue la punta de lanza de los esfuerzos realizados por mis organizaciones sin fines de lucro en América Latina, y Chad Johnson, mi jefe de personal John Maxwell Company, EQUIP, y John Maxwell Foundation. El cuarto y más reciente líder de mi equipo es Paul Martinelli, presidente de John Maxwell Team, quien se unió a nosotros en el 2011. En los últimos nueve años, Paul ha hecho crecer esta organización de cero a treinta mil entrenadores en casi todos los países del mundo.

Paul tiene muchas fortalezas como líder. Cuando él y yo nos conocimos, me presentó el concepto de crear una organización de entrenamiento basada en mis principios. No sabía mucho de él, pero con el paso del tiempo descubrí que es creativo, innovador y tenaz. Es el tipo de individuo que se levanta luego de haber sido derribado y que nunca se da por vencido. Es un muy talentoso constructor de programas, equipos y organizaciones.

Sin embargo, Paul también tenía que vencer muchos desafíos personales, empezando por una niñez difícil en un hogar disfuncional que le causó dificultades para confiar en otros. Debido a que sus antecedentes le llevaban a abrigar sospechas de los que ocupaban puestos de liderazgo, sabía que era necesario ganarme su confianza. Y puesto que no lo conocía bien, él también tenía que ganarse la mía. Eso lo manejé siendo muy receptivo con él acerca de mi manera de pensar y de mis motivos. También le pedí al presidente de la junta directiva, Mark, que pasara bastante tiempo con él edificando su relación. Eso nos ha rendido dividendos magníficos, porque hemos desarrollado una relación fuerte y de confianza. Paul, que ya era un líder talentoso, continúa siendo fructífero. Él dijo: «Cuando tu líder pone su confianza en ti —te ofrece su vida—, te desarrollas en maneras en las que de otro modo nunca crecerías ni te desarrollarías.

Esto va más allá del desarrollo de aptitudes y talentos, alcanza el nivel del carácter y de la esencia del ser, cosas que no pueden enseñarse ni aprenderse de ninguna otra forma. Así que caminaré la milla extra, y creo que la mayoría también lo hará, por un líder que ponga su confianza en mí y que exprese esa confianza en maneras muy tangibles y mensurables».

Paul ya ocupa la mejor posición para él en mi equipo de liderazgo. Continúa edificando a John Maxwell Team, pero Mark, Chad, John y yo no somos los únicos que reconocemos su nivel de aptitudes. Personas de todo el mundo lo hacen. En el 2019, Paul fue reconocido como el Mejor Entrenador Profesional del Mundo por Global Gurus.[16]

Paul continúa hallando formas novedosas para añadirle valor a nuestra red de entrenadores, a mi equipo de líderes y a mí. No me cabe duda de que mejorará más y continuará ayudándonos a seguir multiplicando nuestro impacto.

CAPÍTULO 8

SEA MENTOR DE LOS LÍDERES

Llévelos al siguiente nivel

¿Cuál es el valor de un buen mentor? Sheri Riley lo sabe. Ella es conferencista y entrenadora certificada de John Maxwell Team, y ha dedicado su vida a ayudar a otros a alcanzar el siguiente nivel. Recientemente hablé con ella acerca de su trayectoria y me contó su historia.

Cuando Sheri se matriculó en la carrera de administración de empresas en la Universidad de Louisville, soñaba con trabajar en la industria del entretenimiento. Poco después de iniciar clases, los profesores empezaron a animarla a ella y a los demás estudiantes a que buscaran mentores. Sheri ya había aprendido de su padre, Charles Huguely, cómo vivir con integridad y manejar sus finanzas personales, pero nunca había tenido un mentor profesional de negocios.

«Nos dijeron que los ejecutivos siempre están dispuestos a darle quince minutos a los estudiantes universitarios», dijo Sheri. Así que con muchas esperanzas y sueños de trabajar en la industria del entretenimiento, buscó a algunos ejecutivos con quienes pudiera hablar de sus aspiraciones empresariales. Empezó a hacer llamadas y presentar solicitudes. En el proceso, desarrolló muy buenas relaciones con muchos asistentes ejecutivos, pero nadie respondió afirmativamente a su solicitud de entrevista, ni uno solo en su carrera universitaria de cuatro años y medio.

Ese desencanto no impidió que Sheri persiguiera su carrera. Al contrario, la motivó a tomar una decisión. Así que se prometió que cuando ingresara al negocio del entretenimiento, no sería como los ejecutivos que la habían desestimado cuando era estudiante. Aunque se perdió la oportunidad de tener un mentor profesional de negocios, ella *asumiría* ese rol para otros en ese ambiente.

Invierta en las personas

Tras terminar la escuela, Sheri fue contratada por Trevel Productions, la empresa gestora del cantante, compositor y productor Gerald Levert. Pocos años después, LaFace Records, de Atlanta, la contrató como directora en jefe de mercadeo.

Sheri dio su primer paso como mentora en LaFace con su primera ayudante, una joven llamada Tashion Macon. Después de haber trabajado con Tashion por apenas dos meses, Sheri la llamó a su oficina un día y la hizo sentarse. Le dijo:

—Necesitas conseguir otro trabajo.

—¿Qué? ¿Me estás despidiendo? —dijo Tashion casi sin aliento.

—No. Eres demasiado brillante para ser mi asistente —le explicó Sheri—. Quiero ser tu mentora y ayudarte a alcanzar el éxito. Busca a alguien que te remplace y entrénalo. Luego te conseguiré otro trabajo.

Tashion halló a Billy Calloway, lo entrenó y seis meses después de su conversación con Sheri, Tashion se convirtió en gestora de productos. De paso, Billy siguió el modelo de Tashion; por lo que halló a su remplazo, lo entrenó y se convirtió en un coordinador de gestión de productos. Ahora es un ejecutivo de ventas y mercadeo. Por su parte, Tashion obtuvo un doctorado en psicología y se convirtió en ejecutiva principal de su propia agencia de mercadeo.

La siguiente inversión de Sheri fue un artista con el que se le había asignado trabajar en LaFace, un chico de quince años que había firmado con el sello disquero. Ella no tenía idea del nivel de éxito que tendría el chico, pero rápidamente pudo ver que poseía un talento extraordinario. Y lo que realmente la impresionó fue su carisma. Ella recuerda el día en que llevó a ese joven a un centro comercial de alta categoría, en el área de Atlanta, cuando todavía no era conocido a nivel nacional. Mientras caminaban, muchos jóvenes —que por lo general se esfuerzan por aparentar indiferencia— lo reconocieron y se acercaron a decirle cuánto les gustaba su música y para pedirle autógrafos. No solo eso, sino que cuando Sheri viajaba con él, se veía precisada a alejar a mujeres —de treinta y cuarenta y tantos años— que le coqueteaban.

En esa época, Sheri tomó una decisión. Había escuchado muchas historias de horror sobre jóvenes en el mundo de la música cuyas vidas se vieron arruinadas por la fama y la fortuna prematuras. Ella no quería ver que eso le sucediera a ese chico. De modo que le expresó su preocupación por él, más como hombre que como producto. Así que se propuso ser como su hermana mayor, alguien que fuera su mentor y le dijera la verdad, no lo que él quisiera escuchar, y alguien que no hiciera prosperar su negocio a costa de él. Ella le ayudó a edificar un fundamento firme para una carrera larga y exitosa.

SUPERESTRELLA

Es probable que se esté preguntando quién era ese quinceañero. Se llama Usher. Y ha tenido una carrera respetada y altamente exitosa. Ha vendido más de setenta y cinco millones de discos,[1] varias docenas de sus canciones han aparecido en los listados de la revista *Billboard*, y nueve de sus canciones han llegado al número uno.[2] Cuando Sheri salió de LaFace Records, Usher procuró contratarla. Ella rechazó la oferta diciéndole que prefería ser su amiga y darle apoyo, cosa que no podría hacer si dependiera financieramente de él. Usher dijo lo siguiente de Sheri:

De inmediato capté algo poco común en ella: su humanidad. Ella se interesó en mí no solo como un proyecto de mercadeo, sino como una persona íntegra. Me hacía preguntas y *realmente escuchaba* mis respuestas, sin intereses ocultos.

Sheri pronto se convirtió en mi amiga y mi consultora en todo. Se comportaba como una madre para mí, como una hermana mayor y como entrenadora. Pero siempre me respaldaba, por lo que confiaba en ella irrestrictamente.[3]

Sheri labora actualmente como conferencista de empoderamiento, estratega de vida y escritora. Dicta conferencias a audiencias corporativas en Estados Unidos e internacionalmente, pero su pasión más grande sigue siendo asesorar y dirigir personas, especialmente jóvenes talentosos. Su enfoque principal hoy es ayudar a atletas y artistas del entretenimiento exitosos. Trabaja de cerca con jugadores de la NBA y la Liga Nacional de Futbol (NFL), enseñándoles a traer el éxito a cada área de sus vidas, no solo a sus carreras deportivas. Le encanta ayudarles a hallar su propósito y crear vidas exitosas una vez que sus breves carreras deportivas hayan terminado. Me siento muy orgulloso de ella.

El valor de los mentores

No podemos alcanzar nuestro potencial sin la ayuda de otros. La autoevaluación es valiosa, pero la perspectiva y la ayuda de los mentores es esencial. Todos tenemos puntos ciegos —en los cuales carecemos de conciencia en cuanto a nosotros mismos— y solo otra persona puede ayudarnos ofreciéndonos una perspectiva diferente. La mentoría nos ayuda a llegar más lejos, más rápido y con más éxito de lo que jamás podríamos llegar solos.

Tener mentores ha marcado una diferencia enorme en mi vida. También lo ha sido ser mentor. Para el mentor, nada trae más satisfacción que desarrollar a otros líderes. No solo es algo que retribuya particularmente, sino que da el mayor resultado a cambio de la inversión personal. ¿Por qué? Porque cada líder al que asesore puede ejercer un impacto positivo en los demás. Por eso preferiría asesorar a un líder que a docenas de seguidores. Por ello mi propósito es añadir valor a los líderes que multiplican el valor a otros.

Peter Drucker es la persona que me aclaró esto. Durante los años ochenta, un pequeño grupo de líderes y yo pasamos varios días en un retiro con él. En nuestro último día juntos, Drucker miró a la docena de los ocupantes de la sala y dijo: «Todo lo que les he dicho hasta este punto no es tan importante como lo que estoy a punto de decirles ahora. ¿De quién van a ser mentores ahora?». Dedicó las dos horas siguientes a hablarnos acerca de la responsabilidad que teníamos como líderes de ser mentores de otros líderes. Eso me impresionó profundamente.

¿Qué es la mentoría? Lo imagino como invertir lo mejor de mí, de manera intencionada, en la vida de otros. Me encanta lo que John Wooden dijo al respecto:

> Creo que si uno verdaderamente comprende el significado de ser mentor, entiende que es tan importante como ser padre; de hecho, es igual a ser padre de familia. Como solía decir mi progenitor: «No hay nada que sepas que no lo hayas aprendido de otra persona». Todo en el mundo nos ha sido legado. Cada pieza de conocimiento es algo que otra persona ya ha compartido. Si lo comprendes como yo, entonces ser mentor se convierte en nuestro verdadero legado. Es la herencia más grande que podemos darles a otros. Es la razón por la cual nos levantamos todos los días: para enseñar y ser enseñados.[4]

Cada vez que leo esas palabras, me siento motivado a pensar en todas las personas que han hecho una inversión en mí, que me han dado espontáneamente con el fin de beneficiarme. Cualquier cosa que pueda hacer hoy, o que pueda dar, es posible porque me apoyo en los hombros de ellos. Siento respeto y agradecimiento por la disposición de esas personas a contribuir con mi vida mediante sus consejos, inspirando mi visión y enseñándome principios transformadores. Los siguientes son algunos de mis mentores, junto con las lecciones más grandes que me han enseñado:

Papá (Melvin Maxwell): *Tener una buena actitud es una decisión.* Me enseñó que la actitud es lo que marca la diferencia.

Elmer Towns: *Hay poder en la proximidad.* Me enseñó a acercarme a las personas que podían hacerme ser mejor.

Lon Woodrum: *Ve a lugares que te inspiren.* Me dio la idea de visitar bibliotecas presidenciales, y las he visitado todas.

Bob Kline: *Sé el primero en ver el potencial en otros.* Vio el potencial en mí cuando tenía veinticinco años, y nunca he dado marcha atrás.

Les Parrott: *Expande tu influencia más allá de tu toque personal.* Me alentó a que empezara a escribir libros.

Jerry Falwell: *Sé ranchero, no solo pastor.* Me desafió a no solo alimentar a las ovejas que tenía, sino a que construyera e hiciera espacio para alcanzar a otras ovejas.

Tom Phillippe: *Conviértete en el campeón de tu discípulo.* Fue más que un mentor; fue un patrocinador que puso su reputación en juego por mí para que yo pudiera correr riesgos y vivir ajeno a los límites convencionales.

Orval Butcher: *Lleva el bastón con excelencia.* Me pidió que lo sucediera y me entregó el bastón del liderazgo ante la organización que fundó y que había dirigido por cuarenta y cinco años. Trabajé para llevarlo con excelencia por catorce años y luego lo entregué al líder siguiente.

Charles Swindoll: *La «suerte influyente» es la mejor suerte que uno puede tener.* Chuck me presentó a líderes mucho más grandes y mejores que yo, quienes me aceptaron y me ayudaron.

J. Oswald Sanders: *Todo se levanta y cae por el liderazgo.* Fue mi mentor a distancia por medio de su libro *Spiritual Leadership*, el cual encendió en mí la llama del liderazgo. Pude conocerlo veinte años después para expresarle mi gratitud.

Fred Smith: *El don es más grande que la persona.* Me enseñó que debo sentirme agradecido por los asombrosos dones que Dios me ha dado, pero que recuerde que soy un ser caído, no extraordinario; esa conciencia me mantuvo con los pies en tierra.

Larry Maxwell (mi hermano): *Desarrolla diferentes fuentes de ingresos.* Un hombre de negocios talentoso; me enseñó a crear ingresos pasivos que trabajaran por mí cuando yo no trabajara.

Bill Bright: *Ten una visión por el mundo.* Él quería cambiar el mundo, y cada vez que estaba con él, expandía mi visión y mi propósito.

Zig Ziglar: *Ayuda a otros a obtener lo que quieren y ellos te ayudarán a obtener lo que tú quieres.* Esta afirmación me impulsó a cambiar la manera en la que veía y practicaba el liderazgo; lo amo por eso.

Sealy Yates: *Lleva tu mensaje al mundo de los negocios.* Me alentó a incluir el mercado de los negocios cuando escribía mis libros y, luego de haber vendido treinta y un millones de libros, continuamos ayudando a las personas.

Les Stobbe: ¿Pasará *la página el lector?* Les me dirigió en la manera de escribir y en cómo hacer que mi mensaje escrito fuera más persuasivo.

John Wooden: *Haz de cada día tu obra maestra.* Fue modelo de su filosofía y mi mentor más grande; mi libro *Hoy es importante* fue inspirado por él.

Podría continuar con esta lista, ¡pero no quiero aburrirle! Mi vida ha sido moldeada por mis mentores. Vivo en las alturas gracias a las personas que me elevaron.

¿QUIÉN ES UN BUEN MENTOR?

La mentoría se capta y se enseña. La parte que se capta de la mentoría depende totalmente de la credibilidad del que sirve como su mentor. Por lo tanto, de quién se aprende es tan importante como lo que se aprende. Mis mentores eran contagiosos en cuanto a transferir buenas cualidades. Me beneficié intelectualmente de su sabiduría, pero lo que mi corazón captó fue su espíritu.

«Capté»...

- *Consistencia,* de mi padre
- *Fidelidad,* de Elmer Towns

- *Reflexión,* de Lon Woodrum
- *Deber,* de Bob Kline
- *Creatividad,* de Les Parrott
- *Fe,* de Jerry Falwell
- *Humildad,* de Tom Phillippe
- *Gozo,* de Orval Butcher
- *Posibilidades,* de Chuck Swindoll
- *Satisfacción,* de J. Oswald Sanders
- *Perspectiva,* de Fred Smith
- *Enfoque,* de Larry Maxwell
- *Visión,* de Bill Bright
- *Reciprocidad,* de Zig Ziglar
- *Oportunidad,* de Sealy Yates
- *Servir,* de Les Stobbe
- *Intencionalidad,* de John Wooden

Estos mentores se vertieron en mi vida e invirtieron de sí mismos en mí, por lo que les estoy agradecido. Aún ahora, con mis setenta y tantos años, sigo buscando mentores de quienes aprender y que me inspiren a seguir mejorando.

> LA MENTORÍA SE CAPTA Y SE ENSEÑA. LA PARTE QUE SE CAPTA DE LA MENTORÍA DEPENDE TOTALMENTE DE LA CREDIBILIDAD DEL QUE SIRVE COMO SU MENTOR.

Ya sea que esté buscando un mentor, o ser mentor, las preguntas siguientes deben ser respondidas en forma positiva, de modo que indiquen si alguien tiene el potencial de ser un buen mentor. Al leerlas, respóndalas considerando a los que han sido sus mentores. Piense, también, en cómo otras personas que desean ser guiadas por usted las responderían.

1. ¿Tiene credibilidad el mentor?

La credibilidad lo es todo al momento de seleccionar a un mentor. Uno no le pide a alguien que le instruya en un área en la que nunca haya comprobado su éxito; no busca consejos de negocios en alguien que nunca ha manejado uno con éxito; no recibe instrucciones de aptitud física de alguien que está en malas condiciones y con veinte kilos de sobrepeso; no le pide a un orador mediocre que le enseñe a comunicarse. Eso, sencillamente, no tendría sentido.

Mi amigo Dale Bronner, exitoso hombre de negocios y pastor que ha sido parte de mi junta directiva por años, escribió un libro sobre la mentoría, y me encanta la manera en la que describe la credibilidad de un mentor.

Los mentores tienen lo que los franceses llaman «savoir-faire». La traducción literal de *savoir* es «saber» y *faire* significa «hacer». Por lo tanto, savoir-faire es «saber hacer».

Este término se le ha aplicado, por lo general, a individuos conocedores de la etiqueta y los buenos modales: «Ella tiene un cierto savoir-faire».

Los mentores también deben poseer ese «saber hacer». Sin esta confianza y ese conocimiento, no estarían listos para transferir a otros lo que han aprendido... El proceso de mentoría enseña con la práctica, y su objetivo es el mejoramiento, no la perfección. Uno solo se frustra consigo mismo si busca ser absolutamente perfecto.

El propósito subyacente de la mentoría no es lograr que las personas *actúen* de manera diferente, sino que *sean* diferentes. Y esto no ocurre de la noche a la mañana. Este proceso es *evolucionario*, no *revolucionario*.[5]

Los mentores competentes gozan de una credibilidad que proviene tanto de saber como de hacer. Por este motivo, pueden

> «EL PROPÓSITO SUBYACENTE DE LA MENTORÍA NO ES LOGRAR QUE LAS PERSONAS *ACTÚEN* DE MANERA DIFERENTE, SINO QUE *SEAN* DIFERENTES».
>
> —DALE BRONNER

ayudar a otros a evolucionar con el paso del tiempo mediante sus acciones y su conocimiento.

Si busca a un mentor, busque credibilidad. Si planea ser mentor, desarróllela. Y cuando sea mentor de otros, hágalo solamente en áreas en las que tenga éxito comprobado. Según crezca su credibilidad, podrá expandir las áreas en las que asesore a otros.

2. ¿Es la fortaleza del mentor compatible con la suya?

Antes de establecer una relación de mentoría, es importante que sepa esta verdad: enseñamos lo que sabemos, pero reproducimos lo que somos. La razón por la cual la mentoría es tan poderosa es que los buenos mentores poseen la capacidad de reproducir sus aptitudes en las vidas de sus discípulos, pero eso solo es posible si los mentores y los discípulos comparten fortalezas similares.

Es bueno admirar a las personas talentosas y exitosas. Es fantástico asociarse con ellas si hay algo que puedan lograr juntos. Pero si no se tienen fortalezas en común, la relación de mentoría no será mutuamente beneficiosa. El mentor se frustrará y el discípulo no será capaz de ejecutar lo que el mentor le enseñe. Sería como si LeBron James intentara enseñarle a jugar baloncesto a un holgazán de un metro setenta.

Las dos áreas en las que casi siempre soy mentor de otros son el liderazgo y la comunicación, porque esas son mis fortalezas más grandes. Y los individuos con quienes trabajo no solo tienen aptitudes en una de esas áreas o en las dos; típicamente ya las han desarrollado. De modo que cuando hacen preguntas, usualmente son muy específicas o muy complejas, y me causa sumo gozo compartir cosas de mis más de cincuenta años de experiencia. Cuanta más aptitud y experiencia tienen, más competentes serán las preguntas que hagan. Y así debe ser.

Hay otra implicación en cuanto a la importancia de que el mentor y el discípulo compartan fortalezas: todos necesitamos a más de un mentor. Nadie lo hace todo bien y no hay un solo individuo que comparta todas sus fortalezas. Busco a diversas personas que me ayuden a desarrollar diferentes áreas de mi vida. Usted también debe hacerlo.

No espere nunca ser el único mentor de alguien. Podrá abarcar mucho terreno como mentor para un principiante. Pero cuando sea mentor de líderes de alto nivel, le será necesario especializarse.

3. ¿Reproduce, el mentor, a otros líderes?

Reproducir líderes solo sucede si el mentor los produce. Si usted no está identificando, atrayendo ni equipando a líderes, aún no posee credibilidad como mentor de liderazgo. Es necesario que haga el trabajo previo para desarrollar la credibilidad. Y si desea tener un mentor en liderazgo, no trate de conectarse con nadie que no haya comprobado que produce líderes.

Hace años, cuando tuve la oportunidad de que el entrenador John Wooden fuera mi mentor, me abalancé sobre la oportunidad. Él era un *magnífico* entrenador de baloncesto, pero yo no buscaba aprender baloncesto con él. Esa no es una de mis fortalezas. Si solo lo admirara por sus aptitudes de baloncesto, habría sido divertido reunirme con él una vez, pero no tendría sentido que fuera mi mentor. Sin embargo, John Wooden desarrollaba *líderes*. Sus jugadores de baloncesto reconocían que les había enseñado más acerca de la vida y del liderazgo que de baloncesto. Ese era el enfoque de mis preguntas cada vez que nos reuníamos.

¿ES ENTRENAMIENTO O MENTORÍA?

Antes de continuar, quiero responder a una pregunta que casi siempre me hacen acerca de la mentoría y el entrenamiento. Probablemente es la segunda pregunta que más frecuentemente escucho, después de «¿Quién fue su mentor?». (Ya saben la respuesta). Tal vez me la hacen porque John Maxwell Team es una empresa de entrenamiento. Los interlocutores frecuentemente quieren saber la diferencia entre mentoría y entrenamiento. Sé que hay algunos que argumentan la superioridad de uno sobre el otro. Aun cuando reconozco que existen diferencias entre ambas cosas, debo decir con sinceridad que hago las dos cosas al mismo tiempo. Por asunto de claridad, esta es la manera en la que veo las diferencias entre estos aspectos.

Entrenamiento	Mentoría
Centrado en las aptitudes	Centrada en la vida
Escenario formal	Escenario informal
Más estructurado	Menos estructurado
Instrucciones	Consejos
De corto plazo	De largo plazo
Enfoque estrecho	Enfoque amplio
Impulsa la agenda	Recibe la agenda
Posicional	Relacional
Consciente de las aptitudes	Consciente de sí mismo
Entrena	Desarrolla
Hacer algo	Ser algo
Transaccional	Transformador

La forma en la que interactúo con un líder en particular que esté desarrollando —y mi decisión de inclinarme hacia el entrenamiento o la mentoría— depende del punto en donde se encuentre el líder en la actualidad y lo que esa persona necesite. Pero mi meta siempre es la misma: ayudar a ese líder a avanzar al siguiente nivel en lo personal y en lo profesional. Me esfuerzo por invertir en ellos, desafiarlos, alentarlos y ayudarlos a convertirse en su mejor versión.

CÓMO SER MENTOR DE LÍDERES

Quiero darle un mapa de ruta para ser mentor de líderes. El mapa es sencillo, pero el viaje que desarrollará no lo será. Como mentor, tendrá que ser maestro, guía, entrenador y porrista, por lo que deberá decidir cuál ser en el momento correcto. Pero hay pocas cosas que dan semejante satisfacción en la vida. Este es el modo de proceder que recomiendo:

1. Escoja de quiénes será mentor; no permita que ellos le escojan a usted

Cuanto más exitoso sea, mayor será el número de personas que le pedirán que sea su mentor. Pero es crucial que *usted* sea el que escoja. Esto lo aprendí en el libro más grande de liderazgo que he leído: la Biblia. De hecho, todo lo que sé acerca del liderazgo tiene sus raíces en ella. Jesús era un líder asombroso. La Biblia no dice eso, pero la historia lo demuestra. Nadie ha sido un mentor de líderes más eficaz que Jesús. Empezó con un grupo pequeño de individuos ordinarios y esos líderes crearon un movimiento mundial.

Regi Campbell, empresario y escritor, fundador de Radical Mentoring, escribió acerca de la importancia del proceso de selección para la mentoría:

> Jesús escogió a los doce. Ellos no lo escogieron a Él.
>
> Esta es una de las lecciones más valiosas que podemos aprender de Jesús. Y es uno de los aspectos más contraculturales que implica convertirnos en mentores como Él.
>
> Una vez tras otra escucho a los jóvenes que buscan mentores. «¿Podríamos desayunar juntos? Me gustaría saber sus ideas, si se puede». Todos hemos pasado por eso.
>
> Las Escrituras no representan la mentoría de Jesús de ese modo. De hecho, podemos visualizar al joven rico cuando se acercó a Jesús. Quizás le dijo, y estoy parafraseando: «He sido bueno. He obedecido los mandamientos. ¿Qué se necesita para unirme, seguirte, llegar a ser parte de tu círculo íntimo?».
>
> Podemos ver a Jesús... leyendo los motivos del joven a partir de la expresión de su interés en el reino. «Fantástico, anda y vende todas tus posesiones y regresa a verme».
>
> Fin de la conversación.[6]

Permitir que otros seleccionen de quién será mentor es como elegir sus inversiones comprando cualquier fondo de inversiones presentado por cualquier vendedor que le llame para ofrecérselo. No habría manera de determinar con qué quedaría ni el resultado final. Al contrario, es necesario que usted escoja de manera selectiva las personas en las cuales ve el mayor potencial de liderazgo. Cuando escoja a las personas correctas, usted gana, ellos ganan, todos ganan.

2. Fije las expectativas para los dos de antemano

Las personas entran a una relación de mentoría con todo tipo de suposiciones y, tal como lo dice el dicho, las suposiciones son la madre de todos los desastres. Charles Blair, otro de mis primeros mentores, acostumbraba decir: «Lleguen a un entendido, para que no haya malos entendidos». Ese es un buen consejo al iniciar una relación de mentoría. Hay que hacer el trabajo previo por parte de todos: el nosotros, el usted y el yo de la relación. Así lo preparo yo. Cuando nos sentamos, por primera vez, explico tres grupos de expectativas:

Expectativas para nosotros
Me gusta empezar con las cosas que los dos acordamos hacer:

Mantendremos un acuerdo de rentabilidad sobre la inversión. Las relaciones no perduran cuando se vuelven unilaterales. Si eso ocurre, la persona que da empieza a resentir o a lamentar la relación. La mentoría está prevista para brindar rentas sobre la inversión a las dos personas. Cuando las dos personas se benefician, la relación es vivificante. Cuando no, alguien querrá salir de ella pronto. Cada vez que nos reunimos, los dos tenemos que sentir que la experiencia fue gratificante. Si no lo es, uno de nosotros puede decir que ha seguido su curso natural y podemos alejarnos de ella sin pena ni culpa.

Nos mejoraremos el uno al otro. Reunirnos con este tipo de anticipación positiva pone la pauta para la experiencia. El discípulo espera ser mejorado. Pero en las mejores relaciones, el mentor mejora también. Esto requiere que ambos, con humildad, traigan algo a la mesa. Si lo hacen, se convierte en una experiencia maravillosa de crecimiento. Reconozco que hay más de una manera de ver y de hacer las cosas, así que es sabio esperar que todos sean mis maestros. Y usted también debiera hacerlo. Ese es el propósito de la mentoría.

Expectativas para usted

Lo siguiente que quiero hacer es informar a la persona lo que espero de él o de ella:

Debe venir preparado. Me gusta pedirles a aquellos de los cuales soy mentor que fijen el plan al reunirnos inicialmente. Quiero que me digan cuáles son sus objetivos, los problemas que están enfrentando en la actualidad y las preguntas que puedo responder. Lanzo la pelota a su cancha. Les pido que me envíen sus preguntas el día antes de que nos reunamos. Eso me da la oportunidad de pensar en mis respuestas. Y espero que lleguen donde me encuentre, que lleguen a tiempo, que estén preparados y que participen a nivel profundo.

Debe continuar ganando mi tiempo. Mi tiempo es muy limitado, así que tengo que sacarle el máximo provecho. Estoy seguro de que eso también es cierto en su caso. Decidir ser mentor de alguien es una decisión que tomo, no una obligación que debo cumplir. Siempre y cuando la persona de la que soy mentor esté avanzando, estoy dispuesto a continuar reuniéndome. Si el avance se detiene, yo también lo hago.

Debe mejorar, no solo aprender. Espero que las personas de las que soy mentor continúen prestando atención, tomen apuntes y aprendan. Pero no basta con que participe su intelecto. Quiero ver cambios. Aplicar lo aprendido poniéndolo en acción es la única manera de encargarme del crecimiento y convertirme en un mejor líder. Por eso es que la primera pregunta que le hago a alguien que estoy asesorando es cómo ha aplicado lo que aprendió la última vez que nos vimos. Es mala señal si tartamudean o si de repente se quedan pasmados. No obstante, con mayor frecuencia me responden y luego hacen preguntas magníficas de seguimiento. El aprendizaje profundo se deriva de los problemas y de la aplicación de las lecciones.

Debe ser mentor para otros líderes. La razón por la cual sirvo como mentor es para transmitir lo que he aprendido. Como lo he dicho, mi propósito es añadir valor a los líderes que lo multipliquen en otros. No conozco mejor manera de multiplicar valor a aquellos de quienes soy mentor que si ellos son mentores para otros. La magia de la mentoría es la multiplicación. Cuando los líderes jóvenes que asesoro expresan un sentimiento de responsabilidad por ayudar y desarrollar a otros, eso lo veo como madurez. Me causa mucha satisfacción cuando alguien de quien he sido mentor me presenta a otro quién está siendo mentor a su vez. Eso es digno de celebrarse.

Expectativas para mí

Por último, le indico a la persona de la que voy a ser mentor lo que puede esperar de mí y la norma que me fijo para mí mismo.

Seré una persona con quien podrá compartir de manera segura. Los buenos mentores son dignos de fiar y edifican un fundamento de confianza. Warren Bennis y Burt Nanus denominan a la confianza «el pegamento que une a los líderes con los seguidores».[7] Forjar confianza podrá tomar tiempo, pero es importante porque la profundidad de la mentoría es determinada por la vulnerabilidad de la persona que asesoramos. Mi parte es ser auténtico con mis discípulos, permitirles que expresen sus emociones y guardar todo lo que me digan en confidencia. La confianza es resultado de la autenticidad, no de la perfección. Su parte es ser transparentes conmigo, no ocultarse y ser receptivos. Ellos pueden esperar que yo sea una persona segura.

Estaré a su disposición. La disponibilidad significa que se puede depender de uno y que uno es accesible. Cuando las personas lo necesitan a uno, pueden hallarle. Aquellos a quienes desarrollo saben que estoy tan cerca como a una llamada de su teléfono. Tienen acceso a mí. Pocas veces se han aprovechado de tal acceso. Respetan mi tiempo y solo me buscan cuando es esencial. Pero no solo recibo con gusto que me llamen, sino que también consulto con ellos para asegurarme de que les va bien. Y estoy listo para responder si necesitan un consejo.

Le daré lo mejor de mí. Mis mentores siempre me dieron lo mejor de sí. Eso me impresionó. Soy fruto de sus esfuerzos. No seré el mejor mentor, pero aquellos que asesoro recibirán mis mejores esfuerzos. Trabajo para alcanzar el mismo nivel que se alcanzó conmigo.

Me preocuparé por sus intereses. Mis consejos como mentor siempre estarán ajustados a lo que sea mejor para la persona que asesoro. Esto no significa que siempre estaremos de acuerdo. Tampoco significa que a todos les daré lo que pidan. Solo significa que haré todo lo posible por guardar puros mis motivos y por poner los intereses de ellos primero.

He hallado que cuando establezco las expectativas con anterioridad, la relación de mentoría avanza bien. Cuando no lo hago, se derrumba. Creo que hallará que lo mismo puede ocurrir en su caso. A final de cuentas, el mentor debe convertirse en un amigo de confianza. Aun el gran John Wooden quería eso para mí. Nunca quiso ser mi héroe. Quería lo mejor para mí. En su libro sobre mentoría, describió la diferencia entre los héroes y los mentores. «Un héroe es uno que se idolatra, mientras que un mentor es uno que se respeta. El héroe se gana nuestro asombro, el mentor se gana nuestra confianza. El héroe nos deja sin aliento, al mentor le entregamos nuestra confianza. Los mentores no buscan crear a una nueva persona; sencillamente buscan ayudar a que una persona se vuelva una mejor versión de sí misma».[8] Eso es lo que estamos buscando.

> «LOS MENTORES NO BUSCAN CREAR A UNA NUEVA PERSONA; SENCILLAMENTE BUSCAN AYUDAR A QUE UNA PERSONA SE VUELVA UNA MEJOR VERSIÓN DE SÍ MISMA».
>
> —JOHN WOODEN

3. Personalice su mentoría para ayudar a los líderes a alcanzar el éxito

Una de mis cosas favoritas es la comunicación. Me encanta conectarme con las personas, conducirlas en un viaje emotivo y enseñarles cosas que les agregarán valor. Pero siempre recuerdo que eso no es ser mentor. Se puede enseñar a las masas y dirigir a los grupos, pero la labor de mentor se hace con individuos, uno por uno.

El experto en liderazgo Peter Drucker dijo: «Es importante discipular una vida, no enseñar una lección». Eso es lo que significa ser mentor. Es discipular a otra persona. Involucra discernir dónde se encuentra, saber dónde se supone que vaya y darle lo que necesita para llegar allí. Los líderes mentores deben ser hábiles para evaluar el potencial y las necesidades de los demás. Deben ser capaces de comprender las áreas en las cuales los individuos necesitan crecimiento para llegar al siguiente nivel de desarrollo. Reconocen, como lo dijo Drucker, que los individuos son como flores. Uno, cual una rosa, necesita abono. Otro, cual una azalea, no lo necesita. Si no damos a las flores el cuidado que necesitan, nunca florecerán. Los líderes mentores reconocen quiénes son su gente y lo que necesitan de manera individual.

Cuando sea mentor de líderes, preste atención a la personalidad de cada uno, a su estilo de aprendizaje, a su lenguaje de amor, sus fortalezas, debilidades y motivación interna, a su situación y sus antecedentes, sus relaciones familiares, aspiraciones, inspiraciones y más. Aproveche cada punto de conocimiento que tenga para beneficio de cada líder.

4. Tenga interés suficiente para sostener conversaciones cruciales

Los buenos mentores no titubean en tener conversaciones difíciles con aquellos a quienes asesoran. Enfrentan los problemas presentes, aunque otros los eviten. Con mucha frecuencia, el mejor momento para tener una conversación crucial es ahora. Por eso recomiendo a los líderes que manejen el bulto mientras esté pequeño. No obstante, si creo que la conversación será particularmente difícil para la otra persona, hay veces que digo: «Hablemos de "eso" en nuestra próxima reunión». De esa manera tendrán tiempo de prepararse emocionalmente para la conversación. Pero prefiero no esperar. Si se posterga una conversación difícil, será más difícil tenerla porque el tiempo hace que se sienta cada vez más perturbador.

Además, la mayoría interpreta el silencio como aprobación. Encima de eso, todo problema que queda sin tratarse típicamente empeora y se torna más difícil de resolver posteriormente. Cuanto más espere para hablar de ello, más probable será que nunca abordará el tema. Esa sería una mentoría deficiente.

En el capítulo 4 escribí sobre Traci Morrow. Ella no solo es una entrenadora en John Maxwell Team y empresaria de Beachbody, sino que también es presentadora en la transmisión Live2Lead de mi empresa, al igual que en Maximum Impact Mentoring. En años recientes, he dedicado tiempo a ser su mentor y hemos tenido un buen número de conversaciones cruciales. Recientemente le pregunté si se sentiría cómoda si hablaba acerca de nuestras conversaciones, a lo que estuvo más que dispuesta. Esto fue lo que dijo:

> LOS BUENOS MENTORES NO TITUBEAN EN TENER CONVERSACIONES DIFÍCILES CON AQUELLOS A QUIENES ASESORAN. ENFRENTAN LOS PROBLEMAS PRESENTES, AUNQUE OTROS LOS EVITEN.

Puedo contar con que me dirás la verdad. Típicamente, me entregas la verdad envuelta en una pregunta y siempre con una decisión, mi decisión. Tener alternativas me hace sentir que me valoras. Una de las primeras cosas que hiciste cuando se inició nuestra relación de mentoría fue que me preguntaste por mi lenguaje de amor y cuando supiste que era palabras de afirmación, te aseguraste de hablarlo. Pero con eso no digo que solo me das palabras de elogio y aprecio, aunque lo haces. Lo que más valoro es que me dices palabras que me ayudan a crecer, palabras duras que muchos no tienen la bendición de oír de un mentor amado y de confianza.

Me has desafiado a tomar decisiones cuando he dudado, a realizar una llamada pospuesta por lo difícil que es o a enfrentar algo que he obviado y no he abordado. Me has desafiado cuando he debido actuar y he permanecido inmóvil, y me has dicho verdades fuertes de la manera más amorosa que he recibido aparte de las de un padre o un esposo. Me asombra que compartas perspectivas conmigo que saquen lo mejor de mí más que menospreciarme. Tus palabras despiertan la líder tenaz que hay en mi interior, más que hacerme sentir insignificante.

Hay una de nuestras sesiones que realmente sobresalió. Fue después de haber hecho una entrevista con alguien en un foro público y en la cual perdí la conexión con la audiencia. Fue un error. Sabía que algo no andaba bien como a mitad de la entrevista, pero estaba muy cerca como para ver lo que hacía falta. No podía esperar a escuchar tus comentarios. Para la mayoría de las personas sería espantoso escuchar los comentarios de un experto comunicador sobre un trabajo que no salió bien pero, en mi caso, ya había sentido lo peor; ya había sufrido con la entrevista. Deseaba analizar mi actuación para ver en qué fallé y, como sabía que querías ayudarme, me dirías la pura verdad.

Mientras describías mis errores, hablabas con un tono amable pero sin atenuar tus comentarios. Ese día aprendí dos cosas: cómo no perder conexión con la audiencia y, además, cómo ser mentor de alguien que acababa de sufrir un bochornoso fracaso.

Siempre salgo de mis conversaciones contigo sabiendo lo que necesito hacer para crecer y sintiendo la libertad de optar, en verdad, por el crecimiento. Puedo ver en tu rostro y escuchar en tu voz que crees en mi capacidad de hacer lo que es necesario para crecer. No es divertido escuchar verdades duras, pero de alguna manera, anhelo tus comentarios con agrado. La raíz de ello es la confianza.

Ese es el tipo de retroalimentación que todo mentor valora. Creo en el potencial de Traci y deseo lo mejor para ella. Así me siento con todos aquellos de los que he sido mentor. Son como mis hijos y mis hijas; por tanto, quiero sacar lo mejor de ellos y verlos convertirse en la mejor versión de sí mismos. La única manera de hacerlo es decirles cosas duras que les ayuden.

Cuando se ingresa a una conversación crucial, hay que estar dispuesto a decirle a la otra persona lo que necesita escuchar: para beneficio de ella, no el propio. Sí, deberá expresarse de la manera que sea mejor recibida por la persona, pero el mensaje realmente deberá ayudarle. Algunas veces el mentor es el único ser, que un individuo tiene, dispuesto a decirle la verdad. Esa es la razón por la cual Sheri Riley escogió la función que desempeñó con Usher. Sheri sabía que ese joven no tenía a nadie aparte de su madre que se preocupara tanto por él como para decirle lo que necesitaba oír.

Hay otra cosa importante que debo decir acerca de las conversaciones cruciales. Deben ser una calle de doble vía. Necesitamos estar tan dispuestos a oír la verdad como las personas a las que asesoramos. Por eso les he dado autorización a todos mis líderes de que me hablen. Quiero que sientan que pueden tener conversaciones cruciales conmigo cuando estimen que yo lo necesito. Mi amigo Ed Bastian, presidente de la junta directiva de Delta, tiene la misma actitud. Él le dice a su círculo íntimo: «Díganme lo que debo dejar de hacer... seguir haciendo... y empezar a hacer». Eso es algo excepcional porque proviene del líder de una de las empresas más grandes del mundo.

El proceso de mentoría luce diferente para cada mentor y cada individuo que la recibe. Y así debe ser. Es una experiencia muy personal. Pero el resultado debería ser el mismo. El líder que está siendo asesorado debe ascender a un nivel más alto de liderazgo. El último paso en la mentoría termina con el mentor del líder que toma la batuta de su mentor y lo supera.

Me topé con una historia conmovedora que ilustra este concepto. Podría ser apócrifa, pero igual me encanta:

Se cuenta que cuando Leonardo da Vinci todavía era aprendiz, antes que su genio resplandeciera, recibió la siguiente inspiración especial: su antiguo y famoso maestro, debido a los crecientes males de la edad, se sintió obligado a renunciar a su trabajo y, un día, le pidió a da Vinci que terminara un cuadro que él había empezado. Aquel joven sentía tal respeto por la pericia de su maestro que quiso evadir la tarea. El anciano artista, no obstante, no aceptaba ninguna excusa, sino que persistía en su orden, diciendo sencillamente: «Haz tu mejor esfuerzo».

Al fin, Da Vinci tomó el pincel temblando y arrodillándose ante el caballete oró: «Es por el amor de mi querido maestro que imploro me des la habilidad y la fuerza para esta tarea». Mientras avanzaba su mano se hizo más firme, su ojo despertó con genialidad. Se olvidó de sí mismo y se llenó de entusiasmo por su trabajo. Al culminar la pintura, el viejo maestro fue llevado al estudio para que juzgara el resultado. Su ojo se posó sobre la prodigiosa obra de arte. Echando sus brazos alrededor del joven artista, exclamó: «Hijo mío, ya no pinto más».[9]

Eso es lo que un mentor desea ver definitivamente. Quiere verter de sí en su discípulo y llegar a ver que este le sobrepase. Este es un cuadro de una obra maestra de mentoría. Tal vez nunca lo logremos, pero no debemos dejar de esforzarnos por lograrlo jamás.

CAPÍTULO 9

REPRODUZCA LÍDERES

Muéstreles cómo se desarrollan los líderes

¿Qué es lo fundamental para mantener a una organización en marcha y rentable? Un buen líder. ¿Qué es esencial para que una organización crezca? Un buen líder. ¿Y qué es lo principal para traer un cambio positivo a una organización? Insisto, la respuesta es un buen líder. Toda organización necesita nuevos y mejores líderes. Lo único que limita el futuro de una organización es el número de buenos líderes que desarrolle.

¿Por qué digo esto? Porque la ley del tope, de *Las 21 leyes irrefutables del liderazgo,* dice: la capacidad de liderazgo determina el nivel de eficacia de una persona.[1] A mayor capacidad de liderazgo que tenga un individuo, mayor será el éxito o impacto que podrá hacer. Y a mayor número de personas con capacidad extraordinaria de liderazgo, mayor el potencial de éxito de la organización. La calidad y la cantidad de líderes que haya dentro de una organización determinan su tope.

Hay otra ley que entra en juego aquí. Es la ley del banco, de *Las 17 leyes incuestionables del*

> LO ÚNICO QUE LIMITA EL FUTURO DE UNA ORGANIZACIÓN ES EL NÚMERO DE BUENOS LÍDERES QUE DESARROLLE.

trabajo en equipo, que afirma que los grandes equipos siempre tienen gran profundidad.[2] A mayor número de buenos jugadores que tenga un equipo, y en este caso los jugadores son líderes, mejor será el equipo ¿Por qué?

- Un buen banco le da capacidad ampliada al equipo.
- Un buen banco le da mayor flexibilidad al equipo.
- Un buen banco le da sostenibilidad de largo plazo al equipo.
- Un buen banco le da opciones múltiples al equipo.

Tuve que aprender estas lecciones a la manera difícil porque, como parte de mi formación, recibí muy poca capacitación en liderazgo. En mi licenciatura, mi título era de teología. Las malas noticias: he obtenido tres títulos y jamás he tomado un curso de liderazgo. Las buenas noticias: he estudiado la Biblia toda mi vida y me ha proporcionado mi educación sobre el liderazgo. Todo lo que sé del liderazgo puedo conectarlo con una declaración, una historia o un principio que aprendí de la Biblia. Algunas personas se sienten desencantadas cuando les digo eso, pero no se preocupe, no estoy tratando de convertirle. Solo quiero ayudarle hablándole acerca de principios de liderazgo probados y comprobados.

Cuando dirigí mi primera organización, al principio no comprendía la importancia del liderazgo. Como resultado de ello, cuando salí de ahí, nadie continuó lo que yo había iniciado, ni edificaron nada nuevo. Todo, sencillamente, se extinguió.

Mi primer encuentro con el concepto de *reproducir* líderes fue cuando finalmente comprendí algo en la Biblia que Pablo, que fue un líder de categoría mundial, escribió a Timoteo, un joven del cual era mentor. Pablo le dio a Timoteo la siguiente instrucción: «Lo que has oído de mí... esto encarga a hombres fieles que sean idóneos para enseñar también a otros».[3] Pablo había equipado a Timoteo para liderar y, sin embargo, continuaba siendo su mentor. En esta carta, le dice con claridad que Timoteo tenía la responsabilidad de equipar a otros líderes y ser su mentor. ¿Y qué debían hacer ellos? Debían continuar el proceso enseñando y equipando a otros. Si uno lo piensa, la implicación de este pasaje es que la reproducción de líderes continuaría hasta que alcanzara por lo menos a una cuarta generación: de Pablo (1) a Timoteo (2), de Timoteo a hombres fieles (3), y de hombres fieles a otros (4). Así es como ocurre la reproducción: de un líder a otro.

Ese texto cambió mi enfoque y me dio una nueva meta: reproducir líderes. Por cincuenta años, mi visión ha sido reproducir líderes que continúen el mismo proceso con otros. Desde que empecé a invertir en personas con potencial elevado, nunca me he detenido. Y después de hacerme competente en el desarrollo de líderes, me esforcé por imitar a Pablo, cuya visión era producir líderes que se reprodujeran en otros líderes. Eso en sí ha sido un proceso de desarrollo, porque tuve que crecer para desarrollar esa aptitud.

Hay una tentación muy real para los líderes que logran cierto nivel de éxito y es descansar en sus laureles. El ascenso al liderazgo puede ser extenuante y algunos desean disfrutarlo desde la cima. Quieren detenerse y oler las flores. Pero ese no es el propósito óptimo del logro del liderazgo. El propósito óptimo es usar todo lo que haya aprendido para darles una mano a otros, ayudándoles a tornarse líderes y enseñándoles que hagan lo mismo con otros líderes.

Uno de los líderes que ayudó a muchos otros y a mí fue Jack Hayford. No solo me mostró muchos de los gajes del oficio, sino que cuando sufrí un ataque cardíaco a los cincuenta y tantos años, me llamó para decirme que estaba dispuesto a tomar mi lugar en cualquier compromiso con el cual no pudiera cumplir durante mi recuperación. ¡Qué clase de regalo!

Otro de los líderes desarrollado por Jack es el escritor Mark Batterson, que describió lo que Jack le enseñó:

> Cuando tenía veintitantos años, pasé una semana con Jack Hayford en su institución educativa School of Pastoral Nurture. Esa semana transformó la trayectoria de mi ministerio. Jack ya tiene más de ochenta años, ¡y su ingenio y sabiduría son fuera de serie! En una reunión de pastores hace poco, Jack dio a conocer su receta secreta. Es muy sencilla, pero profunda: *toma decisiones en contra de ti mismo.*

Queremos el éxito sin sacrificio, pero la vida no funciona así. El éxito no tiene atajos. Hay que pagar el precio y nunca hay rebaja ni ofertas especiales. La mejor decisión que usted puede tomar por sí mismo es tomar decisiones en contra de usted mismo. Tiene que disciplinarse para hacer lo correcto día tras día, semana tras semana, año tras año. Y si lo hace, la recompensa es mucho mayor que el precio que ha pagado...

Ahora, apliquemos esta idea a usted. Si quiere salir de una deuda, le es necesario tomar decisiones financieras en contra de sí mismo. Eso se conoce como ajustarse a un presupuesto. Si quiere ponerse en forma, tendrá que tomar decisiones en su contra en lo físico. Vaya al gimnasio.[4]

La receta secreta de Jack se aplica al desarrollo de líderes. Si desea una organización exitosa con más y mejores líderes, le será necesario pagar el precio. Tendrá que tomar decisiones en contra de sí mismo como, por ejemplo, no descansar en sus laureles ni disfrutar de su éxito; en lugar de ello tendrá que invertir su tiempo en el desarrollo de líderes. Tendrá que poner manos a la obra si desea ser un líder que se reproduce.

Creo que hay seis niveles de crecimiento que debe alcanzar si desea convertirse en un líder que se reproduce:

1. Crecimiento que le permite hacer bien su trabajo.
2. Crecimiento que le permite hacer crecer a otros en su trabajo.
3. Crecimiento que le permite reproducirse a sí mismo en su trabajo.
4. Crecimiento que le brinda oportunidades para un liderazgo a nivel más alto.
5. Crecimiento que le prepara para llevar a otros a niveles más altos.
6. Crecimiento que le extiende lo suficiente para tener una relación como mentor de un líder que está en desarrollo.

Algunos se hacen buenos en su trabajo rápidamente. Otros se tardan más. Algunos enfocan toda su carrera en llegar a ser excelentes en lo que hacen. Nunca se les ocurre empezar a ayudar a otros a aprender a hacer lo que ellos hacen. Pero creo que la mayoría de las personas están dispuestas a ayudar a otros a aprender, a crecer y a avanzar, hasta por lo menos el segundo nivel de crecimiento.

Se requiere cierto nivel de aptitud y dedicación para verdaderamente reproducirse uno mismo y ayudar a otra persona a crecer hasta que tome nuestro trabajo. Sin embargo, si uno hace eso y sigue haciéndolo, se le invitará a un nivel más alto de responsabilidad en el liderazgo. Al llegar a ese punto, puede dar el paso siguiente. Puede volver a iniciar el proceso de reproducción, solo que esta vez estará desarrollando líderes, no trabajadores.

El nivel más alto de crecimiento viene cuando se desarrollan generaciones de líderes. Cuando se logra desarrollar a un líder, que a su vez desarrolla a otros líderes sin participación directa de usted, esto puede tener un efecto multiplicador por generaciones.

DESARROLLE UNA CULTURA DE REPRODUCCIÓN

Si desea ascender por estos niveles de crecimiento, y alentar a otros líderes en su organización para que hagan lo mismo, es necesario que cree una cultura que fomente la reproducción de líderes. Cuando haga eso, el desarrollo de líderes podrá convertirse en la norma. Por el contrario, en una organización cuya cultura no ve la reproducción como prioridad, las personas guardan su territorio en vez de tratar de expandirlo con solo desarrollar más líderes. Esta mentalidad de escasez restringe el crecimiento y atrae a otros con esa mentalidad limitada. El resultado de ello es una organización que experimenta menos triunfos y enfrenta posibilidades reducidas para el futuro.

Para desarrollar una cultura de reproducción, es necesario tener estas cinco expectativas en su lugar y asegurar que los miembros de su organización las cumplan.

1. El líder del equipo es el portador principal de la cultura

La cultura del equipo o de la organización que dirige empieza con usted. Es necesario que la modele, la nutra, la supervise y la incentive. En medio de todas sus otras responsabilidades, debe tomar la creación de una cultura reproductiva como su prioridad más alta, y usted mismo deberá fijar el modelo de crecimiento y desarrollo para los demás. Mark Miller tiene esa responsabilidad en Chick-fil-A como vicepresidente de liderazgo de alto rendimiento de esa empresa gigante. Él dijo: «Creemos que el liderazgo puede tornarse en nuestra principal ventaja competitiva. Queremos ser conocidos por una organización que pueda decir con orgullo y confianza: "Aquí se forman los líderes"».[5] Me encanta esa afirmación. Toda organización que desee crear una cultura de liderazgo debiera adoptarla.

Cuando trabajo para dirigir organizaciones que se enfocan en el desarrollo de líderes, me esfuerzo por modelar las seis «C» de una cultura de reproducción. Usted también debe hacerlo.

- **CARÁCTER: VÍVALO.** Todo empieza con un carácter fuerte. Eso no es algo que uno pueda hablarlo solamente; es algo que tiene que estar en el corazón de lo que uno es. Hay que vivirlo todos los días. Hay que mantener la integridad, tratar a los demás con respeto, desear lo mejor para las personas y hacer el esfuerzo necesario para ayudarles.

- **CLARIDAD: MUÉSTRELA.** Tiene que pasar tiempo desarrollando líderes. Debe participar personalmente y su equipo necesita ver que lo haga para que comprendan cómo se hace y la importancia que eso tiene.

- **COMUNICACIÓN: DÍGALO.** Debe hablar constantemente acerca del liderazgo para que llegue a ser parte del lenguaje y de la conversación cotidiana.

- **CONTRIBUCIÓN: ADUÉÑESE DE ELLO.** Si es el líder, la responsabilidad termina con usted. Necesita adueñarse de su responsabilidad de desarrollar líderes y otros harán lo propio. Y cuando otros den un paso al frente y digan: «Me adueño de esto», todo el equipo se fortalece.

- **CONGRUENCIA: HÁGALO.** El desarrollo de líderes nunca finaliza. Es algo que hay que cultivar cada día. ¿Por qué? Porque la necesidad de más y mejores líderes nunca termina.
- **CELEBRACIÓN: ABRÁCELO.** Cuando se reconoce, recompensa y se celebra el desarrollo de líderes de manera constante, se eleva en la organización y se entreteje en su cultura. Cada líder aspira a llegar a formar parte de ello y a seguir.

Arthur Gordon dijo: «Nada es más fácil que decir palabras. Nada es más difícil que vivirlas día tras día. Lo que se promete hoy debe renovarse y volverse a decidir mañana y cada día que se extiende delante de uno».[6] Cuando el líder modela el desarrollo de liderazgo a diario, todos los miembros del equipo reconocen su importancia. Si el líder lo descuida o lo delega a otra persona, esto comunica el mensaje de que no tiene una prioridad alta.

> «NADA ES MÁS FÁCIL QUE DECIR PALABRAS. NADA ES MÁS DIFÍCIL QUE VIVIRLAS DÍA TRAS DÍA. LO QUE SE PROMETE HOY DEBE RENOVARSE Y VOLVERSE A DECIDIR MAÑANA Y CADA DÍA QUE SE EXTIENDE DELANTE DE UNO».
>
> —ARTHUR GORDON

2. Se espera que todos sean mentores de otra persona

La cultura de desarrollo de liderazgo se modela desde arriba, pero crece de abajo hacia arriba. ¿Qué significa esto? Así es como se ve:

- Todos tienen a alguien que es su mentor.
- Todos tienen alguien con quien compartir experiencias de mentoría.
- Todos son mentores de alguien.

En un entorno de reproducción hay una intencionalidad destinada a crear un movimiento de mentoría. Enseñar y aprender son aspectos normales y esperados, y nadie tiene que ser líder para hacerlo. Todos participan. Las personas continuamente aprenden unas de las otras. Todos comparten experiencias. El crecimiento es normal y se espera.

Desarrollar este tipo de entorno requiere que las personas se desafíen unas a las otras a salir de sus rutinas. Una excelente manera de lograr esto es hacer preguntas desafiantes. En *Starting Strong* [Empieza fuerte], las escritoras Lois J. Zachary y Lory A. Fischler mencionan buenas preguntas acerca de las metas de aprendizaje de una persona que pueden usarse en el proceso del desarrollo de otros:

- ¿Cuándo fue la última vez que rompió con su rutina?
- ¿Qué se necesitaría para sacarle de su rutina?
- ¿Qué es algo que ha temido intentar y que sería un desafío para usted?
- ¿Qué conocimiento adicional, aptitud o experiencia le hace falta?
- ¿Qué puedo hacer para apoyarle en lo que está aprendiendo?[7]

El resultado final es que adoptar el papel de mentor en el desarrollo de otros debe tornarse en una mentalidad y debe ser puesto en práctica diariamente por todos. Cuando eso ocurre, surge un cambio en la cultura de la organización y su potencial se expande.

3. Los líderes se enfocan en desarrollar líderes, no en reclutar seguidores

A menudo resulta fácil para un líder con talento atraer y reclutar seguidores, sobre todo si ese líder tiene mucho carisma o posee una visión persuasiva. Pero el futuro de una organización depende del desarrollo de más y mejores líderes, no del reclutamiento de más y mejores seguidores.

Los líderes que se enfocan en reclutar seguidores en realidad están contrayendo a la organización, no expandiéndola. Leí una historia en

La nueva dinámica del éxito, de Denis Waitley, que brinda una fantástica imagen visual de este efecto de contracción:

> David Ogilvy, fundador de la gigantesca agencia publicitaria Ogilvy y Mather, solía darle a cada administrador nuevo de su organización una muñeca rusa. La muñeca a su vez contenía cinco muñecas cada vez más pequeñas. Un mensaje dentro de la más pequeña decía: «Si cada uno de nosotros contrata personas más pequeñas que nosotros, nos convertiremos en una compañía de enanos. Pero si cada uno de nosotros contrata a alguien más grande que nosotros, Ogilvy y Mather se convertirá en una compañía de gigantes». Comprométase a hallar, contratar y desarrollar gigantes.[8]

Quizás haya visto una de esas muñecas rusas que se alojan una dentro de otra y que llaman *matryoshka*. Están a la venta por todas partes en Rusia. Algunas son muy complejas y tienen una docena o más de muñecas gradualmente más pequeñas alojadas una dentro de la otra. Cuando los líderes se enfocan en reclutar seguidores, y los seguidores a su vez reclutan a otros que los sigan a ellos, eso contrae el «tamaño» del liderazgo de la organización. No obstante, cuando los líderes se enfocan en desarrollar a otros a su capacidad más alta, eso agranda el tamaño del liderazgo y el potencial de la organización.

Noel Tichy, escritor de *The Leadership Engine,* dijo: «Las compañías exitosas ganan porque tienen líderes buenos que nutren el desarrollo de otros líderes en todos los niveles de la organización».[9] Es vital comprender que se necesita un líder para reproducir a otro. Alguien que no es líder no puede desarrollar a un líder. Una institución tampoco. Se necesita de un líder para reconocer a otro, enseñarle y desarrollarle.

> «LAS COMPAÑÍAS EXITOSAS GANAN PORQUE TIENEN LÍDERES BUENOS QUE NUTREN EL DESARROLLO DE OTROS LÍDERES EN TODOS LOS NIVELES DE LA ORGANIZACIÓN».
>
> —NOEL TICHY

4. Las personas constantemente crecen más allá de sus trabajos

En el capítulo 5, que trata sobre equipar a los líderes, describí cómo laboran los buenos líderes hasta que salen de su trabajo. Una de las transiciones clave para convertirse en alguien que reproduce líderes es enfocarse menos en lo que puede lograr uno personalmente y más en lo que puede lograr a través de otros.

Los líderes que trabajan en una cultura de reproducción crecen continuamente hasta que salen de su trabajo. Cada vez que asumen un nuevo rol o son colocados en una nueva posición, tan pronto como han dominado el trabajo, empiezan a equipar a otro que los remplace. Los mejores líderes también desarrollan a sus remplazos en el liderazgo.

El conferencista Philip Nation describe este proceso:

> Los líderes estamos en el negocio de buscar nuestros remplazos. Sería fácil argumentar que si uno no está preparando a alguien para que ocupe su lugar o que sobrepase sus capacidades, entonces no está verdaderamente liderando personas. Por lo general, el deseo de permanecer en la posición de liderazgo proviene de una actitud de «mando y control». Es el tipo de liderazgo que se encuentra en la obra *El Príncipe,* de Nicolás Maquiavelo. Es una clase de liderazgo que enrola a otros en su trabajo pero nunca los libera para que hagan otro tipo de labor.[10]

Cuando los líderes crecen en repetidas ocasiones, quedándose sin trabajo porque desarrollaron a alguien para reemplazarlos, expanden sus capacidades y se liberan para hacer cosas mejores y más grandes en la organización. Eso no solo les permite ascender, sino que también deja espacio para que otros asciendan tras ellos.

Me gusta cómo pasa esto en la NFL. Los equipos exitosos tienen culturas de reproducción. Esto puede verse en la manera en que buscan jugadores con capacidad de liderazgo y no solo talento futbolístico durante la selección de jugadores novatos y agentes libres. Puede verse en la manera en que se espera que los jugadores veteranos sean mentores de los más jóvenes y los desarrollen. Y es especialmente evidente en la forma en la que los mejores entrenadores desarrollan a sus coordinadores y asistentes no solo para que tengan éxito en sus trabajos actuales, sino que estén listos para ascender al nivel siguiente del liderazgo. Si examinamos a la mayoría de los grandes entrenadores de la NFL, se puede rastrear su preparación hasta los entrenadores que los desarrollaron, quienes a su vez fueron preparados por otros entrenadores. La cadena del desarrollo de liderazgo frecuentemente se remonta a muchas generaciones y abarca muchas docenas de años.

¿Cómo puede medirse el grado al cual alguien está creciendo más allá de sus labores? Hágase las preguntas siguientes acerca de cada uno de sus líderes:

- ¿Hay más líderes que seguidores en el equipo de esta persona?
- ¿Hace este líder exactamente el mismo trabajo año tras año?
- ¿Trabaja este líder jornadas muy largas?
- ¿Está este líder llevando la carga solo?

Si responde que sí a estas preguntas, entonces sus líderes no se están preparando para dejar sus trabajos. Y tampoco están ayudando a la organización a desarrollar líderes para el futuro. Usted deberá reunirse con ellos y ayudarles a determinar por qué están estancados.

5. Los líderes se convierten en más que mentores: se convierten en patrocinadores

Cuando hablé con Sheri Riley para que me permitiera escribir su historia en el capítulo 8, me explicó la diferencia entre un asesor, un mentor y un patrocinador. Me dijo que el asesor habla en nombre de usted. Es su intermediario. El mentor le ayuda y le guía invirtiendo en usted. Pero el patrocinador, en realidad, le abre puertas para que pueda pasar por ellas y alcanzar el éxito. En esencia, el patrocinador dice: «Aquí está la oportunidad», y todo lo que resta es hacer acto de presencia.

La economista Sylvia Ann Hewlett, fundadora del Centro para la Innovación del Talento, ha escrito acerca del valor de tener un patrocinador:

¿Quién está abogando por usted? ¿Quién le respalda? ¿Quién está echando su nombre al ruedo?

Es probable que este individuo no sea un mentor sino un patrocinador.

Ahora, no me malentienda: los mentores valen. Son absolutamente necesarios: dan consejos invaluables, forjan la autoestima y proporcionan una base indispensable cuando no se está seguro del siguiente paso a dar. Pero no son su boleto hacia la cima.

Si le interesa acelerar su carrera, conseguir ese próximo proyecto o ganar más dinero, lo que necesita es a un patrocinador. Los patrocinadores dan consejos y ofrecen guía, pero también cumplen en frentes mucho más importantes. En particular, hacen lo siguiente:

- Creen en el valor y el potencial de usted, y están preparados para poner su reputación en juego y arriesgarse en su nombre.
- Tienen voz en las mesas de toma de decisiones y están dispuestos a defenderle, convenciendo a otros de que usted merece un aumento de salario o una promoción.
- Están dispuestos a cubrirle para que usted pueda arriesgarse. Nadie puede lograr cosas grandes en este mundo si no tiene a un líder de alto nivel en su esquina que, de manera segura, le impida fracasar.[11]

Los mentores a veces pueden ser maestros pasivos. Pero los patrocinadores asumen un papel activo para hacer que los líderes que están desarrollando alcancen el éxito.

Tom Phillippe fue mi patrocinador cuando empezaba mi tercera década de vida. Vio mi potencial y me abrió puertas que me ayudaron a ascender la escalera del éxito. Cuando necesitaba que me presentaran a alguien, él lo hacía. Cuando fracasaba, él me ayudaba a levantarme.

Cuando otros me criticaban, me defendía. Cuando tenía éxito, me alentaba. Cuando hacía algo tonto, me protegía. Cuando necesitaba madurez, era paciente conmigo. Caminó delante de mí despejándome el camino. Anduvo a mi lado, animándome a cada paso. Anduvo detrás de mí para servirme. Frecuentemente me beneficiaba con su presencia, pero siempre me apoyaba con su corazón.

Aun después de que yo empezara a cosechar algunos éxitos, continuó siendo mi defensor. Fue mi patrocinador por cuarenta años. Llegué más lejos y subí más alto gracias a él. Tom infundió potencial a mi vida y la respaldó arriesgándose por mí. Siempre le estaré agradecido. Falleció en el 2018, a los ochenta y nueve años. Lo extraño.

Mientras intenta ser un líder que se reproduce, conviértase en patrocinador. Equipar a alguien para que haga un trabajo es fantástico, pero no se limite a equipar a las personas. Ser mentor de alguien para que se convierta en una mejor persona y líder es tremendo, pero no solo sea mentor. Ábrales las puertas. Sea su defensor. Arriésguese para ayudarles a ser líderes exitosos. Abra el camino para que ellos alcancen el éxito y, si le sobrepasan, sea su animador más grande.

CÓMO DESARROLLAR LÍDERES 3-C

Si desarrolla una cultura de reproducción en la cual el desarrollo de líderes se ha entretejido en la estructura de la organización, ¿cuál es su objetivo real? ¿Qué tipo de líderes intenta desarrollar? Creo que hay que crear líderes 3-C [mejor conocido como 3-G en la terminología, en inglés, del liderazgo]. Eso es lo que hago. Cuando escojo líderes, busco pruebas de las tres C. Tienen que estar *cimentados*, *capacitados* y *creciendo*. Y cuando los desarrollo, es necesario que los vea desarrollar constantemente en esas áreas para continuar trabajando con ellos.

Examinemos cada una de ellas.

1. Cimentados: Poseen un fundamento que les da solidez

Todo se reproduce a su semejanza. Esa es una ley universal. Busco líderes que tengan un fundamento sólido, que estén cimentados. ¿Qué quiero decir con esto? Las siguientes son las características que busco en un líder cimentado:

Humildad

Mi mentor John Wooden era el líder más humilde que jamás haya conocido. Una de las cosas que acostumbraba decir era: «El talento proviene de Dios; sé humilde. La fama proviene del hombre; sé agradecido. La soberbia proviene de uno mismo; sé cauteloso».[12] Esas son magníficas palabras de advertencia para los líderes.

Disposición a aprender

Los líderes talentosos casi siempre tienen voluntad fuerte y autoconfianza. Esas son buenas cualidades. No obstante, el talento también puede hacer que la persona tenga la cabeza dura. Es difícil enseñarle a alguien que no es propenso a los cambios, que tiene poco deseo de aprender. No puede darse el lujo de desperdiciar su tiempo intentando trabajar con alguien que no aprende ni mejora. Entonces ¿qué debe buscar en alguien a quien desea desarrollar? Procure compartir las siguientes etapas de la disposición a aprender con las personas a las que está pensando darles mentoría:

1. No piden consejo.
2. No quieren consejo.
3. No se oponen al consejo.
4. Escuchan consejos.
5. Reciben consejo con gusto.
6. Buscan activamente el consejo.
7. Siguen el consejo que se les da.
8. Dan crédito a los demás por el consejo recibido.

Después pregúntese cuál es la mejor etapa que describe dónde se encuentran. Los líderes que escoja para colaborar deberán haber alcanzado por lo menos la etapa tres. Como mínimo, no deberán oponerse a recibir consejo. Sería mejor aún si están más avanzados. Pero por mucho que hayan avanzado lo más importante es que estén progresando. Su meta es ayudarles a alcanzar la etapa ocho. Allí es donde residen los líderes buenos.

Autenticidad

La nueva autoridad en el liderazgo no es el poder ni la posición, es la autenticidad. Las personas auténticas están conscientes de sus fortalezas y debilidades y no intentan ser algo que no son. Los líderes que escoja deberán ser realistas en cuanto a lo que son, demostrando que no están exageradamente impresionados consigo mismos ni tampoco deprimidos. Se sienten cómodos con su propio ser. Pueden identificarse con las palabras del anterior presidente de la República Sudafricana, Nelson Mandela, que dijo: «No quiero que me presenten como si fuera alguna deidad. Me gustaría que me recordaran como un ser humano ordinario, con sus virtudes y sus vicios».[13]

Madurez

Hace muchos años, la columnista Ann Landers redactó un artículo maravilloso sobre la madurez, en el cual la describía como la disposición a esperar, perseverancia, autocontrol, integridad, responsabilidad y fiabilidad. Es la capacidad de decir: «Me equivoqué», de guardar una promesa, de tomar decisiones y de cumplir con ellas. Concluyó escribiendo lo siguiente: «La madurez es el arte de vivir en paz con aquello que no podemos cambiar, el valor de cambiar aquello que debiera cambiarse, sin importar lo que ello requiera, y la sabiduría para distinguir entre esas dos cosas».[14] Estas son las clases de personas que están cimentadas.

Integridad

Mi amigo Pat Williams, vicepresidente ejecutivo del equipo Orlando Magic, dijo: «Una de las reglas principales de la navegación es esta: lo que está bajo la superficie debe llevar más peso que lo que está encima de ella para que la nave pueda atravesar tormentas sin zozobrar. Es precisamente así con la integridad. Más vale que lo que está bajo la superficie sea mayor que lo que le está mostrando al mundo, o nunca sobrevivirá a las tormentas de la vida». Imagino esta cualidad como ser más grande por dentro que por fuera. Los líderes que escoja deberán decir lo que quieren decir y querer decir lo que dicen. Esto les da la fortaleza necesaria para llevar a otros a través de cualquier tormenta que enfrenten sin zozobrar.

La humildad, la disposición a aprender, la autenticidad, la madurez y la integridad proporcionan un fundamento firmemente cimentado sobre el cual se puede edificar un liderazgo fuerte. Cuando el desarrollo del liderazgo se enfoca excesivamente en el «cómo» del liderazgo y no lo suficiente en quién es el individuo, los resultados pueden ser superficiales y efímeros. Al trabajar con individuos cimentados, y fortalecer ese cimiento, se puede profundizar y desarrollar líderes cuyas vidas interiores sean sólidas y fuertes pese a lo que enfrenten. Y eso es importante. Una vez escuché al ya jubilado entrenador de la NFL, Tony Dungy, decir: «Cuando se juega para ganar, ¿colocaría a alguien en una posición en la que usted no podría depender de ese individuo totalmente? La respuesta es no». Cuando los líderes están cimentados, se puede depender de ellos.

2. Capaces: Poseen fortalezas que pueden ayudarles a alcanzar el éxito

Uno de mis proverbios favoritos dice: «El don de un hombre le abre camino».[15] ¿Qué significa esto? La capacidad determina el potencial. Los dones de los líderes son el primer paso que posibilita que crezcan y alcancen el éxito.

No hay sustituto para la carencia de dones. Existe un antiguo adagio entre los entrenadores que dice: no puedes añadir lo que Dios excluyó. O como lo dijo mi amigo, el entrenador legendario Lou Holtz, en un

200

comentario que hizo durante un almuerzo: «He sido entrenador de buenos jugadores y de malos jugadores. Soy mejor entrenador con buenos jugadores». Creo que eso es cierto para todo líder. A mayor cantidad de líderes talentosos y capaces que haya en el equipo, mayor será el potencial de que el conjunto alcance el éxito.

¿Por qué es tan importante la capacidad?

La capacidad le da una ventaja: No abuse de ella

Cuando los líderes son capaces, ven más que los demás y lo ven antes también. Perciben problemas cuando aún están en el horizonte lejano. Ven soluciones antes de que sean evidentes para los demás. Sus instintos frecuentemente guían la toma de sus decisiones. Todas estas cosas les dan una ventaja clara.

Cuando desarrolle líderes capaces, con dones, deberá ayudarles a comprender que deben usar sus dones para hacer avanzar al equipo y a la organización, no para su ganancia personal. Cada día, todos los líderes que trabajan con usted deberán preguntarse: «¿Estoy utilizando mis dones para mí mismo o para los demás?».

> CADA DÍA, TODOS LOS LÍDERES QUE TRABAJAN CON USTED DEBERÁN PREGUNTARSE: «¿ESTOY UTILIZANDO MIS DONES PARA MÍ MISMO O PARA LOS DEMÁS?».

La capacidad le da oportunidad: No se la pierda

Kevin Hall, en su libro *El poder de las palabras*, escribió: «Creo que las personas eficaces no están enfocadas en los problemas; están enfocadas en las oportunidades. En inglés, la raíz del vocablo oportunidad [opportunity] es *port*, que significa un puerto, la entrada acuática a una ciudad o negocio. Antiguamente, cuando la marea y los vientos eran favorables y el puerto abría, permitía la entrada para comerciar, visitar o para invadir y conquistar. Pero solo aquellos que reconocían la apertura podían aprovechar el puerto abierto, o la oportunidad».[16]

Cuando usted desarrolla líderes capaces, necesita prepararlos hoy para aprovechar las oportunidades que surgirán en el futuro. Eso es importante porque no se puede esperar a prepararse hasta que llegue la oportunidad. Para ese momento ya es tarde. Cuando recibimos una oportunidad, necesitamos abalanzarnos sobre ella. Prepárelos.

La capacidad requiere humildad: Modélela

¿Alguna vez ha recibido un regalo fantástico e inesperado de alguien que le ama? Tal vez fue un cumpleaños o una Navidad de su infancia que sobresale en su memoria por lo que recibió de su madre o su padre. Tal vez uno de sus hermanos o un amigo cercano le bendijo con un regalo magnífico. O quizá su pareja le dio algo extraordinario para un aniversario o en otra ocasión especial. ¿Cómo se sintió? ¿Agradecido? ¿Emocionado? ¿Inmerecedor?

Cuando usted recibe un don, sencillamente lo recibe. Nunca se daría crédito por haberlo recibido, porque fue un *don*. No podemos atribuirnos crédito por los talentos y capacidades naturales con los que nacimos. No hicimos nada para ganarlos. No los merecemos. Debemos sentirnos agradecidos. Debemos aprovecharlos al máximo. Pero recordar que son *dones* nos mantiene humildes. Como lo dijo mi mentor Fred Smith: «El don es mayor que la persona». Como persona de fe, con mucho agradecimiento reconozco a Dios como el dador de los dones que poseo. Él ha hecho por mí muchas cosas que yo no podría hacer por mí mismo. Pero no es necesario ser una persona de fe para reconocer que uno no se gana sus dones naturales.

Como líder, es necesario que mantenga su perspectiva y que modele la humildad. Y puede ayudar a los líderes que desarrolle a obtener perspectiva si la han perdido. Sus dones les abren puertas. El trabajo duro mantiene abierta la puerta. Y el propósito de pasar por esa puerta es ayudar a otros.

La capacidad requiere responsabilidad: Acéptela

Mientras crecía, mi padre me decía frecuentemente: «A quien mucho se le da, mucho se le pedirá».[17] Ese sentido de responsabilidad de aprovechar mis dones al máximo se ha vuelto parte de mí. Como lo mencioné en el capítulo 4, el científico y maestro George Washington Carver dijo en

1915: «Ningún individuo tiene el derecho de venir al mundo y salir de este sin dejar tras de sí razones claras y legítimas de su paso por él».[18] Eso nos fija una norma elevada a todos, pero creo que la norma para líderes es más alta aún, porque ellos casi siempre tienen dones mayores y el potencial para efectuar un impacto mayor.

Si puede alentar a sus líderes a hacerse responsables de aprovechar al máximo sus dones y usarlos para reproducirse en otros líderes, tendrán un impacto grande. Podrán dejar el mundo mejor que como lo hallaron.

3. Creciendo: Con un deseo y una capacidad de ser desarrollados

La última C tiene que ver con el crecimiento. ¿Cuál es una buena señal de que un líder tiene el deseo y la capacidad de ser desarrollado? Que esté creciendo. Debido a que estamos hablando de reproducción, lo cual es desarrollar líderes que desarrollen a otros líderes, es esencial un patrón de crecimiento. El líder al que se propone desarrollar deberá:

- Estar creciendo.
- Comprender el proceso de crecimiento.
- Ver crecimiento en los líderes que desarrollará.
- Ser capaz de facilitar ese crecimiento.

El área de crecimiento más importante que necesita para ayudar a sus líderes es su manera de pensar. Esto es lo que lo distingue de las personas no exitosas. Hay una brecha en su manera de pensar. Al desarrollar líderes y mostrarles cómo desarrollar a otros líderes, desafíe su manera de pensar.

Ayúdeles a pensar mejor

Los líderes nunca pueden darse el lujo de sentarse y dejar que otros piensen por ellos. Los líderes buenos son proactivos. Consideran ideas y métodos novedosos para hacer las cosas. Consideran aspectos intangibles, tales como la cultura, la moral, el factor tiempo y el impulso. Pueden enfocarse en los detalles, pero siempre tienen la imagen completa en

> CUANDO EMPIECE A DESARROLLAR LÍDERES, LO MÁS IMPORTANTE QUE PUEDE HACER ES INFORMARLES LO QUE ESTÁ PENSANDO Y POR QUÉ.

mente. Evalúan las situaciones con rapidez y toman decisiones basándose en la información que tienen, junto con lo que les dicen sus instintos.

Cuando empiece a desarrollar líderes, lo más importante que puede hacer es informarles lo que está pensando y por qué. Tráigalos a la mesa e invítelos a reuniones y discusiones de alto nivel para que puedan descubrir cómo piensa usted y otros líderes importantes. A mayor exposición a buenos pensadores y mayor práctica que tengan en aplicarlos, mejor será su manera de pensar.

Anímelos a pensar en grande

La mayoría de las personas piensan en pequeño. Los buenos líderes no pueden darse ese lujo. Es necesario que piensen de manera amplia por el bien de la visión y del equipo. Como lo dijo el escritor y entrenador David J. Schwartz: «Cuando del éxito se trata, las personas no se miden en centímetros, kilos, títulos universitarios ni antecedentes familiares; se miden según el tamaño de sus pensamientos. Lo grande que uno piense determina el tamaño de sus logros».[19]

No permita que sus líderes se subestimen, ni que subestimen a los líderes que están desarrollando. Las personas usualmente ascienden al nivel de las expectativas de un líder que cree en ellas. Muéstreles a sus líderes lo mucho que cree en ellos y empújelos a invertir su fe en aquellos que estén dirigiendo y desarrollando. Cuando de fe se trata, una marea creciente levanta a todos los botes.

Pídales que piensen con creatividad

Los mejores líderes que conozco piensan más allá de los límites. Les encantan las alternativas. No solo creen que todo problema tiene solución; creen que hay múltiples soluciones y se esfuerzan por hallar la mejor.

Ayude a sus líderes a desarrollar su capacidad de pensar de modo creativo. Aliéntelos a extender los límites y colorear fuera de las líneas. Pídales que sean receptivos y que aprovechen la creatividad de sus equipos para ser innovadores y eficaces.

Espere que piensen acerca de las personas

Cuando la responsabilidad del liderazgo aumenta, también se incrementa la presión. Bajo condiciones de estrés, algunos líderes empiezan a olvidar la importancia de las personas. En lugar de ello se enfocan en los resultados y los sistemas. Ahora todo tiene que ver con los resultados finales. Pero el liderazgo siempre tiene que ver con las personas. Si no involucra a las personas, entonces lo que está haciendo ya no es liderazgo. Y si lo que hace no está beneficiando a las personas, se ha extraviado de su camino como líder.

No importa cuán alto ascienda un líder, no importa el peso que tengan sus responsabilidades, no importa lo grande que llegue a ser su organización, no importa cuánto éxito haya logrado, las personas siempre importan. Los buenos líderes continuamente piensan en las personas y sobre cómo añadirles valor.

Si logra crear una cultura de reproducción en la cual el desarrollo de líderes es normal, esperado y omnipresente, y si logra —personalmente— desarrollar líderes 3-C, llevándoles a su potencial más alto e insistiendo en que desarrollen a otros líderes como uno de sus objetivos más grandes, creará una organización con liderazgo capitalizador y con un banco repleto de líderes actuales y futuros. Ese es el tipo de organización que nunca carece de líderes y que está lista para aprovechar cualquier oportunidad que se le presente.

Mientras que otras organizaciones están tratando de determinar qué sigue, sus líderes estarán identificando oportunidades. Mientras otros corren desesperadamente procurando hallar a alguien que represente su próxima iniciativa, usted estará dándose el lujo de escoger al líder óptimo de un banco robusto. Cuando el desarrollo de líderes se convierte en un estilo de vida para todos en su organización, el éxito es inevitable. Y tanto usted como su organización estarán en posición de recibir la ganancia más alta que proviene del desarrollo de líderes: la capitalización, lo cual es el tema del último capítulo.

CAPÍTULO 10

INSTITUYA LÍDERES

Reciba la ganancia más alta por desarrollar líderes

Hace muchos años, en los albores de mi carrera, decidí tomar unos cursos empresariales para mejorar como líder en el área de las finanzas. En una de mis clases, un profesor me enseñó algo que cambió mi vida: el principio de Pareto, o lo que comúnmente se conoce como la regla del 80/20. Esta idea fue desarrollada por el economista italiano Vilfredo Pareto en los inicios del siglo veinte, cuando observó un patrón que ocurre naturalmente en casi todos los aspectos de la vida. Básicamente afirma que el veinte (20) por ciento de cualquier grupo es responsable del ochenta (80) por ciento de su éxito en cualquier categoría dada.

- 20% de los trabajadores produce 80% del producto.
- 20% de los vendedores cierra el 80% de las ventas.
- 20% de los productos genera 80% de los ingresos.
- 20% de la población posee el 80% de la riqueza.
- 20% de los equipos de una liga gana el 80% de los campeonatos.

La idea está clara. Las estadísticas reales varían. No siempre son exactamente el veinte y el ochenta por ciento, pero casi siempre esos valores son bastante cercanos a la realidad. Se puede examinar casi cualquier cosa y observar este patrón.

¿Qué significa eso? Primero, eso va en contra de los instintos de la mayoría de las personas. Tendemos a suponer que las cosas serán parejas. Si cinco personas trabajan en un equipo, pensamos que compartirán la carga en partes iguales. No es así. Si hay que recaudar diez mil dólares ($10.000) entre un grupo de diez donantes, pensamos: *Si todos dan $1.000, tendremos lo que se necesita.* Pero nunca resulta así. Algunos no darán nada, y aproximadamente $8.000 —por lo general— provendrán solo de dos miembros del grupo.

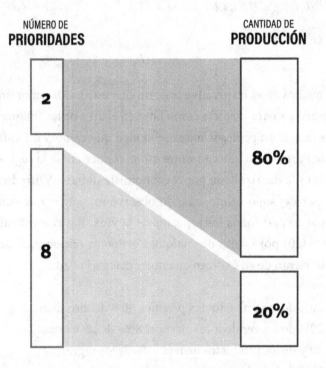

Cuando mi profesor me explicó eso, lo vi sensato al instante. Supe de modo intuitivo que el principio de Pareto tenía la posibilidad de cambiar mi vida. Me di cuenta de que *hacer unas cuantas cosas importantes podría producir una ganancia mucho más grande que hacer muchas cosas menos importantes.* Si enfocaba mis esfuerzos en el veinte por ciento de mis prioridades, el principio de Pareto significaría que obtendría una utilidad del ochenta por ciento. Era necesario actuar de modo enfocado e intencionado.

De inmediato empecé a aplicar el principio de Pareto a mi forma de trabajar. Transformó mi productividad. Me ayudó a descubrir que no solo debía trabajar duro y mantenerme ocupado. Era algo que podía utilizar todos los días. Si tenía una lista de cosas por hacer con diez elementos, no empezaba a trabajar en ellos así nada más. Primero, los clasificaba en orden de prioridad o importancia para mí, luego dedicaba mi tiempo a los dos primeros elementos. Eso le dio una utilidad elevada a mi trabajo de manera congruente. Una vez tras otra, el avance no fue resultado de lo duro que pudiera trabajar; resultó de trabajar más inteligentemente.

Sin embargo, también me di cuenta de que podía aplicar el principio de Pareto a mi vida de manera integral. Si tenía diez prioridades grandes en mi vida, debía escoger las dos más importantes y dedicarme a cumplirlas. En aquel entonces, las dos más importantes eran *crecer* y *cosechar*. Estas dos cosas han sido mi enfoque. He sido sumamente intencionado respecto a ellas, aunque ahora las denomino *crecimiento personal* y *añadir valor a personas*.

He utilizado el principio de Pareto por casi cincuenta años y me ha ayudado enormemente. Mientras trabajaba en este libro me encontré con un artículo del escritor y fotógrafo James Clear que hablaba del principio de Pareto. Por ejemplo, Clear observó que en la NBA, el veinte por ciento de los equipos ha ganado el 75,3 por ciento de los campeonatos, y los Boston Celtics y Los Ángeles Lakers han ganado casi la mitad de los campeonatos de la historia de la NBA. Y en el fútbol, aunque setenta naciones han competido en la Copa Mundial, apenas tres países, Brasil, Alemania y Argentina, han ganado trece de los primeros veinte torneos de la Copa Mundial.

Lo que me fascinó fue que Clear llevó la regla del 80/20 un paso más allá. Describió lo que él denominó la «Regla del uno por ciento», la cual dice: «La regla del uno por ciento afirma que, con el paso del tiempo, la mayor parte de las recompensas en un campo determinado se acumularán en las personas, equipos y organizaciones que mantengan una ventaja del uno

(1) por ciento sobre los demás. No es necesario ser dos veces mejor para obtener el doble de los resultados. Basta con ser ligeramente mejor».[1] Clear utilizó un ejemplo de la naturaleza para describir cómo funciona esto:

> Imagínese a dos plantas que crecen una al lado de la otra. Cada día competirán por la luz solar y la tierra. Si una planta logra crecer un poquito más rápido que la otra, entonces podrá alzarse más alto, captar más luz solar y absorber más lluvia. Al día siguiente, esa energía adicional le permitirá a esa planta crecer más aún. Este patrón continuará hasta que la planta más fuerte empuje a la otra y tome la porción mayoritaria de la luz solar, del suelo y de sus nutrientes.
>
> Desde esta posición ventajosa, la planta vencedora tiene una mejor capacidad para esparcir sus semillas y reproducirse, lo cual da a su especie una huella mayor en la siguiente generación. Este proceso se repite una vez tras otra hasta que las plantas que son ligeramente mejores que la competencia dominan todo el bosque.
>
> Los científicos describen este efecto como «ventaja acumulativa». Lo que empieza como una ventaja leve se hace más grande con el tiempo. Una planta solo necesita una ventaja leve al principio para desplazar a la competencia y adueñarse de todo el bosque...
>
> El margen que separa lo bueno de lo magnífico es más estrecho de lo que parece. Lo que empieza como una ventaja leve sobre la competencia se intensifica con cada competición adicional...
>
> Con el paso del tiempo, los que son ligeramente mejores terminan con la mayoría de las recompensas.

> VENTAJA ACUMULATIVA: «LO QUE EMPIEZA COMO UNA VENTAJA LEVE SE HACE MÁS GRANDE CON EL TIEMPO».
>
> —JAMES CLEAR

Clear dijo que aun cuando la selva tropical del Amazonas contiene más de 16.000 especies de árboles, apenas 227 de esas especies representan más del cincuenta por ciento de la selva.[2]

Al aplicar ese concepto a mi propia vida, pensé: *Esa es la ganancia que proviene del desarrollo continuo de líderes. ¡Se intensifica! Y cuanto más tiempo se haga, tanto mayor será la ventaja.*

EL EFECTO INTENSIFICADOR DEL PRINCIPIO DE PARETO

Puedo asegurarle con certeza que aumentará las ganancias de su liderazgo si adopta el poder del principio de Pareto. Estas son las razones:

1. Las ventajas leves, al principio, se convierten en ventajas grandes al final: Sea estratégico

El ejemplo de la selva tropical realmente deja esto muy claro. Cuando se puede hallar una ventaja pequeña y aprovecharla al máximo, eso puede llevar a una ventaja grande. Cuando dirijo líderes, casi siempre les pido que examinen cuatro áreas posibles para identificar y desarrollar sus ventajas individuales: los dones, el momento adecuado, las relaciones y la intencionalidad.

Los dones

Los muchos dones o talentos ciertamente pueden distinguir a los individuos desde un principio y darles ventaja en la largada. Sin embargo, el talento por sí solo no los mantendrá a la cabeza de la carrera. Para mantener su ventaja, los individuos deberán agregar buenas decisiones, crecimiento intencionado, disciplinas personales y trabajo arduo. Los individuos sumamente talentosos pueden caer en una trampa. Si se apoyan en su talento y no hacen lo que hay que hacer para mejorar, otros que trabajan duro los pasarán de largo.

Cuando tenía veintitantos años, mis dones de liderazgo y de comunicación me distinguían de muchos de mis pares. Pero pronto me di cuenta de que necesitaba esforzarme por mejorar ambas cosas. Me dediqué al crecimiento personal, por lo que me propuse hacer el esfuerzo y no intentar improvisar. Imagínese si no hubiera tomado esa decisión. ¿Qué clase de eficacia hubiera tenido a los treinta o cuarenta años usando dones que nunca mejoraron del nivel que tenían cuando yo alcanzaba los veintidós años? Hubiera sido un bochorno.

Si ve que sus líderes poseen algún tipo de ventaja en sus dones, anímeles a ser agradecidos, pero esfuércese por desarrollar esos dones. Si, persistentemente, hacen cosas pequeñas para lograr aunque sea una ventaja del uno por ciento, podrán conservar esa ventaja y utilizarla para ayudar a la organización, a otros líderes y a sí mismos.

El momento adecuado

En el béisbol, la única diferencia entre un batazo largo fuera de la zona legal de juego (foul) y un jonrón es la sincronización del movimiento del bateador. Estar en el lugar correcto en el momento correcto es una ventaja. Es mejor aún si lo reconoce como una oportunidad y la aprovecha.

Me he beneficiado de estar en el momento adecuado. Cuando escribí *Desarrolle el líder que está en usted,* en 1991, me hallaba en la ola inicial del pensamiento sobre el liderazgo. La mayor parte de los libros redactados para mejorar las organizaciones hasta ese punto se enfocaban en la administración. Pero el mundo estaba despertando a la dinámica de la influencia del liderazgo personal y cómo las personas podrían desarrollar características de liderazgo; no era necesario que nacieran con ellas.

¿Cómo puede ayudar a sus líderes a capitalizar el momento adecuado para mejorar su ventaja de liderazgo? Busque maneras en las cuales los líderes individuales, los equipos de líderes o aun las organizaciones enteras puedan aprovechar el momento adecuado como una ventaja. A menudo, eso se traduce en ser el primero cuando se presente una oportunidad.

Las relaciones

Una gran parte del liderazgo exitoso se basa en a quién conoce usted y quién le conoce. Las buenas relaciones siempre representan una ventaja porque las personas siempre son la esencia del liderazgo. Fui afortunado porque crecí en el hogar de un buen líder que comprendía el valor de las relaciones y era altamente intencionado en edificarlas. Ver a mi padre valorar, alentar y dirigir a las personas todos los días me dio una ventaja tremenda en la vida y en el liderazgo.

Cuando usted puede establecer una conexión para un líder o ayudarle a edificar una relación con otro, le está dando una ventaja real. Recientemente Carly Fiorina me presentó a un joven miembro del personal llamado Casey. Carly me dijo: «Casey rechazó una oferta de asistir a la Escuela de Derecho de Harvard para unirse a mi campaña». ¡Qué oportunidad! Cientos de estudiantes se graduarán de la Escuela de Derecho de Harvard cada año, pero solo unos cuantos tienen la oportunidad de formar parte de la campaña presidencial del otrora presidente de la junta directiva de Hewlett-Packard. Al darle prioridad a la relación, Casey está obteniendo una oportunidad única para aprender.

> LA VIDA INTENCIONADA CONVIERTE LAS BUENAS INTENCIONES EN BUENAS ACCIONES.

Intencionalidad

Muy pocas personas se hacen líderes de sus propias vidas. La mayoría acepta pasivamente lo que venga. Son inintencionados, aunque tengan buenas intenciones. En el caso contrario, la vida intencionada convierte las buenas intenciones en buenas acciones. Esto hace que la persona sea proactiva y optimista, más que pasiva e incongruente. La vida intencionada es el mejor camino para destacarse más que para experimentar una desilusión.

Siempre he sido una persona activa, pero no siempre fui muy intencionado. El 4 de julio de 1976, cuando tenía veintinueve años, percibí una especie de llamado a entrenar y desarrollar líderes. Desde ese día he permanecido enfocado e intencionado en esa área. Me esfuerzo por permanecer en el carril del liderazgo dictando conferencias, escribiendo y dirigiendo organizaciones cuyo propósito sea desarrollar líderes.

¿Está ayudando a los líderes que está desarrollando a ser más intencionados? ¿Cuál es su carril principal, el punto en el que son más eficaces y perciben las mayores ganancias? ¿Les ha ayudado a identificar ese punto? ¿Está animándolos a crecer en ello? ¿Está hallando maneras para que ellos lo aprovechen?

Lo que pueda hacer por sus líderes en las áreas de los dones, el momento adecuado, las relaciones o la intencionalidad les dará una pequeña ventaja; y toda pequeña ventaja, si se mantiene, tiene el potencial de crecer hasta convertirse en una ventaja grande en el futuro.

2. Se requiere tiempo para que las cosas pequeñas se sumen para formar cosas grandes: Sea firme

Una de las cosas que me agradan en cuanto a esto de tener más edad es que he visto y hecho mucho en la vida, lo cual me ha dado perspectiva. Ya tengo más de setenta años y he observado el extraordinario poder capitalizador de la consistencia. Si hace las cosas correctas día tras día, aunque sean pequeñas, empiezan a sumarse. Se necesita mucho tiempo para que se sumen pero sí *se suman*. No hay que ser la liebre para ganar la carrera. No es necesario tener una ventaja grande en la vida para ganar. Puede ser la tortuga y, siempre y cuando continúe haciendo las cosas pequeñas día tras día, semana tras semana, año tras año, década tras década, seguro que eso suma. A veces es difícil para que un joven tenga la paciencia de hacer eso, pero como alguien que lo ha vivido, puedo decirle que bien vale la pena.

Soy prueba viviente de que la consistencia rinde dividendos. Hoy estoy segando una gran cosecha como resultado de décadas de siembra y labranza. De hecho, estoy segando una cosecha abundante, mucho mayor de la que merezco o de lo que esperaba, y pienso que eso sucede porque he estado esforzándome por mucho tiempo. La manera en la que funciona eso es la siguiente:

Decisiones correctas + Consistencia + Tiempo = Ganancias significativas

En el área del liderazgo, tomé una serie de decisiones correctas y luego las puse en acción.

En 1973 creí que todo asciende o se derrumba por el liderazgo. Desde ese momento en adelante, invertí diariamente en mi crecimiento personal y el desarrollo del liderazgo.

En 1976 sentí el llamado a dedicar mi vida a entrenar a líderes. En cuestión de semanas estaba entrenándolos y no he dejado de hacerlo en más de cuarenta años.

En 1979 empecé a escribir libros para ayudar al crecimiento de los líderes. Desde entonces nunca he dejado de escribir. A la fecha, he escrito más de cien libros.

En 1984 decidí desarrollar recursos para ser mentor de líderes. Ese proceso se inició con la creación de una lección mensual grabada en cintas de casete y ha continuado con vídeos, discos compactos, podcasts, seminarios, sistemas digitales de aprendizaje y programas de entrenamiento.

En 1986 fundé mi primera empresa enfocada en el desarrollo de liderazgo. Desde ese entonces he fundado tres empresas más y dos organizaciones sin fines de lucro, todas enfocadas en el desarrollo de líderes, y continúan con fuerza hasta el presente.

En 1994 empecé a pedirles a los líderes que me ayudaran a cultivar más líderes. Mi primera organización sin fines de lucro, EQUIP, desarrolló una estrategia con la cual reclutamos líderes voluntarios que viajaron a países extranjeros para capacitar a otros líderes. Los líderes capacitadores se hicieron el compromiso de capacitar a más líderes. Continuamos utilizando ese modelo de capacitación de líderes tanto dentro de nuestro país como fuera de él.

¿No acabo de escribir que *Decisiones correctas + Consistencia + Tiempo = Ganancias significativas*? Ahora que lo pienso, permítame corregir levemente esa fórmula.

**Decisiones correctas + Consistencia + Tiempo =
Ganancias extraordinariamente significativas**

Esa es una fórmula magnífica para el éxito en cualquier área del liderazgo.

3. Unos cuantos líderes producen más ganancias que muchos seguidores: Sea intencionado

Uno de los grandes descubrimientos que hice sobre el liderazgo fue que el principio de Pareto podía aplicarse a los individuos. Eso me resultó revolucionario. Me habían capacitado y alentado para amar y valorar a todas las personas, lo cual es algo que continúo esforzándome por hacer cada día. ¡Pero eso no significa que se supone que las *desarrolle* a todas! La capitalización es resultado de desarrollar al veinte por ciento principal.

Supóngase que tiene un equipo con diez miembros. No todos tienen el mismo potencial de producción. Estoy seguro de que usted reconocerá que así es. Los dos miembros más aptos probablemente produzcan la mayoría de los resultados del grupo. ¿Quiénes piensa usted que tienen la *posibilidad* más grande de generar la ganancia mayor de su inversión en ellos? Los dos líderes principales. ¿Por qué? Porque pueden ayudar a que el resto sean más productivos. Por eso invierto en ellos. Si tengo a diez miembros en mi equipo, invertiré el ochenta por ciento de mi tiempo y mis esfuerzos en los dos principales, mi veinte por ciento superior. Les añado valor a fin de que ellos puedan multiplicar ese valor en otros.

Empecé a aplicar este principio a mis equipos hace cuarenta años y ha transformado mi liderazgo. No solo conservó mis energías, puesto que estaba dedicando menos tiempo al desarrollo de una menor cantidad de líderes, sino que multiplicó mi eficacia porque los líderes que seleccioné me dieron las ganancias más altas. Fue un efecto de multiplicación por sustracción.

Tal vez esté pensando: *¿Pero qué de los demás? ¿No merecen ser desarrollados? ¿Vamos a dejarlos abandonados y sin recibir nada?* No, el hecho de que yo no los desarrolle no significa que no se desarrollarán. ¿Puede adivinar qué es lo que se supone que esos dos líderes principales estén haciendo? Se supone que desarrollen a los líderes superiores que están bajo su influencia. Eso incluye a otros miembros de mi equipo. No solo eso, sino que debido a que he desarrollado una cultura de reproducción, como describí en el capítulo 9, se supone que *todos* estén desarrollando a alguien de los que les siguen. En ese tipo de entorno, todos tienen el potencial de desarrollarse. Los de nivel 9 debieran desarrollar a los del 8, los de 7 debieran desarrollar a los del 6, los de 5 desarrollar a los del 4 y así sucesivamente.

Hoy, todo lo que hago se basa en esta idea. Las empresas que he fundado, los recursos que desarrollamos, los libros que he escrito —todo— están enfocados en añadirle valor a líderes que multipliquen ese valor en otros. Cuando hago mi mejor esfuerzo por desarrollar a los mejores líderes y ellos hacen sus mejores esfuerzos por desarrollar a los mejores líderes, todos ganamos.

CÓMO INTENSIFICAN LA UTILIDAD SOBRE SU INVERSIÓN LOS LÍDERES DESARROLLADOS

Quiero concluir este libro ayudándole a comprender el efecto intensificador que los líderes desarrollados le ofrecen, para que verdaderamente pueda comprender la ganancia más grande del líder. Los beneficios son muchos y pueden perdurar de por vida. Le daré los siete principales a mi entender.

1. Los líderes desarrollados le ayudan a llevar la carga del liderazgo

Hace poco me preguntaron: «¿Qué es mejor que usar sus dones para ayudar a otros?». Mi respuesta fue: «Usar mis dones en colaboración con otros líderes para ayudar a otros». Todo asciende o se derrumba por el liderazgo, así que, ¿por qué no habría de pasar la mayor parte de mi tiempo ayudando a los líderes a practicar un mejor liderazgo?

Un estudio reciente publicado por la firma consultora de recursos humanos Development Dimensions International afirma lo siguiente:

Las organizaciones con líderes de la más alta calidad tienen probabilidades trece veces mayores de superar el rendimiento de sus competidores en parámetros clave que afectan los resultados, tales como el desempeño financiero, la calidad de sus productos y servicios, la participación de sus empleados y la satisfacción de sus clientes. Específicamente, cuando los líderes indican que la calidad del liderazgo actual es deficiente, solo un seis por ciento de ellos se encontraban en organizaciones que superaban el rendimiento de sus competidores. Compárese esa cifra con aquellos que clasificaban el liderazgo de su organización como excelente: un setenta y ocho por ciento de ellos se encontraban en organizaciones que superaban el rendimiento de sus competidores en parámetros de resultados finales.[3]

Podrá creer intuitivamente en el impacto significativo del buen liderazgo, pero esto es corroboración de ello con estadísticas. ¿No le gustaría que su organización o equipo tuviera una probabilidad trece veces mayor de superar a su competencia? La forma en la cual se obtienen líderes de alta calidad es desarrollándolos.

En 1996, cuando fundé mi organización sin fines de lucro EQUIP, sabía que quería capacitar líderes en todas las naciones del globo terráqueo. Pero la pregunta era, ¿cómo lograremos eso? Era una tarea imposible para un equipo pequeño de personas. Lo que necesitábamos era el efecto intensificador de líderes desarrollados. Así que empezamos a reclutar líderes y desarrollarles. Nos tomó diecinueve años, pero hemos capacitado líderes de todos los países del mundo. Así lo logramos:

- Reclutamos a cuatrocientos líderes voluntarios y los desarrollamos para que capacitaran a otros líderes en potencia.
- Esos líderes viajaron a otros países dos veces al año por tres años para capacitar a otros líderes en potencia.
- Esos líderes realizaron 4.500 viajes y recorrieron un total de 72 millones de kilómetros.
- Esos líderes contribuyeron y ayudaron a que EQUIP levantara un fondo de $56.000.000 para financiar materiales de capacitación de líderes.

- Aquellos líderes enseñaron un total de 162.000 lecciones de liderazgo.
- Esos líderes que capacitaron líderes les exigían que capacitaran a más líderes.
- ¡Se capacitaron más de cinco millones de líderes!

Nada de eso habría sucedido sin la ayuda de esos líderes.

Cuando fundé EQUIP, tenía una visión grande pero pocos líderes para llevarla a cabo. No obstante, la visión atrajo a más líderes, los que expandieron la visión. En el principio, la visión era mayor que nuestros recursos. Los pocos que éramos nosotros empezamos a movernos y los recursos empezaron a aparecer. A medida que se desarrollaron y movilizaron los líderes, la visión empezó a alcanzarse. Lección: no espere a tener los recursos para empezar. Empiece donde se encuentre y con lo que tenga. No espere a tener todos los líderes que necesite. Empiece con los líderes que tenga. Si la visión es la correcta, los líderes correctos surgirán.

> **SI LA VISIÓN ES LA CORRECTA, LOS LÍDERES CORRECTOS SURGIRÁN.**

2. Los líderes desarrollados multiplican sus recursos

Cuando las personas alcanzan el éxito, llegan al punto en el cual chocan con un muro, cuando se dan cuenta de que sus recursos son más limitados que su visión. Hay muchas cosas que todos queremos lograr, pero no tenemos suficientes horas en el día, suficientes recursos ni suficientes años de vida para lograrlo todo. ¿Cuál es la solución de ese dilema? Líderes desarrollados. Ellos aumentan sus recursos como ninguna otra cosa puede hacerlo. Observe cómo hacen esto:

- **TIEMPO**: Si se une a más y mejores líderes, recuperará más tiempo porque podrá delegar autoridad y tareas a otros que usted sabe que perseverarán con excelencia.
- **IDEAS**: A medida que se desarrollan los líderes en su equipo,

adquieren sabiduría y se tornan más valiosos como asesores. Las buenas ideas se convierten en magníficas cuando un equipo de buenos pensadores colabora.

- **PRODUCCIÓN**: Reunir a un equipo de líderes desarrollados es como darse a sí mismo la capacidad de estar en varios lugares a la vez. Ya no todo en su mundo tiene que pasar por sus manos para que sea productivo. Otros pueden llevar la carga, desarrollar equipos y liderar.
- **PERSONAS**: A medida que se desarrollan líderes, atraen a otras personas con el mismo sentir. Cuanto más poderoso sea el equipo que edifique, más personas querrán formar parte de él. Sus líderes pueden reclutar a otros en su nombre e imprimirle desarrollo adicional a la organización.
- **LEALTAD**: Cuando se desarrollan líderes, sus vidas mejoran. Como resultado de ello, usualmente se sienten muy agradecidos. Como bonificación adicional, también desarrollan una lealtad personal. Eso hace que su vida sea mucho más gratificante.

Los líderes que me han acompañado en esta travesía se han convertido en las «piernas» de mi legado. A medida que mis mejores líderes les han desarrollado, han empezado a dirigir reuniones de estrategias, almuerzos de aprendizaje, talleres por vídeo, talleres empresariales y programas de capacitación. Están entrenando líderes, escribiendo un blog, participando en redes sociales y hallando otras maneras de añadirle valor a otros. La lista de las cosas que están haciendo es larga y el trabajo es continuo. Hay mucho que puedo lograr personalmente, pero lo que estos líderes pueden lograr no tiene límites.

3. Los líderes desarrollados le ayudan a crear impulso

La ley del momento de inercia, en *Las 21 leyes irrefutables del liderazgo*, afirma que el impulso es el mejor amigo del líder.[4] ¿Por qué? Porque el impulso convierte los problemas grandes en pequeños, transforma a las personas corrientes en excelentes y posibilita los cambios positivos.

Me gusta lo que dijo el conferencista y consultor Michael McQueen acerca del impulso:

> El impulso le da, verdaderamente, una ventaja inalcanzable cuando funciona a su favor...
>
> Cuando tiene el impulso a su lado, no es necesario desarrollar estrategias ingeniosas para reclutar personal ni para persuadir a los clientes: estos dos se sentirán atraídos a usted porque se dirige a alguna parte y quieren ser parte de ello.
>
> Tal como el amor cubre multitud de pecados en el ámbito personal, el impulso cubre una multitud de pecados en el ámbito profesional.
>
> Tener el impulso a su favor le da la apariencia de poseer más talento del que realmente tiene. Cuando tiene el impulso a su favor, recibe desproporcionadamente más de lo que merece por el poder de la influencia. Por otro lado, cuando tiene el impulso en contra, resulta fácil parecer destinado al fracaso y la incompetencia, cuando en realidad ese no es el caso.[5]

¿Cuál es la mejor manera de crear impulso? Aproveche el poder positivo del buen liderazgo. Los líderes viven para avanzar. Les encanta el progreso más que ninguna otra cosa. Tratar de crear impulso por sí solo es como intentar empujar un vehículo de dos mil kilos uno solo. ¿Podría hacerlo? Quizás pueda sobre una superficie plana. ¿Pero no sería más fácil si una docena de individuos con fuerzas similares a la suya le ayudaran? Un grupo no solo podría empujarlo, sino que probablemente podrían imprimirle algo de velocidad. Y hasta podrían empujarlo cuesta arriba si fuera necesario, sobre todo si se le permite dar una carrera de impulso. Un grupo de líderes desarrollados proporciona una ventaja similar a su organización.

4. Los líderes desarrollados expanden su influencia

Una vez leí que Alex Haley, el escritor de *Roots* y de la *Autobiografía de Malcom X*, solía tener una fotografía de una tortuga apoyada sobre un vallado. ¿Por qué? Era para recordarle una lección que había aprendido años antes: si ve a una tortuga sobre un vallado, sepa que alguien la ayudó a llegar allí. Nadie alcanza el éxito solo. Necesitamos a los demás y nos beneficiamos de ellos.

Hace años, cuando empecé a recibir invitaciones para dictar conferencias a grupos, me comprometí a hablar con líderes con tanta frecuencia como me fuera posible. Si tenía que escoger entre enseñar a cien líderes o a mil seguidores, escogía a los líderes. ¿Por qué? Porque cien líderes usualmente influyen sobre mucho más que mil personas. Así que si enseño y desarrollo a los líderes, estoy influyendo a un grupo mucho más numeroso de personas. Cuando se desarrollan líderes y ellos colaboran con usted, la influencia de ellos se suma a la suya. Esto se extiende mucho más allá de su alcance personal.

5. Los líderes desarrollados le mantienen alerta

Nada mantiene a un líder más alerta que dirigir a un grupo de líderes en desarrollo y creciendo. Cuando el equipo al que usted dirige está creciendo, usted tiene que continuar creciendo para seguir liderándolos bien. Mi amigo Dave Anderson escribió acerca del crecimiento de los líderes en su libro *Up your Business! 7 Steps to Fix, Build, or Stretch Your Organization*:

> La razón principal por la cual son pocos los líderes y las organizaciones que llegan a ser extraordinarios es que se detienen cuando llegan a ser buenos. Dejan de crecer, de aprender, de arriesgar y de cambiar. Usan sus antecedentes o éxitos previos como prueba de que han llegado donde querían ir. Porque creen lo que ellos mismos dicen, los líderes de estas organizaciones exitosas están listos para ponerlo por escrito, crear el manual y documentar la fórmula. Esta concepción desplaza las actividades de una mentalidad de crecimiento a una de mantenimiento y sacrifica la innovación a cambio de la optimización.[6]

Dave continuó diciendo:

El objetivo del negocio es esforzarse por alcanzar su potencial pleno. Defino este potencial como el enfoque que le permite ver qué tan lejos se puede llegar, qué tan bueno se puede ser y cuánta gente puede llevar consigo. La realidad nos dice que probablemente nunca alcanzaremos nuestro potencial pleno. Pero la travesía es lo que nos mantiene humildes, hambrientos y enfocados.[7]

Es peligroso pensar que, como líderes, hemos llegado a nuestro destino. Como alguien dijo, los pavos reales de hoy son los plumeros de mañana. Si desea continuar liderando, es necesario que continúe creciendo, y pocas cosas extienden más a un líder que tener líderes en crecimiento.

Trabajar con líderes más jóvenes y más hambrientos aumenta mi propio apetito. La pasión de ellos enciende las llamas de mi fuego. Su tenacidad por levantarse luego de haber sido derribados me hace querer levantarme. Su compromiso por desarrollar a otros líderes me hace buscar a más líderes para desarrollarlos. Su deseo de seguir activos sustenta mi disciplina por mejorar. El crecimiento del liderazgo es contagioso. El proceso de desarrollar líderes puede impulsarle a seguir esforzándose por lograr lo mejor de sí.

> LOS PAVOS REALES DE HOY SON LOS PLUMEROS DE MAÑANA.

6. Los líderes desarrollados aseguran un mejor futuro para su organización

G. Alan Bernard, presidente de la empresa manufacturera Mid-Park, Inc., dijo: «Un buen líder siempre tendrá a su alrededor personas que son mejores que él en ciertas tareas específicas». Este es el distintivo del liderazgo. Nunca sienta temor de contratar o dirigir a personas que sean mejores que usted en ciertas tareas. Todo lo que podrán hacer es fortalecer su organización».[8]

Mis organizaciones están repletas de líderes desarrollados que hacen tareas específicas mejor que lo que yo las hago, por lo cual tienen un futuro brillante. En este momento estoy haciendo el trabajo necesario para que sea posible entregarle el bastón del liderazgo a Mark Cole, presidente de la junta directiva de mis empresas. Mark me ha acompañado por veinte años y ha demostrado ser un amigo y un líder.

Le pedí a Mark que describiera cómo ha sido para él la experiencia de acompañarme en este proceso de preparación, y esto es lo que dijo:

Los sueños de John son más grandes que los míos. Sus ideas son mejores. Sus logros son mayores. Sus oportunidades son más grandes. Aunque quisiera seguir mi propio plan, no lo hago. Cuando a uno lo escogen como sucesor de alguien, el plan ya no puede ser el propio. Como «segundo líder», tengo que hacer que mi plan coincida con el de mi líder. Eso me mantiene alineado y también me mantiene creciendo y mejorando. No siempre es fácil mantenerse al día.

¿Cómo convierto el plan de John en mi plan?

- Siempre estoy a la disposición de John.
- Hago preguntas para asegurarme de saber lo que es importante para él cada día.
- Le presto atención con el propósito de conocer su mente y su corazón, me esfuerzo por aprender lo que él está aprendiendo; y observo quién recarga sus energías y quién las agota.
- Me mantengo flexible y sigo el paso, en lugar de llevar un registro de cambios en el plan de John.
- Me comunico con todos los miembros del equipo de una manera coherente con el plan de John, esforzándome lo más que puedo por hablar con su voz en su nombre, no en el mío.
- Mantengo informado a John y siempre estoy preparado con soluciones y alternativas si surgen problemas.
- Nunca olvido que todo nuestro éxito se remonta a la influencia y el plan del líder visionario.

Supongo que a fin de cuentas, para suceder a un líder hay que enamorarse de la visión y del plan de ese líder, tanto que llega el punto en la asociación en el cual ya no es posible distinguir de quién es cuál plan. Los dos se entrelazan tanto que se fusionan y se convierten en nuestro plan.

Sé que el futuro de nuestras organizaciones es brillante debido a Mark y a los otros líderes que continuarán la labor cuando ya yo no pueda dirigirla. ¿Qué pasa con su organización? Si usted se enfermara, dejara sus organizaciones o se jubilara, ¿qué clase de futuro tendrían? Si ha desarrollado líderes fuertes y capaces, y si los ha capacitado para desarrollar a otros, el futuro va a ser brillante.

7. Los líderes desarrollados multiplican la inversión que haga en ellos

Por último, los líderes son multiplicadores. Toman lo que les ha sido dado y lo incrementan. Quinn McDowell, fundador de Arete Hoops, una organización que desarrolla líderes transformadores en los deportes, escribió acerca de este concepto de multiplicación o capitalización, tomando la idea del interés compuesto. McDowell dijo:

El interés compuesto es una de las fuerzas más poderosas del universo. En las finanzas, en sus hábitos y en toda la vida, esta idea tiene un poder transformador como ninguna otra. Como ilustración, piense en una ecuación sencilla de inversión. Si toma una suma inicial de $40.000 y la invierte con una tasa de interés medio de 10%, en un período de 40 años, será millonario. Pero este es el giro inesperado, cuando se examina la composición de ese millón de dólares, se descubre algo interesante. Tiene los $40.000 de su inversión inicial, $136.000 de interés simple y un enorme monto de $869.000 de interés compuesto. El principio del interés compuesto se aplica no solo al dinero, sino a toda área significativa de la vida.

Los beneficios más grandes de la vida provienen del interés compuesto. Las relaciones, los hábitos, el dinero, el éxito y el crecimiento son resultado de hacer inversiones pequeñas en las cosas correctas y observar cómo crecen esas inversiones (una sobre la otra) con el paso del tiempo.

Como líder, es necesario que piense como un gestor de inversiones.[9]

McDowell continuó sugiriendo que los líderes deben invertir de modo consistente, invertir sus «primeros frutos» e invertir a largo plazo. En otras palabras, si queremos ver el beneficio del crecimiento compuesto, o la intensificación, en el ámbito del liderazgo, es necesario que invirtamos en nuestros mejores líderes cada día, darles lo mejor de nosotros primero y continuar haciéndolo a largo plazo. El desarrollo del liderazgo no es rápido ni fácil. Es lento, está lleno de desafíos y es perdurable. Es la única solución que verdaderamente funciona, pero uno tiene que ser intencionado con sus inversiones.

Una magnífica ganancia sobre la inversión

Una de mis historias de éxito favoritas que ilustra la ganancia compuesta del desarrollo de líderes proviene de Kevin Myers. Cuando me trasladé a Atlanta en 1997, empecé a ser mentor de Kevin y a desarrollar su liderazgo periódicamente. Kevin es pastor y, en aquella época, dirigía una congregación en crecimiento con una asistencia los fines de semana de unas ochocientas personas. Tenía conocimiento previo de Kevin porque años antes lo había conocido a él y a su esposa Marcia en una conferencia, cuando Kevin estaba recién graduado de la universidad. Y sabía que él había plantado su iglesia en 1987 porque Margaret y yo le habíamos enviado un cheque pequeño para apoyar ese esfuerzo.

Para cuando llegamos a conocernos bien en 1997, Kevin era un comunicador excelente y tenía un potencial tremendo como líder, pero también tenía ciertas carencias en su liderazgo. Empezamos a reunirnos periódicamente, y le pedí que dirigiera la agenda con preguntas. Acerca de esto, Kevin dijo: «Hubo un cambio inmediato en mi autoliderazgo porque cuando alguien que está más avanzado que yo se compromete a entrenarme, más me vale ser considerado y pensar en preguntas sobre cosas que no he solucionado aún. Cuando uno comparte con personas que están a su mismo nivel, se siente bien con lo que ha hecho y empieza a pensar que tiene más respuestas que preguntas. Pero tan pronto uno se rodea de personas que le llevan ventaja en el campo, se da cuenta de que la brecha es mayor y de que tiene más preguntas que respuestas».

Conforme Kevin y yo nos reuníamos, sus preguntas se tornaron más profundas, penetrantes y más personales. Al principio, muchas de las interrogantes de Kevin se enfocaban en el crecimiento de su iglesia, 12Stone. Kevin describió eso como el rediseño de su visión de liderazgo de ilusorio a factible. Cuando la asistencia a su iglesia rebasó los dos mil en los fines de semana, se enfocó en pasar a más de tres mil. En ese momento le dije que pensaba que tenía la capacidad de dirigir una iglesia de por lo menos siete mil. (Desde ese entonces, la iglesia se ha más que duplicado en su asistencia normal). «Me ayudaste a elegir una montaña más alta por escalar», me escribió Kevin. «Hiciste que algo inalcanzable estuviera al alcance, algo novedoso y normal. Eso eliminó toda excusa para conformarme con un ascenso más fácil».

Una de las experiencias que marcó a Kevin muy profundamente sucedió en El Paso, Texas, en las etapas tempraneras del proceso de desarrollo. Lo invité a hablar en una conferencia de liderazgo y fue una de esas raras ocasiones en las cuales fracasó en grande. De hecho, Kevin dijo que por primera vez había fallado completamente en establecer una conexión con la audiencia. En el vuelo de regreso a casa, lo ayudé a evaluar el caso y aprender de ello. Kevin me dijo después: «Cuando me dijiste: "No conviertas el fracaso en algo definitivo", consideré que fueron palabras gentiles. Pero cuando me *guiaste* a través de la experiencia real, fue algo transformador». Posteriormente ese año Kevin tuvo la palabra en la Conferencia Catalyst abordando el mismo tema que había tocado en El Paso, pero esta vez le dieron una ovación de pie.

Y cuando Kevin enfrentó ciertos desafíos personales, me senté con él y lo ayudé a procesarlos. «Algunas veces la visión de vida o de liderazgo que soñaste muere», dijo Kevin. «Me enseñaste cómo tener un funeral, sepultar ese viejo sueño y dar a luz uno nuevo. Me ayudaste a aprender que los buenos líderes aprenden a crear sueños nuevos y a escalar la montaña siguiente».

Cuando de desarrollo de liderazgo se trata, Kevin ha sido como un río, no como un depósito. Lo que he vertido en él, continuamente lo vierte en otros. No lo recibe solamente para beneficiarse él solo; bendice a otros, dándoles lo mejor de sí. Con el paso de los años, 12Stone se ha convertido en uno de los donantes más generosos de EQUIP. También construyeron un centro de liderazgo y me honraron dándole mi nombre. He observado a Kevin y al resto de los líderes de 12Stone dedicarse al desarrollo continuo de líderes. Desarrollan incansablemente a los miembros de su personal. Iniciaron un programa de residencia, modelado según el programa de entrenamiento que los médicos reciben en sus residencias después de haberse graduado de la escuela de medicina. Hasta la fecha han desarrollado a ciento treinta líderes y su programa de residencia ha sido adoptado por otras iglesias, que a su vez han desarrollado a cien líderes más. Además, por varios años Kevin junto con su pastor ejecutivo, Dan Reiland, han escogido pastores en ascenso que fungen como sus mentores por períodos de dos años. A la fecha han invertido en cincuenta y uno de esos líderes. Kevin también ha capacitado plantadores de iglesias por muchos años; 12Stone tiene en sus planes intensificar su labor en esa área.

Todo lo que he vertido en Kevin para desarrollarlo se ha acrecentado. Y la manera en la cual vive y lidera, todo lo que está vertiendo en otros líderes, se está incrementando. Es una de las cosas más gratificantes que he experimentado como líder. Poco imaginaba cuando empecé a desarrollar líderes que esto me traería ganancias tan extraordinarias. No lo hice por ese motivo. Desarrollé líderes por lo que podían darles a otros. Ese sigue siendo el motivo por el cual soy mentor de otros. Sin embargo, he descubierto que:

- Desarrollar líderes rinde ganancias a otros.
- Desarrollar líderes rinde ganancias a los líderes.
- Desarrollar líderes rinde ganancias al que desarrolla.

Y lo maravilloso es que usted puede tener esa misma experiencia. Puede desarrollar líderes y experimentar sus propias y altas ganancias. ¿Será un desafío? Sí. ¿Tomará mucho tiempo para lograrlo? Sabemos que sí. ¿Cometerá errores? Sin duda. Pero ¿valdrá la pena? ¡Absolutamente que sí! No importa lo que le cueste, la ganancia opacará al precio. Desarrollar líderes es lo más impactante y gratificador que puede hacer como líder. Si no ha empezado aún, ¿qué está esperando? No hay tiempo que perder. Empiece hoy.

Acerca del autor

John C. Maxwell es un exitoso escritor posicionado como número 1 en la lista del *New York Times*, es el entrenador y conferencista que ha vendido más de treinta y un millones de libros en cincuenta idiomas. Ha sido identificado como el líder número 1 en negocios por la American Management Association® y como el experto en liderazgo más influyente del mundo por las revistas *Business Insider* e *Inc*. Es fundador de John Maxwell Company, John Maxwell Team, EQUIP y John Maxwell Leadership Foundation, organizaciones que han capacitado a millones de líderes en todos los países del mundo. Galardonado con el Premio Horatio Alger, el Premio Madre Teresa por la Paz Global y el premio al liderazgo de Luminary Leadership Network. El doctor Maxwell habla a empresas del listado *Fortune 500*, a presidentes de diversas naciones y a muchos de los principales líderes empresariales durante todo el año. Puede seguirle en Twitter.com/JohnCMaxwell. Para más información, visite JohnMaxwell.com.

Notas

Introducción

1. A. L. Williams, *All You Can Do Is All You Can Do but All You Can Do Is Enough!* (Nueva York: Ivy, 1989), p. 133 [*Cómo superarse a sí mismo: el plan de acción para convertirse en número uno* (Ciudad de México: Grijalbo, 1991)].

2. Gayle D. Beebe, *The Shaping of an Effective Leader: Eight Formative Principles of Leadership* (Downers Grove, IL: InterVarsity Press, 2011), p. 22.

3. «World's Top 30 Leadership Professionals for 2019», GlobalGurus.org, https://globalgurus.org/best-leadership-speakers.

4. John C. Maxwell, *Las 21 leyes irrefutables del liderazgo*, edición del 10º aniversario (Nashville: Grupo Nelson, 2011), p. 5.

5. Peter Drucker, *The Effective Executive*, ed. rev. (Nueva York: Routledge, 2018), cap. 4, Kindle.

6. Mark Miller, *Leaders Made Here: Building a Leadership Culture* (San Francisco: Berrett-Koehler, 2017), p. 1.

7. Miller, p. 116.

8. «Carnegie's Epitaph», *Los Angeles Herald*, 10 febrero 1902, https://cdnc.ucr.edu/cgi-bin/cdnc?a=d&d=LAH19020210.2.88&e=-------en--20--1--txt-txIN--------1.

9. The Inspiring Journal, «50 Powerful and Memorable Zig Ziglar Quotes», *The Inspiring Journal*, 7 mayo 2015, n.º 27, https://www.theinspiringjournal.com/50-powerful-and-memorable-zig-ziglar-quotes/.

Capítulo 1: Identifique a los líderes

1. James M. Kouzes y Barry Z. Posner, prefacio de *The Hidden Leader: Discover and Develop the Greatness Within Your Company*, de Scott K. Edinger y Laurie Sain (Nueva York: AMACOM, 2015), loc. 136 de 366, Kindle.

2. Acoustic Life, «Can THIS Guy Save Our Guitars? Bob Taylor Interview», *Behind the Acoustic Guitar with Tony Polecastro*, YouTube video, 32:43, publicado 29 agosto 2016, https://www.youtube.com/watch?v=r2nxIf4uMQo.

3. Glenn Rifkin, «Guitar Makers Regret Loss of Rare Woods», *New York Times*, 6 junio 2007, https://www.nytimes.com/2007/06/06/business/worldbusiness/06iht-sbiz.4.6026426.html.

4. Taylor Guitars, «Taylor Guitars "The State of Ebony"—Guitar Wood—Bob Taylor Video», YouTube video, 13:21, publicado 30 mayo 2012, https://www.youtube.com/watch?v=anCGvfsBoFY.

5. Alan Deutschman, «Inside the Mind of Jeff Bezos», *Fast Company*, 1 agosto 2004, 4, https://www.fastcompany.com/50661/inside-mind-jeff-bezos.

6. Peter F. Drucker, «How to Make People Decisions», *Harvard Business Review*, julio 1985, https://hbr.org/1985/07/how-to-make-people-decisions.

7. Mark Miller, «Create the Target Before You Shoot the Arrow», *LeadingBlog*, LeadershipNow.com, 13 marzo 2017, https://www.leadershipnow.com/leadingblog/2017/03/create_the_target_before_you_s.html.

8. Citado en obra de Eric Buehrer, *Charting Your Family's Course* (Wheaton, IL: Victor, 1994), p. 110.

9. Chris Hodges (fundador y pastor principal, Church of the Highlands, Birmingham, AL), en una discusión con el escritor.

10. Rodger Dean Duncan, «Titles Don't Make Leaders», *Forbes*, 25 agosto 2018, https://www.forbes.com/sites/rodgerdeanduncan/2018/08/25/titles-dont-make-leaders/#2f6f89086021.

11. Daniel Coenn, *Abraham Lincoln: His Words* (s. d.: BookRix, 2014).

12. David Walker, «After Giving 1,000 Interviews, I Found the 4 Questions That Actually Matter», *Inc.*, 23 junio 2017, https://www.inc.com/david-walker/after-giving-1000-interviews-i-found-the-4-questions-that-actually-matter.html.

13. John C. Maxwell, *Los cambios en liderazgo* (Nashville: Grupo Nelson, 2019), pp. 93-98.

14. Ed Bastian (director ejecutivo de Delta Airlines), en una conversación con el escritor.

15. Jeffrey Cohn y Jay Morgan, *Why Are We Bad at Picking Good Leaders?* (San Francisco: Jossey-Bass, 2011), p. 47.

16. Carol Loomis, *Tap Dancing to Work: Warren Buffett on Practically Everything, 1966-2013*, ed. reimpr. (Nueva York: Portfolio, 2013), p. 135.

17. James A. Cress, «Pastor's Pastor: I'm Glad They Said That!» *Ministry*, diciembre 1997, https://www.ministrymagazine.org/archive/1997/12/im-glad-they-said-that.

18. Beebe, *The Shaping of an Effective Leader*, 30 (véase la intro., n. 2).

19. Bastian, conversación con el escritor.

20. Ralph Waldo Emerson, *Essays & Lectures*, ed. Joel Porte (s. d.: Library of America, 1983), p. 310.

21. Aleksandr Solzhenitsyn, *The First Circle*, trad. Thomas P. Whitney (Londres: Collins, 1968), p. 3. [*El primer círculo* (Barcelona: Tusquets, 1992)].

22. See Garson O'Toole, «Hell! There Ain't No Rules Around Here! We Are Tryin' to Accomplish Somep'n!», Quote Investigator, 19 abril 2012, https://quoteinvestigator.com/2012/04/19/edison-no-rules/.

23. John C. Maxwell, *Las 15 leyes indispensables del crecimiento* (Nueva York: Center Street, 2013), cap. 10.

24. «Mario Andretti: Inducted 2005», Salón de la Fama del Automovilismo, https://www.automotivehalloffame.org/honoree/mario-andretti/.

25. Red Auerbach con Ken Dooley, *MBA: Management by Auerbach: Management Tips from the Leader of One of America's Most Successful Organizations* (Nueva York: Macmillan, 1991), p. 28.

26. Taylor Guitars, «Taylor Guitars "The Next 40 Years"—Bob Taylor», YouTube video, 4:29, publicado 21 enero 2014, https://www.youtube.com/watch?v=7HcfVJNOspo.

27. Acoustic Life, «Can THIS Guy Save Our Guitars?».

28. «Andy Powers—Class of 2000», MiraCosta College (sitio web), http://www.miracosta.edu/officeofthepresident/pio/meetfaculty/AndyPowers.html.

29. Acoustic Life, «Can THIS Guy Save Our Guitars?».

30. Taylor Guitars, «Taylor Guitars "The Next 40 Years"».

31. Acoustic Life, «Can THIS Guy Save Our Guitars?».

Capítulo 2: Cautive a los líderes

1. Maxwell, *Las 21 leyes irrefutables del liderazgo*, p. 149 (véase la intro., n. 4).

2. Rajeev Peshawaria, *Too Many Bosses, Too Few Leaders* (Nueva York: Free Press, 2011), p. 196.

3. Bryan Walker y Sarah A. Soule, «Changing Company Culture Requires a Movement, Not a Mandate», *Harvard Business Review*, 20 junio 2017, https://hbr.org/2017/06/changing-company-culture-requires-a-movement-not-a-mandate.

4. Tim Elmore, «How Great Leaders Create Engaged Culture», *Growing Leaders*, 29 noviembre 2018, https://growingleaders.com/blog/how-great-leaders-create-engaged-cultures/.

5. Mack Story, «The Law of Magnetism: You Decide When You Go and Where You Go», *You Are the Key to Success* (blog), LinkedIn, 1 diciembre 2014, https://www.linkedin.com/pulse/20141201211027-25477363-the-law-of-magnetism-you-decide-when-you-go-and-where-you-go/.

6. Véase «Michelangelo Buonarroti > Quotes > Quotable Quote», GoodReads, https://www.goodreads.com/quotes/1191114-the-sculpture-is-already-complete-within-the-marble-block-before.

7. Brené Brown, *Dare to Lead: Brave Work, Tough Conversations, Whole Hearts* (Nueva York: Random House, 2018), p. 4.

8. Beverly Showers, Bruce Joyce, y Barrie Bennett, «Synthesis of Research on Staff Development: Framework for Future Study and a State-of-the-Art Analysis», *Educational Leadership*, noviembre 1987, pp. 77-78, citado en «Mentoring Social Purpose Business Entrepreneurs», Futurpreneur Canada, https://www.futurpreneur.ca/en/resources/social-purpose-business/articles/mentoring-social-purpose-business-entrepreneurs/.

9. Matthew Syed, *Bounce: Mozart, Federer, Picasso, Beckham, and the Science of Success* (Nueva York: HarperCollins, 2010), pp. 5-6.

10. Syed, p. 8.

11. Syed, pp. 11-13.

Capítulo 3: Comprenda a los líderes

1. Gregory Kesler, «How Coke's CEO Aligned Strategy and People to Re-Charge Growth: An Interview with Neville Isdell», *Journal of the Human Resource Planning Society* 31, n.º 2 (2008), p. 18.

2. Claudia H. Deutsch, «Coca-Cola Reaches into Past for New Chief», *New York Times*, 5 mayo 2004, https://www.nytimes.com/2004/05/05/business/coca-cola-reaches-into-past-for-new-chief.html.

3. Neville Isdell con David Beasley, *Inside Coca-Cola: A CEO's Life Story of Building the World's Most Popular Brand* (Nueva York: St. Martin's, 2011), loc. 3 de 254, Kindle.

4. Kesler, «How Coke's CEO Aligned Strategy and People to Re-Charge Growth», p. 18.

5. Deutsch, «Coca-Cola Reaches into Past for New Chief».

6. Isdell, *Inside Coca-Cola*, loc. 5 de 254.

7. Kesler, «How Coke's CEO Aligned Strategy and People to Re-Charge Growth», p. 19.

8. Isdell, *Inside Coca-Cola*, loc. 164 de 254.

9. Kesler, «How Coke's CEO Aligned Strategy and People to Re-Charge Growth», p. 20.

10. Isdell, *Inside Coca-Cola*, loc. 179 de 254.

11. Isdell, loc. 184 de 254.

12. Kesler, «How Coke's CEO Aligned Strategy and People to Re-Charge Growth», p. 19.

13. Maxwell, *Las 21 leyes irrefutables del liderazgo*, p. 161 (véase la intro., n. 4).

14. «Carole King Quotes», Mejores citas de música, 28 julio 2015, https://bestmusicquotes.wordpress.com/2015/07/28/carole-king-quotes/.

15. Forbes Coaches Council, «16 Essential Leadership Skills for the Workplace of Tomorrow», *Forbes*, 27 diciembre 2017, https://www.forbes.com/sites/forbescoachescouncil/2017/12/27/16-essential-leadership-skills-for-the-workplace-of-tomorrow/#655c87eb54ce.

16. Steffan Surdek, «Why Understanding Other Perspectives Is a Key Leadership Skill», *Forbes*, 17 noviembre 2016, https://www.forbes.com/sites/forbescoachescouncil/2016/11/17/why-understanding-other-perspectives-is-a-key-leadership-skill/#7496edae6d20.

17. Simon Sinek, *Start with Why: How Great Leaders Inspire Everyone to Take Action* (Nueva York: Portfolio, 2009), pp. 11-12 [*Empieza con el porqué* (Madrid: Ediciones Urano, 2018)].

18. Maxwell, *Las 21 leyes irrefutables del liderazgo*, pp. 127, 301.

19. Steven B. Sample, *The Contrarian's Guide to Leadership* (San Francisco: Jossey-Bass, 2002), p. 21.

20. Citado en obra de Bruce Larson, *My Creator, My Friend: The Genesis of a Relationship* (Waco, Texas: Word Books, 1986), p. 166.

21. Herb Cohen, *You Can Negotiate Anything: The World's Best Negotiator Tells You How to Get What You Want*, ed. reimpr. (Nueva York: Bantam, 1982), p. 217.

22. «Larry King in quotes», *The Telegraph*, 16 diciembre 2010, https://www. telegraph.co.uk/culture/tvandradio/8207302/Larry-King-in-quotes.html.

23. Billy Graham, *Billy Graham in Quotes* (Nashville: Thomas Nelson, 2011), p. 9.

24. Adelle M. Banks, «Offstage and On, Billy Graham's Ministry Was a Team Effort», Religion News Service, 21 febrero 2018, https://religionnews. com/2018/02/21/offstage-and-on-billy-grahams-ministry-was-a-team-effort/.

25. David W. Augsburger, *Caring Enough to Hear and Be Heard* (s. d.: Herald Press, 1982), p. 12.

26. James Brook, «The Art of Inquiry: Leadership Essentials (Part 1)», Helios, 22 marzo 2017, http://helios.work/the-art-of-inquiry-leadership-essentials-part-1/.

Capítulo 4: Motive a los líderes

1. Daniel Pink, *Drive: The Surprising Truth About What Motivates Us* (Nueva York: Riverhead Books, 2011), loc. 110 de 3752, Kindle [*La sorprendente verdad sobre qué nos motiva* (Barcelona: Gestión, 2018].

2. Pink, loc. 71.

3. Pink, loc. 174.

4. Pink, loc. 792.

5. Forbes Coaches Council, «16 Essential Leadership Skills for the Workplace of Tomorrow» (véase cap. 3, n. 15).

6. Peggy Noonan, «To-Do List: A Sentence, Not 10 Paragraphs», *Wall Street Journal*, 26 junio 2009, https://www.wsj.com/articles/ SB124596573543456401.

7. Gary R. Kremer, ed., *George Washington Carver: In His Own Words* (Columbia, MO: Universidad de Missouri, 1991), p. 1.

8. Joseph P. Cullen, «James' Towne», *American History Illustrated*, octubre 1972, pp. 33-36.

9. Pink, *Drive*, loc. 260 de 3752.

10. John C. Maxwell, *Cómo ganarse a la gente* (Nashville: Grupo Nelson, 2016), p. 293.

11. John Wooden, con Steve Jameson, *Wooden: A Lifetime of Observations and Reflections On and Off the Court* (Nueva York: McGraw-Hill, 1997), p. 11.

12. J. Pincott, ed., *Excellence: How to Be the Best You Can Be by Those Who Know* (Londres: Marshall Cavendish Limited, 2007), p. 15.

13. Bill Watterson, *There's Treasure Everywhere* (Kansas City: Andrews McMeel, 1996), loc. 171 de 178, Kindle.

14. «What Are You Making», Sermon Illustrations, http://sermonideas.net/view/What-are-you-making/?s=171.

15. Citado en *WJR 3* (Washington Communications, 1981), p. 59.

16. Stephen Guise, «Habit Killers: Four Fundamental Mistakes That Destroy Habit Growth», *Develop Good Habits: A Better Life One Habit at a Time* (blog), https://www.developgoodhabits.com/habit-killers/.

17. John Ruskin, «When Love and Skill Work Together, Expect a Masterpiece», *Diabetes Educator* 18, n.º 5 (1992): pp. 370-71.

Capítulo 5: Equipe a los líderes

1. Morgan W. McCall, *High Flyers: Developing the Next Generation of Leaders* (Boston: Harvard Business Press, 1998), p. 185.

2. Efesios 4.12.

3. Steve Olenski, «8 Key Tactics for Developing Employees», *Forbes*, 20 julio 2015, https://www.forbes.com/sites/steveolenski/2015/07/20/8-key-tactics-for-developing-employees/#4ec359f56373.

4. Michael McKinney, «If It's Important, Be There», *Leading Blog*, LeadershipNow.com, 25 julio 2012, https://www.leadershipnow.com/leadingblog/2012/07/if_its_important_be_there.html.

5. Lorin Woolfe, *The Bible on Leadership: From Moses to Matthew— Management Lessons for Contemporary Leaders* (Nueva York: AMACOM, 2002), p. 207 [*Valores para líderes contemporáneos* (Ciudad de México: CECSA, 2004)].

6. James Donovan, «How a 70/20/10 Approach to Training Can Positively Impact Your Training Strategy», *Commscope Training* (blog), 27 septiembre 2017, https://blog.commscopetraining.com/702010-learning-development-philosophy-fits-infrastructure-industry/.

7. Citado en obra de Ken Shelton, *Empowering Business Resources: Executive Excellence on Productivity* (s. d.: Scott, Foresman, 1990), p. 100.

8. Olenski, «8 Key Tactics for Developing Employees».

9. Deanna Allen, «Conference at Arena Expected to Draw 13,000 Church Leaders», *Gwinnett Daily Post*, 29 septiembre 2013.

Capítulo 6: Empodere a los líderes

1. «Gallup Daily: U.S. Employee Engagement», Gallup, https://news.gallup.com/poll/180404/gallup-daily-employee-engagement.aspx.
2. Maxwell, *Las 21 leyes irrefutables del liderazgo* (véase la intro., n. 4).
3. Bob Burg y John David Mann, *It's Not About You: A Little Story About What Matters Most in Business* (Nueva York: Penguin, 2011), loc. 1596 de 1735, Kindle [*Lo más importante* (Barcelona: Urano, 2012)].
4. Citado en obra de C. William Pollard, *The Soul of the Firm* (Grand Rapids: Zondervan, 1996), p. 25.
5. Albert Schweitzer, *Memoirs of Childhood and Youth* (reimpr.; s. d., Fork Press, 2007), p. 68.
6. Citado en obra de Pollard, *The Soul of the Firm*, p. 111.
7. Ed Catmull con Amy Wallace, *Creativity, Inc.: Overcoming the Unseen Forces That Stand in the Way of True Inspiration* (Nueva York: Random House, 2014), pp. 173-74 [*Creatividad, S.A.* (Barcelona: Conecta, 2016)].
8. Ken Blanchard, *Leading at a Higher Level, Revised and Expanded Edition* (Upper Saddle River, NJ: Pearson, 2010), p. 64 [*Liderazgo al más alto nivel* (Bogotá: Grupo Editorial Norma, 2007)].
9. Citado en Bertie Charles Forbes, *Forbes* 116, n.º 1-6 (1975).
10. General George S. Patton Jr., *War as I Knew It* (Nueva York: Houghton Mifflin, 1975), p. 357 [*La Guerra como la conocí* (Málaga: Ediciones Platea, 2016)].
11. Jim Collins, *How the Mighty Fall: And Why Some Companies Never Give In* (Nueva York: Collins Business Essentials, 2009), loc. 791 de 4237, Kindle [*Cómo caen los poderosos* (Bogotá: Norma, 2010)].
12. Citado en obra de Dianna Daniels Booher, *Executive's Portfolio of Model Speeches for All Occasions* (Londres: Prentice-Hall, 1991), p. 34 [*Discursos para todas las ocasiones* (Barcelona: Gestión, 2002)].
13. Citado en Manchester Literary Club, *Papers of the Manchester Literary Club* 26 (Manchester, UK: Sherratt & Hughes, 1899), p. 232.
14. Steve Adubato, «Great Facilitation Pays Big Dividends», *Stand and Deliver* (blog), 2019, https://www.stand-deliver.com/columns/leadership/1328-great-facilitation-pays-big-dividends.html.

15. William James a estudiantes de Radcliffe en Filosofía 2A, 6 abril 1896, citado en *The Oxford Dictionary of American Quotations*, seleccionadas y anotadas por Hugh Rawson y Margaret Miner, 2ª ed. (Nueva York: Oxford, 2006), p. 324.

Capítulo 7: Posicione a los líderes

1. Maxwell, *The 21 Irrefutable Laws of Leadership*, p. 169 (véase la intro., n. 4). [*Las 21 leyes irrefutables del liderazgo*]
2. Maxwell, p. 73.
3. John C. Maxwell, *Las 17 leyes incuestionables del trabajo en equipo* (Nashville: Grupo Nelson, 2008), pp. 30-31.
4. Maxwell, p. 1.
5. Adaptado de «The 8 Questions That Predict High-Performing Teams», *Marcus Buckingham* (blog), https://www.marcusbuckingham.com/rwtb/data-fluency-series-case-study/8-questions/#iLightbox[postimages]/0.
6. Paul Arnold, «Team Building from the Ashes», *Ignition Blog*, 29 diciembre 2010, https://slooowdown.wordpress.com/2010/12/29/team-building-from-the-ashes/.
7. Citado en obra de Gregory A. Myers Jr., *Maximize the Leader in You: Leadership Principles That Will Help Your Ministry and Life* (Maitland, FL: Xulon, 2011), p. 98.
8. Patrick Lencioni, *The Five Dysfunctions of a Team: A Leadership Fable* (San Francisco: Jossey-Bass, 2002), loc. 1914 de 2279, Kindle.
9. Gayle D. Beebe, *The Shaping of an Effective Leader: Eight Formative Principles of Leadership* (Downers Grove, IL: IVP, 2011), loc. 1029 de 3277, Kindle.
10. Mark Sanborn (@Mark_Sanborn), Twitter, 19 septiembre 2014, 8:28 a.m., https://twitter.com/mark_sanborn/status/512986518005514240.
11. Will Kenton (reviewer), «Zero-Sum Game», Investopedia, https://www.investopedia.com/terms/z/zero-sumgame.asp.
12. Phil Jackson y Hugh Delehanty, citando a Rudyard Kipling, en *Eleven Rings: The Soul of Success* (Nueva York: Penguin, 2014), p. 91.
13. Maxwell, *Las 17 leyes incuestionables del trabajo en equipo*, pp. 30-31.
14. Ana Loback, «Call on Me . . . to Strengthen Team Trust», Strengthscope, https://www.strengthscope.com/call-on-me-to-strengthen-team-trust/.
15. David Sturt, «How "Difference Makers" Think—the Single Greatest Secret to Personal and Business Success», *Forbes*, 4 junio 2013, https://

www.forbes.com/sites/groupthink/2013/06/04/how-difference-makers-think-the-single-greatest-secret-to-personal-and-business-success/#b41cd5ee4bda.

16. «World's Top 30 Coaching Professionals for 2019», Global Gurus, https://globalgurus.org/coaching-gurus-30/.

Capítulo 8: Sea mentor de los líderes

1. Ryan B. Patrick, «Usher: Underrated», *Exclaim!*, 14 septiembre 2016, http://exclaim.ca/music/article/usher-underrated.

2. Gary Trust, «Chart Beat Thursday: Usher, will.i.am, B.o.B», *Billboard*, 6 mayo 2010, https://www.billboard.com/articles/columns/chart-beat/958333/chart-beat-thursday-usher-william-bob.

3. Usher Raymond IV, prefacio a *Exponential Living: Stop Spending 100% of Your Time on 10% of Who You Are*, de Sheri Riley (Nueva York: New American Library, 2017), p. xii.

4. John Wooden y Don Yaeger, *A Game Plan for Life: The Power of Mentoring* (Nueva York: Bloomsbury, 2009), p. 4.

5. Dale Carnegie Bronner, *Pass the Baton!: The Miracle of Mentoring* (Austell, GA: Carnegie, 2006), loc. 128 de 1071, Kindle.

6. Regi Campbell con Richard Chancy, *Mentor Like Jesus* (Nashville: B&H, 2009), p. 64.

7. Warren Bennis y Burt Nanus, *Leaders: The Strategies for Taking Charge* (Nueva York: Harper & Row, 1985), p. 153 [*Líderes: Estrategias para un liderazgo eficaz* (Barcelona: Paidós, 2001)].

8. Wooden y Yaeger, *A Game Plan for Life*, p. 6.

9. J. R. Miller, «October 28», en *Royal Helps for Loyal Living*, de Martha Wallace Richardson (Nueva York: Thomas Whittaker, 1893), p. 308.

Capítulo 9: Reproduzca líderes

1. Maxwell, *Las 21 leyes irrefutables del liderazgo*, p. 23 (véase la intro., n. 4).

2. Maxwell, *Las 17 leyes incuestionables del trabajo en equipo*, p. 168 (véase cap. 7, n. 3).

3. 2 Timoteo 2.2.

4. Mark Batterson, *Play the Man: Becoming the Man God Created You to Be* (Grand Rapids: Baker, 2017), loc. 817 de 2897, Kindle.

5. Mark Miller, *Leaders Made Here*, p. 121 (véase la intro., n. 6).

6. Arthur Gordon, *A Touch of Wonder: A Book to Help People Stay in Love with Life* (s. d.: Gordon Cottage Press, 2013), p. 6.

7. Lois J. Zachary y Lory A. Fischler, *Starting Strong: A Mentoring Fable* (San Francisco: Jossey-Bass, 2014), p. 149.

8. Denis Waitley, *The New Dynamics of Winning: Gain the Mind-Set of a Champion for Unlimited Success in Business and Life* (Nueva York: William Morrow, 1993), p. 78 [*La nueva dinámica del éxito* (Barcelona: Grijaldo, 1993)].

9. Noel Tichy con Eli Cohen, *The Leadership Engine: How Winning Companies Build Leaders at Every Level* (Nueva York: Harper Business, 1997), loc. 172 de 8297, Kindle.

10. Philip Nation, «Ministry Leaders: Do You Recruit People for the Task or Reproduce Leaders for the Mission?», *Vision Room*, https://www.visionroom.com/ministry-leaders-do-you-recruit-people-for-the-task-or-reproduce-leaders-for-the-mission/.

11. Sylvia Ann Hewlett, *Forget a Mentor, Find a Sponsor: The New Way to Fast-Track Your Career* (Boston: Harvard Business Review Press, 2013), pp. 11-12.

12. John Wooden, *They Call Me Coach* (Waco, TX: Word, 1972), p. 184.

13. Caitlin OConnell, «Who Is Nelson Mandela? A Reader's Digest Exclusive Interview», *Reader's Digest*, https://www.rd.com/true-stories/inspiring/who-is-nelson-mandela-a-readers-digest-exclusive-interview/.

14. Ann Landers, «Maturity Means Many Things, Including . . .» *Chicago Tribune*, 17 julio 1999, https://www.chicagotribune.com/news/ct-xpm-1999-07-17-9907170129-story.html.

15. Proverbios 18.16.

16. Kevin Hall, *Aspire: Discovering Your Purpose Through the Power of Words* (Nueva York: William Morrow, 2009), p. xii [*El poder de las palabras* (Barcelona: Urano, 2011)].

17. Lucas 12.48.

18. Kremer, *George Washington Carver*, 1 (véase cap. 4, n. 7).

19. David J. Schwartz, *The Magic of Thinking Big: Acquire the Secrets of Success . . . Achieve Everything You've Always Wanted* (Nueva York: Simon and Schuster, 1987), p. 66 [*La magia de pensar en grande* (Ciudad de México: Grupo Editorial Tomo, 2015)].

Capítulo 10: Instituya líderes

1. James Clear, «The 1 Percent Rule: Why a Few People Get Most of the Rewards», James Clear (sitio web), https://jamesclear.com/the-1-percent-rule.

2. Clear.

3. Jazmine Boatman y Richard S. Wellins, *Time for a Leadership Revolution: Global Leadership Forecast 2011* (Pittsburgh: Development Dimensions International, 2011), 8, https://www.ddiworld.com/DDI/media/trend-research/globalleadershipforecast2011_globalreport_ddi.pdf.

4. Maxwell, *Las 21 leyes irrefutables del liderazgo*, p. 244 (véase la intro., n. 4).

5. Michael McQueen, *Momentum: How to Build It, Keep It or Get It Back* (Melbourne: Wiley Australia, 2016), pp. 7-9 [*Momentum: cómo crear, mantener y recuperar* (Madrid: Empresa Activa)].

6. Dave Anderson, *Up Your Business! 7 Steps to Fix, Build, or Stretch Your Organization*, 2ª ed. (Hoboken, NJ: John Wiley and Sons, 2007), loc. 3284 de 4786, Kindle.

7. Anderson, loc. 3310.

8. Citado en obra de Michael D. Ames, *Pathways to Success: Today's Business Leaders Tell How to Excel in Work, Career, and Leadership Roles* (San Francisco: Berrett-Koehler, 1994), p. 175.

9. Quinn McDowell, «Does Your Leadership Produce Compound Interest?» Atletas en Acción, https://athletesinaction.org/workout/does-your-leadership-produce-compound-interest#.XLiNiC_Mwjc.

PÓDCAST
DE LIDERAZGO
DE JOHN MAXWELL

MAXIMICE SU
CRECIMIENTO CADA
SEMANA CON JOHN Y SU
CÍRCULO INTERIOR.

SUSCRÍBASE AHORA para escuchar a John y
Mark Cole, el CEO de The John Maxwell Enterprise,
mientras explican las aplicaciones prácticas de las
enseñanzas perdurables de John y le brindan formas
prácticas de aplicarlas a su vida y trabajo.

SUSCRÍBASE AHORA EN
PODCASTDELIDERAZGODEJOHNMAXWELL.COM